História e sociologia: capítulos de um diálogo em longa duração

O selo DIALÓGICA da Editora InterSaberes faz referência às publicações que privilegiam uma linguagem na qual o autor dialoga com o leitor por meio de recursos textuais e visuais, o que torna o conteúdo muito mais dinâmico. São livros que criam um ambiente de interação com o leitor – seu universo cultural, social e de elaboração de conhecimentos –, possibilitando um real processo de interlocução para que a comunicação se efetive.

História e sociologia: capítulos de um diálogo em longa duração

Lidiane Soares Rodrigues

EDITORA intersaberes

Rua Clara Vendramin, 58 . Mossunguê . CEP 81200-170 . Curitiba . PR . Brasil
Fone: (41) 2106-4170 . www.intersaberes.com . editora@editoraintersaberes.com.br

Conselho editorial
Dr. Ivo José Both (presidente)
Dr.ª Elena Godoy
Dr. Neri dos Santos
Dr. Ulf Gregor Baranow

Editora-chefe
Lindsay Azambuja

Gerente editorial
Ariadne Nunes Wenger

Preparação de originais
Guilherme Conde Moura Pereira

Edição de texto
Fabia Mariela de Biasi

Capa
Débora Gipiela (*design*)
Andrey_Kuzmin e
Marijus Auruskevicius/
Shutterstock (imagens)

Projeto gráfico
Bruno de Oliveira

Diagramação
Débora Gipiela

Equipe de design
Débora Gipiela
Mayra Yoshizawa

Iconografia
T&G Serviços Editoriais
Regina Claudia Cruz Prestes

Dados Internacionais de Catalogação na Publicação (CIP)
(Câmara Brasileira do Livro, SP, Brasil)

Rodrigues, Lidiane Soares
História e Sociologia: capítulos de um diálogo em longa duração/ Lidiane Soares Rodrigues. Curitiba: InterSaberes, 2020.

Bibliografia.
ISBN 978-65-5517-548-6

1. História 2. Sociologia – História I. Título.

20-35113   CDD-900

Índices para catálogo sistemático:
1. História   900
2. Sociologia   301

Cibele Maria Dias – Bibliotecária – CRB-8/9427

1ª edição, 2020.

Foi feito o depósito legal.

Informamos que é de inteira responsabilidade da autora a emissão de conceitos.

Nenhuma parte desta publicação poderá ser reproduzida por qualquer meio ou forma sem a prévia autorização da Editora InterSaberes.

A violação dos direitos autorais é crime estabelecido na Lei n. 9.610/1998 e punido pelo art. 184 do Código Penal.

Sumário

13 *Apresentação*
27 *Como aproveitar ao máximo este livro*

Capítulo 1
31 **Uma oposição estruturante: diferenciação e integração entre História e Sociologia na França**

(1.1)
34 História e Sociologia nos anos iniciais da terceira república francesa (1870-1918)

(1.2)
46 Metódicos *versus* durkheimianos: um modo de diferenciar a Sociologia da História

(1.3)
60 Impasses do Entreguerras (1918-1940)

(1.4)
64 Os *Annales*: um modo particular de integrar História e Sociologia

Capítulo 2
81 Sociologia clássica alemã e História

(2.1)
84 Economia, política e historiografia na "tradição alemã"

(2.2)
89 Marxologia e weberologia

(2.3)
95 Karl Marx: historicidade dos conceitos
e condição (não) disciplinar

(2.4)
109 Max Weber: acima das disciplinas especializadas

Capítulo 3
129 A época da Guerra Fria
e o mundo de Fernand Braudel (1945-1989)

(3.1)
132 A reconfiguração do espaço científico global após
a Segunda Guerra Mundial

(3.2)
135 Historiografia e Sociologia na França após
a Segunda Guerra Mundial

(3.3)
142 A nova ameaça sociológica e o "estruturalismo"

(3.4)
152 Fernand Braudel e as ciências sociais

Capítulo 4
169 A historiografia e os clássicos da Sociologia contemporânea

(4.1)
172 Os historiadores e Michel Foucault (1926-1984)

(4.2)
181 Pierre Bourdieu (1930-2002): História feita corpo da Sociologia

(4.3)
190 Sociologia Histórica: emergência, agenda e problemas de pesquisa

Capítulo 5
203 Experiência brasileira: especificidades institucionais e intelectuais

(5.1)
206 Instituições e disciplinas científicas: algumas especificidades brasileiras

(5.2)
214 Uma experiência interdisciplinar: História e Sociologia diante de Karl Marx

(5.3)
218 Uma problemática interdisciplinar: capitalismo e escravidão

(5.4)
226 Clio e Clotilde: as musas da História e da Sociologia

Capítulo 6
241 **Experiência brasileira: recepções**

(6.1)
244 Circulação das ideias no espaço global
e campo intelectual nacional

(6.2)
248 Oposição dos *Annales* contra os metódicos:
uma versão brasileira

(6.3)
256 A terceira geração dos *Annales* contra a segunda
e o "efeito Foucault" na historiografia brasileira

(6.4)
259 Sérgio Buarque de Holanda:
um historiador maduro contra um sociólogo juvenil

271 *Considerações finais*
275 *Referências*
297 *Bibliografia comentada*
301 *Respostas*
305 *Sobre a autora*

Dedico este livro aos historiadores e sociólogos
que não temem fronteiras.

Agradeço aos historiadores e sociólogos que me auxiliaram com testemunhos de sua prática profissional, leituras, preferências e dificuldades. Este livro não seria o que é sem o diálogo franco, inteligente e destemido que estabeleci com Miguel Palmeira, Rafael Benthien e Stéphane Dufoix. O mérito do livro reputo a essas profícuas trocas; suas falhas, ao que ainda me resta aprender.

"... as teorias e as escolas, como os micróbios e os glóbulos, se entredevoram e asseguram com a luta a continuidade da vida..." Marcel Proust.

Apresentação

As relações entre História[1] e Sociologia serão abordadas neste livro segundo uma perspectiva relacional e dialógica. Para isso, adotamos um fio condutor, sendo ideal apresentá-lo desde já.

Partimos de uma evidência. Como a História é uma área mais antiga do que a Sociologia, a primeira "reagiu" à emergência da segunda. Isto é: os historiadores foram obrigados a responder aos desafios que lhes apresentava a Sociologia, uma disciplina recém-nascida (Novais; Silva, 2011). Naturalmente, a partir da consolidação da Sociologia e da rotinização dos debates, não apenas entre ela e a História, porém também com outras disciplinas, intensificaram-se a fertilização e o hibridismo entre as áreas. Essa é uma constatação repleta de consequências, que obriga a consideração preliminar a respeito do início do debate entre as duas disciplinas, incessante desde

---

1 Convém esclarecer que, por conta dos múltiplos sentidos da palavra "história", opinamos por utilizá-la com maiúscula quando ela designar a área de estudos (e não os eventos), e por utilizar o termo "historiografia" quando nos referirmos ao conjunto dos discursos a respeito dos eventos. A fim de eliminar qualquer tipo de marcador gráfico de hierarquia, as demais áreas de estudos serão, por isso, indicadas também com maiúsculas: Filosofia, Sociologia, Economia, Geografia, Ciência Política.

o fim do século XIX. Vamos situar no tempo a lenta emergência da Sociologia, partindo de uma definição mínima como referência.

Segundo Marc Joly (2017), processou-se uma "revolução epistemológica", entre 1870 e 1930, sendo acelerada por volta de 1900. Esse fato acarretou um novo regime conceitual, caracterizado por sustentar uma "imagem tridimensional e realista dos seres humanos" na condição de "determinados história e relacionalmente por processos biológicos, psicológicos e sociológicos objetiváveis e não por qualquer força sobrenatural ou por não se sabe por qual *a priori* inefável" (Joly, 2017, p. 8, tradução nossa). O advento desse "novo regime conceitual", pontilhando todas as ciências humanas e sociais, cristalizou-se de modo cabal em uma disciplina: a Sociologia.

Para esse novo domínio do saber, tendências intelectuais dispersas convergiram. O modo racional e secular de conceber a vida humana, desvencilhado de "forças sobrenaturais" e, portanto, oposto ao modo religioso ou mítico, remonta ao do século XVIII. Destaca-se o impulso intelectual do Iluminismo, que atiçou as reviravoltas no Antigo Regime e nos pilares das monarquias absolutistas europeias. O processo histórico situado no final do século XVIII, representado politicamente pela Revolução Francesa (1789), assim como as transformações socioeconômicas desencadeadas pela Revolução Industrial inglesa (1760) minaram a legitimidade do poder hereditário dos reis, que se baseava na sacralidade de sua origem, sustentada pela Igreja católica. A sociedade idealizada por princípios de igualdade e liberdade mitigou, também, o privilégio aristocrático de nascimento. Em conjunto, de meados do século XVIII ao fim do século XIX, as relações geopolíticas se transformaram, rompeu-se o antigo sistema colonial, cujo marco é a Revolução Americana (1776), generalizaram-se os nacionalismos e as unificações nacionais, concomitantemente às conquistas neocoloniais e imperialistas da Europa na África e na Ásia.

Dito de modo simples, o esfacelamento da estabilidade social, com epicentro na Europa, e o surgimento de uma sociedade cujo dinamismo era inédito, se comparado a outros tempos, tanto requeriam quanto engendraram um novo regime cognitivo. Além disso, traziam problemas políticos e administrativos para os quais os governos saídos daquelas revoluções não estavam plenamente preparados.

A "revolução sociológica", em âmbito propriamente epistemológico, desenrolou-se pela apropriação de assuntos tratados por outros ramos do conhecimento. Na fase inicial de seu surgimento, ao tomar para si assuntos que pertenciam a outras áreas, a Sociologia construiu-se em luta contra os saberes já existentes, produzindo uma miríade de rivalidades específicas, dirigidas a cada uma das áreas contra as quais se produzia. Por exemplo, uma delas era a Filosofia, o saber mais estabelecido, que monopolizava o discurso generalizante a respeito da humanidade, da moral e do conhecimento. A Sociologia, contudo, também se diferenciava de outros ramos, igualmente inovadores e pretendentes à inovação cognitiva em jogo, como, notadamente, a Psicologia (Joly, 2017). Em graus distintos, e variando conforme a tradição nacional, ela lutava ainda contra a Literatura, como fonte discursiva a conferir sentidos aos destinos humanos (Lepenies, 1996).

Nesse quadro litigioso, localiza-se a gênese dos diálogos entre História e Sociologia. A existência desta última dependeu do sucesso do enfrentamento empreendido contra os domínios mencionados e, também, contra a História. As relações entre as duas áreas, nesse sentido, consistem em um capítulo da progressiva divisão social do trabalho intelectual, visto que, desde o século XIX, as disciplinas se diferenciam umas das outras segundo temas, métodos e problemas de investigação.

Por essa razão, opinamos pela adoção de uma perspectiva relacional e dialógica para a reconstituição do percurso desses confrontos constantes e da mútua fertilização a que eles deram origem. Essa abordagem requer, além da divisa elementar em duas fases – a anterior e a posterior ao advento da Sociologia – uma segunda, que compõe nosso fio condutor. O enfrentamento inicial, por afirmação num cenário em que não existia e tampouco dispunha de credibilidade ou legitimidade, exigiu da Sociologia estratégias retóricas, lógicas e institucionais distintas daquelas adotadas por áreas já existentes, cujo objetivo principal consistia na preservação de sua credibilidade, legitimidade e tradição (Karady, 1979, p. 66). Portanto, uma vez estabelecida, a Sociologia ajustou-se e adotou outros recursos competitivos e de colaboração. Concomitantemente, as áreas tradicionais se modificaram em razão dela, que passou da condição de recém-chegada para a de "vim para ficar".

Os diálogos entre História e Sociologia são indissociáveis dos processos de profissionalização das práticas disciplinares. Fundamentais, portanto, são algumas palavras a respeito dessa ideia, que, juntamente à de disciplina, pontilha todos os debates apresentados. O termo *profissionalização* designa o processo por meio do qual se constitui um corpo de indivíduos especializados em um domínio do conhecimento a que se dedicam regradamente, podendo viver desse trabalho, isto é, sendo remunerados por ele. Esse modelo de produção intelectual pressupõe, em geral: instituições que empreguem os profissionais como docentes e/ou pesquisadores, público especializado e leigo interessado em sua produção e em fazer parte desse corpo especializado (alunos, postulantes), aparatos editoriais que possibilitem a circulação dessa produção (periódicos, editoras, coleções especializadas etc.).

Em geral, essa configuração resulta de percursos históricos complexos, caracterizados pela diferenciação dos períodos em que os intelectuais produziam suas obras, sem que as regras de tal trabalho fossem explicitadas e sem que dependessem do rendimento econômico oriundo dessa atividade - praticada mais como deleite do que como profissão.

Há experiências nacionais em que o processo de profissionalização das práticas – sejam científicas, sejam artísticas – conduziu à sua "autonomização". Isto é, em determinadas sociedades, praticantes e públicos, consideraram o valor da "arte pela arte", da "ciência pela ciência", sem que demandassem outra justificativa senão o valor que reputavam ser intrínseco a elas. Os espaços regrados desse modo foram designados *campos*, pelo sociólogo Pierre Bourdieu (Bourdieu, 1967, 1996). A profissionalização das disciplinas pode ou não redundar em autonomia de sua prática – e é cabível deixar a discussão aberta a respeito disso. Avaliando as interferências de fatores externos à dinâmica disciplinar, você pode tomar sua posição a respeito tanto do conceito de campo quanto do fato de seu ambiente ser mais ou menos autônomo ou heterônomo, ou seja, mais ou menos suscetível de ser comandado por critérios externos à lógica da prática científica – como os ideológicos e os econômicos.

Em razão disso, ressaltamos que usamos o termo sem compromisso com o rigor conceitual implicado nele, apenas a título de facilitar a comunicação, aproveitando o sentido corrente que ele recentemente assumiu – intercambiável com *área* e *região do saber*. Do mesmo modo, a ideia de *disciplina* será empregada para indicar o crescente processo por meio do qual os agentes interessados em áreas específicas do saber vão estabelecendo regras para si próprios, no interior das quais sua produção passa a ser reconhecida (Heilbron, 2006; Fabiani, 2006). Por exemplo: para os historiadores, desde a escola metódica, "sem documentos, não há História" ("*pas de documents, pas de histoire*"); para os sociólogos, desde a escola durkheimiana, "só se explica comparando" ("*on n'explique qu'en comparant*").

Os ângulos por meio dos quais se estabelecem acordos e divergências disciplinares se multiplicaram conforme elas se consolidavam e impunham a seus praticantes o acerto de contas, simultaneamente, com a sua área, com as áreas vizinhas e com as respectivas tradições de cada uma delas. Por conseguinte, sempre que possível e dentro dos limites de nosso escopo, trataremos do diálogo dos artífices disciplinares tanto na perspectiva sincrônica quanto diacrônica – pois, crescentemente, eles dialogaram com seus contemporâneos e com seus predecessores, ou seja, com a tradição herdada, que também contribuíram para perpetuar, por meio da construção desta interlocução. A título introdutório, importa que você retenha a ideia de que as oposições entre as duas disciplinas:

- têm efeitos intelectuais em ambas;
- são irredutíveis às oposições entre outras (isto é - a História dialoga com a Sociologia de um modo específico e distinto do modo como dialoga com a Economia ou a Antropologia) (Novais; Silva, 2011).

Tratar desse assunto de modo relacional e dialógico consiste em um trabalho fascinante. Em todos os capítulos, você conhecerá pelo menos dois autores, de cada uma das duas áreas, que se dirigiram um ao outro, ou ao conjunto dos pares da outra disciplina. Desse modo, ficará evidente que historiadores e sociólogos também têm uma história e uma sociologia, variando no tempo e no espaço suas práticas disciplinares, suas leituras, suas parcerias e suas rivalidades.

Por outro lado, essa perspectiva consiste no modo mais complexo que se poderia adotar e exigirá de você uma abertura de espírito condizente com ela. Em vez de apequenar nosso trabalho e nossos autores, por exemplo, partindo de uma definição fixa de História e de uma definição fixa de Sociologia, optamos por surpreendê-los em diálogo. Isto é, a reconstituição mira os agentes, no trabalho de definir, eles próprios, em confronto objetivo uns com os outros, os contornos de sua disciplina. As definições são, portanto, cambiantes, em razão dos fatores que condicionaram esses diálogos.

Nesse sentido, você logo perceberá, ao avançar sua leitura, mas vale adiantar: em alguns contextos, o termo *ciências sociais* inclui História, em outros, exclui e a ela se opõe; nem todos os países classificam sob essa insígnia três disciplinas, como no Brasil, em que o termo é tomado como sinônimo de "Antropologia, Ciência Política e Sociologia". Houve momentos em que a Sociologia foi dominante e matriz para outras ciências sociais modernas (para além das duas vizinhas brasileiras, incluindo aí, Economia e Geografia); houve outros, em que o questionamento de seu predomínio redundou em uma valorização fosse da Ciência Política, fosse da Antropologia e da Filosofia. Em suma, essas categorias são instáveis, e uma conduta intelectual não etnocêntrica e bem informada só pode fascinar-se com a multiplicidade de sentidos que elas podem assumir.

A abordagem dialógica tem por objetivo sensibilizar você para a complexidade do intercâmbio realizado entre autores, correntes teóricas e disciplinas. Na medida em que nos opomos uns aos outros, incontornavelmente, somos reféns da interlocução que estabelecemos e, portanto, aderimos parcialmente àqueles que rejeitamos.

Os conteúdos específicos dessas adesões e recusas é o que importa tornar preciso. Nessa esteira, a bibliografia contemporânea tenta superar dois vícios típicos das histórias das disciplinas.

De um lado, a tendência de criar diálogos imaginários entre autores que jamais se encontraram e jamais conheceram a obra um do outro. Esses diálogos resultaram em leituras extravagantes de alguns autores. Atualmente, entende-se que os enfrentamentos assumidos – mesmo quando eufemizados – são suficientemente complexos para que se suponha aqueles que ocorreram apenas entre os livros presentes na biblioteca de leitores imaginativos (Nippel, 2012, p. 156).

De outro lado, trata-se de não se deixar guiar por classificações pejorativas (superficial, mecânico etc.); ou dignificadoras (injustiçado; grandioso; dinâmico; inovador; rebelde; a frente de seu tempo etc.). Elas tornam opacas as ideias, simplificam os intercâmbios, sempre seletivos e parciais, criando falsas continuidades e descontinuidades entre autores, teorias e disciplinas. A perspectiva que adotamos evitará, metodicamente, essas armadilhas, procurando assinalar que o rechaço é simultâneo ao aproveitamento inusitado de ideias e conceitos. Dito de outro modo, não é possível raciocinar em termos de continuidade ou descontinuidade absolutas. Sustentamos que esse seja o caminho ideal para caracterizar, concomitantemente as definições cambiantes das disciplinas, elaboradas por historiadores e sociólogos; os respectivos programas de pesquisa baseados nessas definições; os projetos de diferenciação e de integração disciplinares, para a História e para a Sociologia, como um elemento decisivo das definições disciplinares e dos programas de pesquisa.

Atualmente, as ciências sociais são praticadas no mundo todo (Unesco, 2010). Seu processo histórico de emergência e consolidação não foi linear e progressivo – temporal, espacial e institucionalmente. Não bastassem as nuanças das trocas suscitadas por essas aproximações e oposições, o Brasil e os demais países do eixo sul da geopolítica global, desenvolveram-se sob forte hegemonia dos países do eixo-norte da economia-mundo, não apenas econômica e politicamente, mas também no âmbito de suas atividades artísticas e científicas (Sapiro, 2013). No que se refere às ciências sociais, e à Sociologia em particular, isso não foi diferente. Sobretudo quanto ao estabelecimento dos autores canônicos, fundadores da disciplina, seguimos a tendência global de girar em torno do eixo francês e alemão e, mais recentemente, estadunidense. A esse respeito, considerações preliminares são fundamentais no que concerne à historiografia brasileira.

Em primeiro lugar, comparada às ciências sociais, a História relaciona-se de modo distinto com os centros mundiais. Esta tende a ser mais nacionalizada e a estabelecer seu cânone em autores nativos; ao passo que aquelas tendem a se construir por meio de autores clássicos estrangeiros (Rodrigues, 2018b).

Em segundo lugar, nem todos os autores canônicos e tampouco as vertentes mais relevantes da Sociologia contemporânea suscitaram interesse de historiadores brasileiros ou impactaram sua produção. Um exame de sobrevoo no sumário deste livro, realizado por um sociólogo, reclamaria da ausência de seções dedicadas a nomes como Talcott Parsons, Robert Merton, Erwin Goffman, Thomas Luckmann, Peter Ludwick Berger – para citar apenas alguns. Dito de modo simples: os sociólogos "clássicos" e "contemporâneos" dos historiadores brasileiros não são os mesmos dos sociólogos (estrangeiros e brasileiros, em atividade). Nem poderia ser diferente, a maneira de se apropriarem das referências teóricas externas (ao país e à disciplina) subordinam-se à lógica de seu *métier*.

Em terceiro lugar, o livro poderia adotar uma única questão e procurar sua resposta em autores aleatoriamente selecionados. Por exemplo: Como, desde o século XIX, pensou-se a relação entre sujeito da observação e objeto observado? Porém, ao adotar uma perspectiva histórica e dialógica, isso seria equivocado: nem todos os episódios dos diálogos entre historiadores e sociólogos tiveram como motivação o mesmo questionamento. Além disso, impor uma única pergunta, em geral oriunda do nosso tempo, a épocas pregressas implicaria duas atitudes inaceitáveis. De um lado, cometeríamos o pecado capital do historiador: anacronismo – pois seria o mesmo que impor aos intelectuais do passado problemas do presente. De outro, sendo esse anacronismo resultado de profunda dificuldade de nos colocarmos "no lugar deles" (em outro tempo e espaço), cometeríamos também uma espécie de "etnocentrismo cognitivo" – igualmente indesejável. O desafio intelectual consiste no oposto disso.

Se há sempre impactos do tempo presente na reconstituição pretérita e se nossa experiência social condiciona os filtros de nosso olhar, a vigilância epistemológica sistemática, tal como praticada na concepção deste livro, procura identificá-los, evitá-los, refletir sobre eles (Bourdieu; Chamboredon; Passeron, 2015). Como assinalou Norbert Elias (1897-1990), em sua clássica "Introdução: sociologia e história": "as avaliações e ideais de curta duração provenientes de conflitos agudos do presente servem como substitutos para as teorias relativamente autônomas" (Elias, 2001, p. 32). Por isso, vale a pena o esforço de nos desvencilharmos da conduta anacrônica e etnocêntrica que nos prende ao nosso tempo e espaço para nos aproximarmos da lógica própria de grupos e configurações que nos antecederam no tempo ou que, atualmente, não sejam idênticos a nós. Essa postura também foi defendida e praticada por Karl Polanyi (1886-1964), e outros expoentes da renovação da história econômica. Segundo eles, a projeção da dinâmica de funcionamento das sociedades de mercado sobre sociedades que desconheciam práticas de mercado impediu o entendimento destas. Há, no plano da economia (Polanyi), da organização social (Elias) e da história intelectual das disciplinas, etnocentrismos cognitivos. É preciso deslocar-se, abrir-se a outros tempos, a fim de contornar a dificuldade de compreender o outro.

Por esses motivos, a tarefa de introduzir você às questões próprias do espaço historiográfico brasileiro foi o critério adotado para a seleção dos autores, dos textos e dos cenários privilegiados neste livro. A bibliografia a respeito do diálogo entre História e Sociologia brasileiras é escassa. Assim, foi preciso nos valer de buscas por citações nas principais revistas da área de História e nos Anais dos encontros da ANPUH (Associação Nacional dos Professores de História), além de conversas com profissionais em atividade. Em suma, o modesto objetivo deste livro é ser útil para você, leitor, interessado em seu cultivo ou interessado na profissão futura de historiador e/ou sociólogo. Circunscrevemos essas escolhas, a fim de que sejam julgadas segundo os termos a que elas se propuseram. No mesmo sentido, convém indicar a adoção de alguns procedimentos expositivos e de algumas convenções meramente lexicais e sem pretensões conceituais.

Os diversos cenários apresentados implicam também variados modos de conceber a produção intelectual, em sua dimensão coletiva e individual. Sempre será possível, por meio do escrutínio detalhado e minucioso, destrinchar as particularidades dos autores no interior dos grupos, de um livro ou de um manifesto no percurso intelectual que se constrói no tempo e se cristaliza em uma "obra". Em um livro introdutório como o que você tem em mãos, a esquematização é útil e necessária, a fim de oferecer os pontos de referência seguros para um possível aprofundamento posterior nessas direções. Por conseguinte, o emprego de termos como *grupos* e *escolas* presta-se a situar programas que se constituíram em torno de instituições, revistas, editoras e que serviram de impulso aos autores e às obras em suas respectivas particularidades. Além disso, como você certamente é sensível à temporalidade das construções sociais, vale esclarecer que todos os teóricos apresentados neste livro elaboraram suas obras de modo dinâmico, ou seja, alterando constantemente o sentido de suas formulações. Sempre que possível, essas rotações serão assinaladas. Entretanto, o estudo dessas obras requereria o aprofundamento dessas modificações com vistas ao entendimento de seus sistemas teóricos e conceituais mais acabados. Isso pressuporia a caracterização do conjunto mais amplo de diálogos que os autores estabeleceram, ultrapassando o eixo adotado no presente livro, exclusivamente voltado para História e Sociologia, em detrimento da dinâmica autoral de seu pensamento.

Finalmente, a respeito do procedimento expositivo: todos os capítulos valem-se de contextualizações. Ainda que não exaustivas, elas objetivam familiarizar você com o ambiente em que as discussões entre historiadores e sociólogos ocorreram[2]. O contexto será apresentado seguindo dois eixos esquemáticos: fatores externos e fatores internos ao mundo científico. Enquanto por *fatores externos* consideramos aqueles que impactam a vida científica e têm origem fora dela – por exemplo, guerras, revoluções, catástrofes –, por *fatores internos* entendemos aqueles que dizem respeito à interação e às práticas dos agentes trabalhando em suas disciplinas – isto é, à dinâmica de sua

---

2 Você não deve confundi-las com o que seria uma "aplicação" da teoria dos campos de Pierre Bourdieu, tão vulgarizada atualmente como sinônimo de consideração de fatores "externos" aos textos. Nosso objetivo é apenas ambientar a discussão apresentada.

colaboração e competição, na base dos intercâmbios que nos interessam. Além disso, você perceberá, ao avançar sua leitura, que nossa exposição vai sempre dos fatores externos aos internos, do geral ao particular, para, em seguida, apresentar os autores em diálogo, tanto quanto possível, por meio da transcrição de trechos representativos deles próprios. O retorno aos textos clássicos para a preparação deste livro conduziu ao desejo de dividir com você o prazer de relê-los[3].

Boa leitura!

---

[3] Você observará que, antes das citações dos autores, há uma sentença que sintetiza o trecho. Ela aparecerá sempre em negrito e tem por objetivo orientar sua atenção ao que é mais substancial no material apresentado.

Lidiane Soares Rodrigues

Como aproveitar ao máximo este livro

Empregamos nesta obra recursos que visam enriquecer seu aprendizado, facilitar a compreensão dos conteúdos e tornar a leitura mais dinâmica. Conheça a seguir cada uma dessas ferramentas e saiba como elas estão distribuídas no decorrer deste livro para bem aproveitá-las.

Introdução do capítulo

Logo na abertura do capítulo, informamos os temas de estudo e os objetivos de aprendizagem que serão nele abrangidos, fazendo considerações preliminares sobre as temáticas em foco.

Síntese

Ao final de cada capítulo, relacionamos as principais informações nele abordadas a fim de que você avalie as conclusões a que chegou, confirmando-as ou redefinindo-as.

Atividades de autoavaliação

Apresentamos estas questões objetivas para que você verifique o grau de assimilação dos conceitos examinados, motivando-se a progredir em seus estudos.

Atividades de aprendizagem

Aqui apresentamos questões que aproximam conhecimentos teóricos e práticos a fim de que você analise criticamente determinado assunto.

Indicações culturais

Para ampliar seu repertório, indicamos conteúdos de diferentes naturezas que ensejam a reflexão sobre os assuntos estudados e contribuem para seu processo de aprendizagem.

Bibliografia comentada

Nesta seção, comentamos algumas obras de referência para o estudo dos temas examinados ao longo do livro.

Indicações culturais

Para ampliar seu repertório, indicamos conteúdos de diferentes naturezas que ensejam a reflexão sobre os assuntos estudados e contribuem para seu processo de aprendizagem.

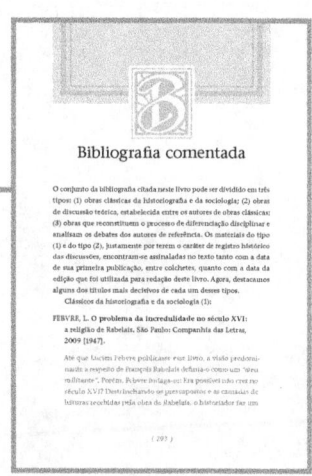

Bibliografia comentada

Nesta seção, comentamos algumas obras de referência para o estudo dos temas examinados ao longo do livro.

Capítulo 1
Uma oposição estruturante:
diferenciação e integração entre
História e Sociologia na França

Um conjunto de novos saberes, designados como *ciências sociais modernas*, e particularmente a Sociologia, só adquiriram identidade própria opondo-se à História. Esta, em contrapartida, reagiu a esse conjunto de ofensivas (Noiriel, 1996).

O marco inicial da história desses diálogos remonta à França, durante a Terceira República (1870-1940), na qual ocorreram duas reações historiográficas à Sociologia, situadas antes e depois da eclosão da Primeira Guerra Mundial (1914-1918). A primeira, na virada do século XIX para o XX, foi desencadeada pelos desafios do grupo em torno de Émile Durkheim (1858-1917), dirigidos aos historiadores da escola metódica. A segunda, ocorrida no entre guerras, foi marcada pelo ocaso da escola durkheimiana e por um rearranjo das fronteiras disciplinares estabelecidas. Nela, os historiadores Marc Bloch (1886-1944) e Lucien Febvre (1878-1956) criaram um periódico chamado *Annales d'histoire économique et sociale*, em 1929, no qual esquadrinharam um programa de colaboração disciplinar entre a História e as ciências sociais, com destaque precisamente para a Sociologia, tal como concebida pelos durkheimianos. O objetivo deste capítulo é apresentar os tópicos centrais da discussão científica situada nestes dois momentos.

Trataremos do cenário em que se desenvolveu a primeira oposição entre História e Sociologia e, em seguida, das divergências entre os historiadores e os sociólogos que se destacaram pela formulação programática a respeito do que a História "deveria ser", como Charles Seignobos (1854-1942), Émile Durkheim (1858-1917) e François Simiand (1871-1935). Posteriormente, abordaremos novamente o quadro mais amplo, a fim de situar historicamente o periódico *Annales*. Finalmente, conheceremos os termos do intercâmbio disciplinar proposto por Bloch e Febvre.

(1.1)
História e Sociologia nos anos iniciais da Terceira República Francesa (1870-1918)

Os papeis assumidos pelas disciplinas científicas em geral e, particularmente, pela História e pela Sociologia na Terceira República Francesa (1870-1940) são indissociáveis do amálgama entre a derrota do país na Guerra Franco-Prussiana (ocorrida entre julho de 1870 e maio de 1871) e a Comuna de Paris (ocorrida entre 18 de março e 28 de maio de 1871). Você perceberá o entrelaçamento desses episódios bélicos a seguir.

O primeiro consistiu em um conflito externo, isto é, o exército do então Império Francês lutava contra o reino da Prússia, que liderava o processo de unificação nacional alemão. A vitória deste último rendeu-lhe a conquista da cobiçada região da Alsácia-Lorena, cujas riquezas alavancaram o desenvolvimento posterior da Alemanha. Já o segundo conflito foi interno à sociedade francesa, ou seja, o exército francês dizimou os trabalhadores que se insurgiram contra a assinatura da rendição francesa na Guerra Franco-Prussiana e tomaram a prefeitura da cidade de Paris.

Inaugurada no desfecho desses dois episódios, a Terceira República Francesa foi marcada pela busca da estabilidade política e social, nitidamente ameaçada por eles. Por um lado, a derrota na Guerra Franco-Prussiana implicava um contraditório reconhecimento da superioridade alemã e a busca por uma alternativa simbólica ao rebaixamento da honra nacional. Por outro, as medidas tomadas pelos *communards* – como controle dos preços dos alimentos básicos, remuneração mínima dos trabalhadores, tentativa de melhorar a moradia popular, autogestão de fábricas, estabelecimento de ensino gratuito para todos –, sucedidas pela violência com a qual foram exterminados homens, mulheres, crianças e idosos, pelo exército, sob ordens do primeiro presidente da Terceira República (Louis Adolphe Thiers, 1797-1877), expunham a fratura social interna à configuração nacional francesa (Hobsbawm, 2002). A vida intelectual do período caracterizava-se pela proposição de alternativas, com base em princípios científicos, aos perigos de perda de soberania nacional e do esgarçamento da coesão social, cristalizado nesses dois episódios dramáticos.

Diante disso, três correntes diferenciavam-se. Em um polo extremo, situavam-se os **conservadores** – em geral, monarquistas e católicos, que defendiam um retorno da França à ordem global anterior à Revolução de 1789, isto é, ao Antigo Regime. Em outro extremo, situavam-se os **radicais revolucionários** – reunindo socialistas e anarquistas, que defendiam, em geral, a supressão das relações econômicas (de exploração) e políticas (de dominação), ou seja, propunham a realização substancial da Revolução de 1789, que reputavam inacabada, pois levada a cabo apenas nos princípios (de liberdade, de igualdade), mas não na prática social e política (que implicaria a eliminação da exploração e da dominação da classe laboriosa). Segmentado em grupos, esse polo se subdividia segundo os métodos que julgavam legítimos para essa superação: insurreição e violência revolucionária (radicais) ou disputa parlamentar nos quadros da legislação política (moderados).

Finalmente, entre os dois polos extremos, havia um terceiro: os **republicanos**. Estes eram animados pelo espírito iluminista e racionalista, herdeiros do século XVIII, e propunham o estabelecimento de uma ordem dinâmica, dotada de certa equidade social e econômica (mas não se alinhavam aos princípios dos revolucionários radicais), além de estável, dotada da coesão anterior a 1789 (mas não se alinhavam aos conservadores). Entre eles, também havia diferenças: republicanos liberais tendiam a defender a competição aberta ao mérito como princípio da organização social; e republicanos não utilitários esquadrinhavam projetos de reforma social, a fim de garantir condições equivalentes de acesso à competição. Entre os últimos, alguns estabeleceram alianças momentâneas, em virtude de episódios particulares, com os menos "radicais" entre os revolucionários.

Nas camadas das elites intelectuais, essas três orientações conformavam projetos científicos e educacionais para dirigir a nação francesa. Os conservadores defendiam o ensino da erudição clássica, convencidos de que ela era o subsídio para a constituição de indivíduos de bom gosto e de boa escrita, capazes de apreciação filosófica e literária, dotados de cultura geral e desinteressada. Sua concepção de educação prestava-se ao reforço das fronteiras sociais. Os segmentos moderados do polo revolucionário e os republicanos não liberais alinhavam-se em alguns princípios. Seu programa, no plano do ensino, caracterizava-se, em linhas gerais, pela defesa da laicidade e da universalidade da educação pública e gratuita e, no plano das pesquisas e das tarefas das universidades, pela defesa dos métodos científicos e da neutralidade, em oposição à erudição clássica, reputada estéril, ultrapassada e elitista. Em momentos decisivos das reformas educacionais empreendidas no período, alguns republicanos e socialistas se aliaram a essa perspectiva geral.

O eixo adotado pelo presente livro requer que você localize, nesse quadro histórico e nas indagações pertinentes – isto é, no que tange aos conflitos bélicos e políticos externos e internos, assim como às posições ideológicas e aos projetos para o sistema educacional –, os autores cujas divergências científicas serão objeto de apresentação na seção seguinte. Portanto, retenha a ideia de que tanto os historiadores da escola metódica quanto os sociólogos da escola durkheimiana situam-se no espectro constituído pelos republicanos, com incursões matizadas por alianças pontuais com algumas perspectivas socialistas. São, em conjunto, apoiadores da Terceira República Francesa e, cada qual a seu modo, com os recursos próprios de suas disciplinas, aproveitados por esse regime político (Lepenies, 1996; Charle, 1990; Noiriel, 1996).

Entre o regime republicano e os setores modernizantes do corpo docente universitário, havia uma convergência. Aquele opunha-se aos poderes tradicionais (a monarquia, a Igreja, e os conservadores, que insistiam na revivescência do Antigo Regime); estes – entre os quais se situavam os historiadores aliados a Seignobos e os sociólogos da escola de Durkheim – opunham-se aos modelos curriculares e às práticas disciplinares dos conservadores.

Essa afinidade ideológica sedimentou a convergência de interesses, por meio de uma recíproca satisfação de necessidades, que favoreceu os historiadores metódicos, pois o programa de modernização defendido por eles para a disciplina correspondia parcialmente às demandas simbólicas da Terceira República – por exemplo, a ênfase na evolução política, nas guerras e em episódios edificantes da história nacional, não obstante a regra da "objetividade" e o compromisso com a verdade contida na documentação (você se lembrará disso, pois voltaremos a esse ponto). Já o grupo de Émile Durkheim precisaria dizer a que veio, provar a relevância de sua disciplina, delimitar a especificidade dela e de suas contribuições à sociedade que se constituía no período.

Em suma, sendo mais antiga e mais estabelecida, a História teve condições de ser mais beneficiada pela sintonia de seus modernizadores com o regime (Heilbron, 2015; Karady, 1979, 1976). Essa afinidade era estreita, pois o novo regime republicano necessitava construir sua legitimidade sobre princípios diversos aos da monarquia e ao do

Antigo Regime. Ao passo que o último baseava-se na hereditariedade do poder e na subordinação dos súditos, o primeiro requeria a formação de cidadãos adequados a uma democracia liberal progressista. Dito de outro modo, eles deveriam distanciar-se dos dois extremos do espectro que caracterizamos: não deveriam aliar-se aos conservadores – dispostos a romper com a ordem em nome do passado – e, tampouco, deveriam ser arregimentados pelos revolucionários radicais – dispostos a romper com a ordem em nome da utopia socialista, comunista ou anarquista. O ensino da Língua Francesa, da Geografia e da História Nacional era considerado um meio para a educação cívica, que deveria formar o indivíduo capacitado à vida da democracia liberal, refratária àquelas alternativas ideológicas extremas. Além de inculcar os conteúdos e a disciplina requerida para a constituição desses indivíduos, o ensino e a pesquisa, particularmente das áreas apontadas, podiam prestar, portanto, um serviço político e simbólico ao funcionamento e à necessária legitimação do novo regime.

A expansão do sistema de ensino e a articulação de seus segmentos básico e superior, que garantia aos professores formados na École Normale Supérieure o controle do sistema de exames e titulações em todo o aparato, estimularam e intensificaram o **processo de profissionalização dos historiadores** (Noiriel, 1996). Os suportes organizacionais garantidos pelo Estado foram acompanhados pela produção de subsídios materiais conformes ao tipo de trabalho defendido pelos historiadores profissionais, em oposição ao amadorismo dos ensaístas e literatos – mais afinados com o polo conservador. Estes baseavam suas explanações históricas em suas convicções políticas e no bom gosto letrado e aristocrático, e àqueles era facultada apenas a escrita da história cujo esteio fossem os documentos. Daí o empenho dos profissionais na publicação de compilações de documentação primária, com aparato editorial historiográfico (introdução, contextualização e comentários); de manuais que orientassem o ofício segundo normas e regras comuns; além de revistas especializadas (Prost, 2009). Nesse quadro, ganha sentido a publicação do manual de Charles-Victor Langlois (1863-1929) e Charles Seignobos (1854-1942), *Introduction aux études historiques*, em 1898, mesmo ano em que Émile Durkheim fundou sua revista. É válido mencionar que esse cenário propiciou a participação dos historiadores profissionais mais prestigiados da época na reorganização do sistema de ensino.

Em contrapartida, a **participação dos sociólogos** nos governos republicanos, bem como os serviços que tinham condições de prestar não eram idênticos aos dos historiadores, visto que os dispositivos de acesso aos poderes institucionais, além da credibilidade política angariada pela área, não se ligavam à posição ocupada pela disciplina no conjunto dos saberes. Desse modo, segundo a avaliação de Jacques Revel, a História apresentava três tipos de vantagens – ideológica, científica e institucional – se comparada à Sociologia, uma "disciplina mal reconhecia e ultraminoritária", que carregava a "missão ideológica" de enunciar "a identidade e as expectativas de uma nação ferida por sua derrota diante da Alemanha" (Revel, 1998, p. 81). Para isso, contava com o recurso do método positivo e a exigência da crítica erudita dos textos, elementos da "revanche idealizada aos alemães" e que impactam outras áreas, como os estudos literários. Por fim, do ponto de vista institucional, a legitimidade se ligava à sua antiguidade, e a profissionalização se acelerava concomitantemente aos esforços pela democratização do ensino naqueles anos. Portanto, na hierarquia dos saberes, talvez somente a Filosofia estivesse no mesmo patamar que a História, sendo, porém, as demais ciências sociais muito recentes (Revel, 1998).

Na qualidade de novo ramo do conhecimento, a Sociologia requeria estratégias retóricas, políticas e intelectuais específicas para se fazer valer (Karady, 1979). Por conseguinte, os esforços de Émile Durkheim, para a constituição de um domínio próprio, isto é, dotado de objetos e métodos específicos foram notáveis.

Embora Auguste Comte (1798-1857) tenha sido o responsável por cunhar a palavra *Sociologia* para designar uma "ciência da sociedade", Émile Durkheim é considerado o fundador da Sociologia por três notáveis feitos:

- O estabelecimento de um método e de um objeto. Se já havia, antes dele, os pensadores do social (como Comte, Spencer, Montesquieu – por ele estudados e reconhecidos), eles detinham-se nas "ideias" sobre o social. Faltava-lhes delimitar, coletar e analisar empiricamente os "fatos sociais" – isto é, o conjunto dos modos de ser, pensar e agir que se impõem como uma força coercitiva aos indivíduos que se sentem impelidos a ser, pensar e agir de determinadas maneiras, e não de outras.
- A criação, em 1898, do periódico, *L'Année sociologique* (doravante, *LAS*), que reunia seus principais colaboradores e publicava suas pesquisas.
- A luta pelo estabelecimento do ensino da Sociologia e pela valorização pública dessa área como ciência.

As investigações dos durkheimianos não tratavam das questões políticas e sociais candentes à época – como guerras e insurreições. Tudo indica que o silenciamento a respeito desses assuntos não resultava de um distanciamento de seu contexto político, mas correspondia a uma maneira particular de se relacionar com ele.

Por um lado, havia a ambígua relação estabelecida com filósofos e historiadores. Os durkheimianos dirigiam-lhes fortes críticas – sobretudo, aos mais destacados, como Charles Seignobos, de quem se trata a seguir. No entanto, incorporaram alguns de seus temas centrais, assim como alguns de seus procedimentos – por exemplo, atenção à documentação (Karady, 1976). Isso possibilitou que se diferenciassem das outras escolas sociológicas concorrentes, ocupadas com questões sociais como violência, alcoolismo, marginalidade, entre outros, associados à emergência das grandes cidades e seus protagonistas principais, ou seja, as classes laboriosas e a burguesia industrial. Você lembrará desse ponto quando demonstrarmos, no Capítulo 3, que foram esses os assuntos privilegiados por outros clássicos da Sociologia, como Marx e Weber.

De todo modo, na França, o desafio de fazer valer a Sociologia, tal como a projetavam os durkheimianos, implicava **desafiar a opinião erudita** das áreas tradicionais (notadamente, a Filosofia e a História), denunciando as respectivas limitações destas diante da nova ciência, e, simultaneamente, torná-la necessária aos governos republicanos – dos quais dependiam as oportunidades de alocação no sistema de ensino superior – sem se transformar, porém, em utilitária, sob o risco de um rebaixamento pragmático que a confundiria com assistencialismo social. Para isso, fazia-se necessário não "se rebaixar" na hierarquia dos temas, mantendo-se distante dos que se ocupavam da "questão social" – no sentido que hoje se empresta à ideia de assistência social – e aproximando-se dos temas filosóficos, como a moral e o suicídio, e históricos, como as sociedades da Antiguidade Clássica, incorporando mesmo historiadores especializados nela, à sua revista (Benthien, 2011). Porém, isso não significa que essa escola não estivesse profundamente marcada pelos problemas políticos e sociais de seu entorno, muito pelo contrário.

É possível afirmar que a teoria durkheimiana "foi desenvolvida, pelo menos em parte, como uma resposta ao crescimento da violência", ainda que por si própria não seja uma "teoria do conflito social", e tampouco trate de guerras, insurreições e revoluções (Jones, 2010, p. 63, tradução nossa)[1]. Seus principais temas e problemas remetem à preocupação com as consequências das grandes transformações históricas, do ponto de vista dos mecanismos que estabelecem vínculos típicos, definidores das sociedades. É nesse sentido preciso que se encontra, em seus conceitos de solidariedade mecânica e orgânica, uma crítica à violência e às teorias que nela reconhecem positivamente uma força histórica evolutiva.

Em sua primeira grande obra, *Da divisão do trabalho social* [1893], buscando estabelecer a função da divisão do trabalho, Durkheim distingue as sociedades tradicionais das modernas por meio dos tipos de vínculos que as caracterizam e dos mecanismos que geram a **solidariedade social**. A solidariedade mecânica, típica da sociedade tradicional, teria sua regulação moral derivada das normas contidas na consciência coletiva, e a solidariedade orgânica, típica da sociedade moderna, emanaria da divisão do trabalho social que valorizaria a contribuição de cada indivíduo na cooperação coletiva. Informado pelo cenário histórico que engendra a sociologia de Durkheim, a certa altura desta obra, você pode reconhecer a evidência de suas

---

[1] Seguimos as orientações das leituras mais contemporâneas das correntes teóricas e dos autores de que tratamos neste livro. Assim, Durkheim foi, por muito tempo, entendido como "estrutural-funcionalista" e, por esse motivo, desinteressado da História. Essa visão tem sido ultrapassada por um renovado interesse em sua obra, iniciado já nos anos 1950 e 1960 (Bellah, 1959), no mundo anglo-saxão, e, recentemente, no Brasil (Weiss; Oliveira, 2012). Ademais, um exame histórico dos diálogos dos durkheimianos, como se apresenta, parcialmente, nas seções seguintes, assinala o equívoco da suposição de que ele não se tenha interessado pelos processos históricos (Joly, 2017; Heilbron, 2015; Karady, 1976; Weisz, 1979).

preocupações políticas com a unidade nacional e com a integração social.

[Durkheim, sobre quais fatores – e como – agregam e segregam os indivíduos:]

se as sociedades superiores não se baseiam num contrato fundamental que tenha por objeto os princípios gerais da vida política, elas teriam ou tenderiam a ter por base única, segundo Spencer, o vasto sistema de contratos particulares que ligam os indivíduos entre si. Estes só dependeriam do grupo na medida em que dependeriam uns dos outros, e não dependeriam uns dos outros senão na medida assinalada pelas convenções privadas e livremente estabelecidas. A solidariedade social não seria, pois, outra coisa que o acordo espontâneo dos interesses individuais, acordo de que todos os contratos são a expressão natural. O modelo das relações sociais seria a relação econômica, desembaraçada de toda regulamentação e tal como resulta da iniciativa inteiramente livre das partes. Numa palavra, a sociedade não seria mais que a colocação em relação de indivíduos que trocam os produtos de seu trabalho e sem que nenhuma ação propriamente social venha regular esta troca.

Será essa a característica das sociedades cuja unidade é produzida pela divisão do trabalho? Se assim fosse, poderíamos duvidar com razão de sua estabilidade. Por que, se o interesse aproxima os homens, nunca o faz mais que por alguns instantes e só pode criar entre eles um vínculo exterior. No fato da troca, os diversos agentes permanecem exteriores uns aos outros e, uma vez terminada a operação, cada um se reencontra e se reapropria de si por inteiro. As consciências são postas apenas superficialmente em contato: nem se penetram, nem aderem fortemente umas às outras. Se olharmos as coisas a fundo, veremos que toda harmonia de interesses encerra um conflito latente ou simplesmente adiado.

Porque, onde o interesse reina sozinho, como nada vem refrear os egoísmos em presença, cada eu se encontra face ao outro em pé de guerra e uma trégua nesse eterno antagonismo não poderia ser de longa duração. De fato, o interesse é o que há de menos constante no mundo. Hoje, me é útil unir-me a você; amanhã, a mesma razão fará de mim seu inimigo. Portanto, uma tal causa só pode dar origem a aproximações passageiras e a associações de um dia. Vê-se quanto é necessário examinar se é essa, efetivamente, a natureza da solidariedade orgânica. (Durkheim, 2010 [1893], p. 188-190)

Tanto historiadores quanto sociólogos, alinhados aos valores cívicos da Terceira República, intervieram na **política**. Contudo, o pertencimento a uma disciplina estabelecida e prestigiada (História) e a outra ainda em constituição (Sociologia), implicava diferentes recursos sociais e intelectuais. Vale mencionar um episódio em que os historiadores intervieram e os sociólogos também se destacaram: o Caso Dreyfus.

Em 1894, o capitão Alfred Dreyfus foi acusado de traição à pátria por vender informações secretas aos alemães. Ele foi considerado culpado e condenado à prisão perpétua na Ilha do Diabo, na Guiana Francesa. Alguns anos depois, as irregularidades do julgamento foram denunciadas (processo em que a competência documental dos historiadores teve papel relevante), e a origem judaica do capitão foi entendida como o verdadeiro motivo de sua condenação. Os *dreyfusards* – como ficaram conhecidos os defensores de sua inocência – reivindicavam a revisão do processo judicial. A iniciativa do escritor Émile Zola, publicando "J'accuse", deu visibilidade a esse polo da opinião pública. Ele tornou-se um dos representantes mais importantes da posição republicana. A ela contrapuseram os *anti-dreyfusards* – como ficaram conhecidos os defensores da condenação do capitão –, que eram, em sua maioria, conservadores. Estes foram representados, entre outros, por Ferdinand Brunetière, que publicou "Après le procès". Nesse texto, ele afirmava que *"intelectuais"* – designação nova e empregada com sentido pejorativo – autorizavam-se a julgar, eles próprios, o capitão, e, por isso, instauravam a anarquia e promoviam o individualismo, em detrimento da autoridade da tradição católica e militar.

Você deve ter percebido que o desenrolar do caso trouxe à cena pública, novamente, o problema do nacionalismo e da integração nacional francesa – tal como a Guerra Franco-Prussiana e a Comuna de Paris. Porém, a oposição estabelecida entre *dreyfusards e anti-dreyfusards* ligou-se fortemente ao problema da relação entre sociedade e indivíduo, questão que atravessa, de ponta a ponta, a sociologia durkheimiana. Não por acaso, foi Émile Durkheim quem ambicionou responder a "Aprés le procés", de Brunetière, com o texto "O individualismo e os intelectuais".

O argumento durkheimiano era coerente com os princípios que balizavam sua defesa da república e da modernidade, assim como da Sociologia na condição de ciência. Ele articulava a emergência do individualismo ao novo padrão de vínculo (solidariedade) social. A densidade da sociedade moderna, sua divisão social do trabalho e sua extensão territorial engendravam a progressiva individualização e, por conseguinte, a multiplicação das perspectivas e das condutas. Ainda assim, a sociedade não se desintegrava. Como isso era possível? Ora, porque um dos fatores de sua coesão consistia justamente na valorização moral da individualidade e da dignidade do humano. Nesse sentido, assinalava Durkheim um equívoco fundamental da parte de Brunetière: a oposição entre moral cristã (do Antigo Regime) e a moral do indivíduo (da modernidade). Na verdade, entre uma e outra, havia continuidade, visto que o cristianismo consistia em uma das fontes originárias da valorização do indivíduo. A verdadeira divisa se caracterizava pela complexidade das escolhas que o indivíduo moderno necessita realizar. Daí a necessidade de uma educação republicana, que capacite o indivíduo para o exercício político orientado pela reta razão, isto é, que o desenvolva moralmente. Os intelectuais não trabalhariam, nessa perspectiva, pelo esfacelamento e pela desintegração dos liames sociais ao defenderem o individualismo e o racionalismo, senão por parâmetros modernos de vínculos e de estabelecimento da solidariedade orgânica entre os indivíduos.

(1.2)
Metódicos *versus* durkheimianos: um modo de diferenciar a Sociologia da História

Tanto a escola durkheimiana quanto a escola metódica opunham-se aos conservadores e aos radicais revolucionários na defesa dos princípios universais de liberdade, igualdade, racionalidade e laicidade, característicos da Terceira República Francesa. Além disso, cada uma, a seu modo, perseguiu o comprometimento com um projeto científico que se afasta dos amadores e dos diletantes e que tem base em uma orientação geral de caráter positivista: os métodos empíricos rigorosos; o cientista guiado pela reta razão, capaz, portanto, de eliminar suas inclinações e predileções pessoais face à objetividade dos fatos, evitando os riscos fantasiosos implicados nelas; a convicção na ciência[2]. A seção anterior tratou desses vínculos comuns.

A presente seção tratará das diferenças entre essas escolas e disciplinas por meio da apresentação das tomadas de posição de seus principais expoentes a respeito dos projetos científicos uns dos outros. Você terá, a partir disso, elementos para refletir a respeito de uma questão: O que os durkheimianos reprovavam nas práticas dos historiadores e como estes últimos defenderam o que faziam, duvidando do que essa disciplina emergente, a Sociologia, propunha?

A valorização durkheimiana do estudo da história tornou-se, após anos de leituras renovadas, indiscutível. Émile Durkheim advertia, repetidamente, "que estudar o presente do ponto de vista do presente é ser escravizado por todas as necessidades e paixões momentâneas do

---

2 *Como tantas outras maneiras de classificar os autores e as tomadas de posição teóricas, a palavra "positivismo" tem sentido variado, mas, em geral, pejorativo. Histórica e filosoficamente, designa o sistema teórico construído por Auguste Comte, com a finalidade de organizar e hierarquizar as ciências, tomando aquelas "experimentais" por modelo de cientificidade, em desfavor das especulações metafísicas (Heilbron, 2006). Como Comte passou a empregar o termo "Sociologia" para denominar a ciência do social, e Durkheim empenhou-se em tornar ainda mais precisos os procedimentos de Comte, no interior das ciências positivas, isto é, empiricamente orientadas, há quem considere a Sociologia uma disciplina "positivista", como se nada tivesse ocorrido em seu desenvolvimento e ela continuasse a mesma, tal qual seus fundadores a conceberam. Precisamente por conta do desenvolvimento posterior da história da ciência e da epistemologia, as contradições e as limitações do positivismo foram formuladas, em diversas disciplinas, como um conjunto de ideias ultrapassadas, como um sistema que se satisfazia com o estabelecimento de causas mecânicas, sendo, portanto, determinista e ingenuamente racionalista. Aos poucos, o termo foi sendo, e ainda é, largamente empregado para designar rivais intelectuais e estigmatizar autores que se pretende desbancar em uma discussão. O presente livro, lembre-se, evita sistematicamente esse tipo de classificação pejorativa e procura apresentar como essas categorias nascem do diálogo entre os teóricos, sem aderir ao espírito de rivalidade que dá origem a elas. Você se lembrará dessa advertência, certamente, no próximo capítulo, quando se familiarizar com o uso do termo "positivista", a fim de desmerecer a obra de historiadores alemães.*

dia" (Bellah, 1959, p. 450). Perceba no trecho a seguir: é notável sua contraposição a qualquer tipo de presentismo, talvez encontrado em seu círculo, pois explicitamente adverte seus próprios colaboradores.

[Durkheim, contra o presentismo, a favor da História:]

Talvez [...] os sociólogos acharão esse procedimento inutilmente complicado. Para compreender os fenômenos sociais de hoje, na medida necessária para controlar sua evolução, não é suficiente observá-los tal qual eles são dados na nossa experiência atual [...] Para saber como [a realidade social] é feita, é preciso saber como ela se faz, isto é ter seguido na história a maneira pela qual ela se compôs progressivamente. [...] Para compreender o presente, é preciso sair dele. (Durkheim, 1898, p. 5, tradução nossa)

Se você procurasse, na obra de Durkheim e dos membros de sua equipe, formulações a respeito de Sociologia e História encontraria assertivas que defendem a aproximação entre ambas, redundando na eliminação das fronteiras entre elas. Contudo, também encontraria proposições que indicam a irredutibilidade de uma a outra, estabelecendo estreitamente a divisão entre os propósitos das duas áreas. De modo geral, a **aproximação** é estabelecida:

- Ao reconhecerem certa similaridade de seus objetos. Nas palavras de um dos durkheimianos mais importantes para as relações da Sociologia com a História, François Simiand (1873-1935): "Sem discutir as definições mais controvertidas, afirmemos, simplesmente, que a ciência social é a disciplina que estuda os fenômenos sociais, que caracterizam a vida do homem em sociedade" (Simiand, 2003, p. 30).
- Por meio de um procedimento metodológico em comum, o comparativismo. Nas palavras de Durkheim: "a História só pode ser uma ciência na medida em que ela explica, e só se explica

comparando" porém, "desde que ela compare, a história se torna indistinta da sociologia" (Durkheim, 1897, p. 2, tradução nossa).

Em contrapartida, a **cisão** entre Sociologia e História é estabelecida no que se refere aos propósitos científicos de cada área. Os sociólogos ambicionam explicar seu objeto específico (o "fato social") por meio de "leis" e, para tanto, acreditam ter de estabelecer precisamente as suas "causas". Já os historiadores não acreditam ser possível o estabelecimento de "leis causais gerais" e, a seu modo, também investigam as "causas particulares" de seus objetos (os "fatos históricos").

A controvérsia entre as áreas, a respeito das "leis" e das "causas" dos "fatos sociais" e dos "fatos históricos", ocorrida entre 1903 e 1906, sumariza oposições que se tornariam recorrentes com a decantação do tempo – como você acompanhará, neste livro, ao longo dos próximos capítulos. Nela, tomaram a palavra Durkheim e Simiand, de um lado, e, de outro, o historiador mais importante à época, Charles Seignobos (1854-1942). Em 1903, Simiand apresentou suas críticas à historiografia na Sociedade de História Moderna, em presença de Seignobos. O texto, intitulado "Método Histórico e Ciência Social: Estudo Crítico das Obras Recentes do Sr. Lacombe e do Sr. Seignobos", foi publicado na *Revue de Synthèse Historique*, dirigida por Henri Berr (1863-1954)[3]. Em 1906, na Sociedade Francesa de Filosofia, Simiand retomou um ponto de suas críticas aos historiadores em "A causalidade em

---

3   Henri Berr *é personagem importante e nem sempre destacada no cenário em questão. Sem a "nitidez e a segurança" do projeto durkheimiano, ele representava uma alternativa à integração das ciências sociais, sugerindo "um procedimento empírico: provar o movimento ao caminhar". Ele fundou, em 1900, a referida* Revue de synthèse historique *– na qual empenhou-se em construir um "espaço livre [...] de confrontação entre práticas científicas", que normalmente se ignoravam. Berr defendia que a História – e não mais a Filosofia – seria o espaço ideal da síntese dos saberes, sendo ela a organizadora deles, e não o contrário (Revel, 1998, p. 83).*

História". Em 1907 e em 1908, Charles Seignobos respondeu explicitamente a Simiand, e implicitamente ao conjunto das críticas dos durkheimianos, apresentando "As condições práticas da investigação das causas no trabalho histórico" e "O desconhecido e o inconsciente em História", na Sociedade Francesa de Filosofia. Finalmente, Durkheim respondeu Seignobos, na presença dele próprio e de Simiand, na sessão de 28 de maio de 1908 dessa mesma sociedade[4].

A seguir, você lerá o contraponto entre Durkheim e Seignobos em torno dos pontos decisivos desses debates:

[*Os historiadores e as causas dos fatos, segundo Émile Durkheim:*]

A pesquisa da causa, na prática dos historiadores, aplica-se a **todas as espécies de fatos humanos** *(atos individuais únicos, atos repetidos, atos coletivos), a todas as espécies de condições de vida humana (psicológicas, patológicas, antropológicas, demográficas), a todos os objetos materiais em relação com a vida (fenômenos naturais ou produtos de uma atividade humana). [...] O historiador não dispõe de nenhum* **procedimento regular para determinar as causas de um fato.** *Ele avança passo a passo por tentativa e erro,* **recolhendo inicialmente as observações de causas contidas nos documentos,** *depois tentando encontrar as*

---

4   Embora outros historiadores, contemporâneos a Charles Seignobos, tivessem esboçado tentativas de aproximação com os sociólogos, os autores aqui destacados tornaram-se mais relevantes por uma dupla pressão disciplinar. De um lado, os durkheimianos elegiam as figuras mais poderosas e representativas das diversas disciplinas para dirigir suas críticas. Logo, historiadores de menor renome que praticassem sociologia ou por ela se interessassem não mereceriam suas atenções. Além disso, posteriormente, os responsáveis pela retomada e difusão dos embates do fim do século XIX, Lucien Febvre e Marc Bloch, não se ocuparão desses outros historiadores, pois tinham o interesse em angariar para eles próprios a atitude de interesse pela sociologia como algo absolutamente inédito no percurso da historiografia (Karady, 1979; Mucchielli, 1995; Lamy; Saint-Martin, 2010; Prost, 2009).

aproximações em que a causalidade saia de uma maneira evidente; pois, na ausência de todo instrumento de estudo, a evidência é seu critério único de certeza. [...] O que ele alcança inicialmente e de modo mais definitivo, são [sic] as causas das manifestações das ideias e dos sentimentos (que fazem a substância da história das artes, das ciências, da religião, das línguas, do direito) e os motivos dos atos práticos; dito de outro modo, tudo aquilo que se apresenta sob a forma de um mecanismo psicológico consciente. Eis por que a história é antes de tudo o estudo das concepções práticas que foram realizadas. Essa característica, que a história tem desde o começo, torna-se mais e mais dominante na medida em que a sociedade se torna mais civilizada, isto é, que ela evolui na direção de um estado em que as ações humanas seriam calculadas, voluntárias e conscientes.
(Durkheim, 1908, p. 218, tradução e grifo nossos)

é sobretudo quando se trata de explicar, de ligar os fatos uns aos outros, que a História aparece como refratária à forma científica. Pois, **como nós podemos escolher na massa enorme de fatos históricos que se acompanham e se sucedem e dizer que tal é causa de tal outro?** *Para substituir a experimentação impossível, necessitaríamos ao menos da comparação, e a comparação supõe que no particular se faz abstração do particular, para só ver o geral. O método comparativo satisfaz todas as exigências da ciência, mas implica [que] o estudo não tem por objeto os fenômenos individuais. Ora, afastado esse método,* **só resta dedução arbitrária.** *[...] É preciso, portanto, escolher. A história só pode ser uma ciência sob a condição de se elevar acima do individual: é verdade que então ela deixa de ser ela mesma para se tornar um ramo da sociologia. Ela se confunde com a sociologia dinâmica.* (Durkheim, 1903, p. 124, tradução e grifo nossos)

[Os historiadores e as causas dos fatos, segundo Charles Seignobos:]

*a massa de fatos que se recolhe é tão enorme e tão informe, que uma triagem é absolutamente necessária. É preciso **um critério** para decidir quais fatos se manterá, isto é, quais fatos devem ser considerados como os mais importantes. Ora, **os fatos mais importantes são necessariamente os fatos que tiveram um grande alcance, que influenciaram nos fatos posteriores, que agiram como causas**. [...] [queira o historiador] simplesmente explicar e descrever o mecanismo mesmo dos fatos, ou se esforce para distinguir os fatos que tiveram consequências históricas dignas de serem notadas, **o historiador é levado inevitavelmente a pesquisar as causas**. Essa pesquisa é uma simples pesquisa empírica, totalmente diferente das pesquisas causais como as que nos apresentam as outras ciências positivas, biologia, química... Sem dúvida, em todos os casos, trata-se de pesquisas empíricas, que devem partir dos fatos e se apoiar sobre eles. E nisso, a primeira etapa do trabalho científico é por toda parte a mesma, trate-se de história ou das outras ciências. Mas depois desse primeiro estágio **deveria vir a pesquisa das leis**. Ora, para estabelecer uma lei, é preciso extrair um antecedente necessário, inevitável, comum **a toda uma série de fenômenos**. Para chegar a isso, é preciso comparar séries paralelas e análogas de antecedentes e de consequências, e, para ter uma ou várias séries verdadeiramente comparáveis, é preciso poder definir e isolar os fenômenos formados de elementos idênticos. Mas nós estamos muito longe de suficiente avanço em história, para nos entregar a tal trabalho. E assim se demonstra a **impossibilidade em que se encontra o historiador para procurar e encontrar leis. Ele deve se ater à pesquisa dos antecedentes imediatos**.* (Seignobos, 1908, p. 220-221, tradução e grifo nossos)

Vale observar que Seignobos estava de acordo com Durkheim no que se refere à necessidade de um critério seletivo dos fatos para o estabelecimento de causas, assim como do pré-requisito para o estabelecimento de leis, de fatores comuns "a toda uma série de fenômenos". Mas o acordo não vai além disso, visto que a documentação e os vestígios de que dispõe um historiador não autoriza a descrição exaustiva e completa daqueles fatores. Sendo impossível estabelecer leis, torna-se, por ser mais científico e mais afinado com uma "atitude racionalista", preferível conformar-se aos "antecedentes imediatos" dos fatos a ambicionar o estabelecimento de regras gerais que poderiam redundar numa "atitude mística" diante da obscuridade das "leis" (Seignobos, 1908, p. 227, tradução nossa).

Esse debate evidencia inversões sutis. A rigor, elementos problemáticos para Durkheim são programáticos para Seignobos, vice-versa. Primeiro exemplo: o sociólogo desaprova que "a pesquisa da causa, na prática dos historiadores", aplique-se "a todas as espécies de fatos humanos" (Durkheim, 1908, p. 218, tradução nossa). Ora, justamente essa é uma das premissas defendidas por Seignobos, que desaprova a procura exclusiva das "causas de um fenômeno na mesma categoria de fenômenos", isto é, "procurar, por exemplo, as causas de uma regra de direito unicamente em outras regras do direito". De acordo com ele, interessa a "solidariedade que une e aproxima os fatos históricos uns dos outros", pois eles resultam de "interferências de várias séries de fatos heterogêneos. A Revolução de 1688 foi o resultado de armamentos militares, de cálculos diplomáticos, de sentimentos religiosos, de fatos políticos" (Seignobos, 1908, p. 221-222, tradução nossa).

Segundo exemplo: à reprovação durkheimiana, a respeito de não dispor de "nenhum procedimento regular para determinar as causas de um fato" e de avançar por "tentativa e erro, recolhendo inicialmente as observações de causas contidas nos documentos"

(Durkheim, 1908, p. 218, tradução nossa), respondeu Seignobos: não poderia ser diferente. Por quê? Ora, "os contemporâneos tiveram consciência dos eventos, observaram-nos e nos disseram". É verdade – como lhe contra argumentou o sociólogo – que eles podem ter mentido e mesmo "se enganado sobre as causas, mais facilmente ainda do que sobre os fatos, eles mesmos. Mas suas indicações são preciosas, pois em história o conhecimento das causas só pode ser um conhecimento de segunda mão" (Seignobos, 1908, p. 223, tradução nossa). Em suma, a prudência é uma conduta mais científica do que a ambição, a todo custo, de submeter o objeto a leis cuja formulação seria duvidosa:

> *O que nós conhecemos do passado é pouca coisa. O desconhecido entra na história em uma proporção muito considerável [...] mais nós nos esforçamos, mais nós descemos na direção de outros planos que eu indiquei, mais a obscuridade engrossa. [...] Não se sabe nunca, numa batalha, qual é o corpo que caiu primeiro.* (Seignobos, 1908, p. 226, tradução nossa)

François Simiand seria ainda mais veemente: "[O sr. Seignobos] parece confundir a causa com a condição *necessária*, e [...] identificá-la com a condição *suficiente*: a causa é, afinal, para ele, condição necessária ou suficiente ou necessária e suficiente?". E conclui, deliberando: "há aí três posições distintas que demandam uma escolha que, uma vez realizada, deverá ser adotada, tornando-se única". Assim, "a indistinção de conceitos, o desconhecimento do sentido próprio de causa em linguagem científica, a imprecisão de termos em uma análise metódica explicam porque os historiadores não têm uma noção fixa de causa" (Simiand, 2003, p. 50). Precisamente, eles não a têm, nem poderia ser diferente. Vejamos:

[Charles Seignobos argumenta em favor dos historiadores:]

A causa, devendo ser procurada entre todos os fenômenos, há sempre um número incalculável de causas possíveis, e pode-se imaginar ao infinito as relações de causalidade entre os fatos; é isso que dá à história a aparência errônea de um estudo científico preciso. Na realidade, não há meio seguro para verificar a exatidão da causa que se crê ter descoberto. E assim, não há procedimento em história para se encontrar leis. (Seignobos, 1908, p. 222, tradução nossa)

Terceiro exemplo: para Durkheim, a cientificidade da História implicava atribuir-lhe, como objeto, "não os detalhes dos acontecimentos particulares, mas as instituições, as condutas morais, as crenças, as coisas coletivas em uma palavra". Trata-se de colocá-la a serviço do exame e da explicação da "constância e regularidade", em detrimento da "contingência" e "da extrema fluidez dos fatos individuais" (Durkheim, 1903, p. 123, tradução nossa) – que usualmente dominam a sensibilidade dos historiadores. Simiand sintetizou o problema, postulando a necessidade de ruptura "com os ídolos da tribo", precisamente as inclinações que dirigem os historiadores à contingência e à singularidade dos fatos: o ídolo político; o ídolo individual; e o ídolo cronológico – ou "perder-se nos estudos das origens" (Simiand, 2003, p. 113, tradução nossa).

E, no entanto, sem prejuízo algum ao caráter científico da História, cujo esteio máximo encontra-se nos documentos, os objetos que correspondem ao programa historiográfico são precisamente estes: os fatos individuais e únicos. Como sentencia Seignobos, respondendo a Durkheim: "nós não falamos dos mesmos fatos, eu falo simplesmente dos eventos, dos fatos históricos que só se produziram uma vez" (Seignobos, 1908, p. 231, tradução nossa). Na avaliação de Simiand: "não há relação causal se não houver regularidade de vínculos entre os fenômenos, reiterada e reposta: o caso único não tem causa e não é, portanto, cientificamente explicável" (Simiand, 2003, p. 83). Porém, ao contrário desse decreto, Seignobos defende ser possível estabelecer a causa dos fatos individuais, ainda que não seja viável definir leis para estes, pois, assim como eles, seus antecedentes são únicos e variados.

Efetivamente, a bibliografia especializada assinala o que a discussão histórica apresenta: "um lugar proeminente na discussão durkheimiana sobre método em sociologia, especialmente no que tange sua insistência na **comparação**" (Bellah, 1959, p. 448, tradução e grifo nossos). Para que os sociólogos estabelecessem as invariantes dos "fatos sociais", eles necessitavam que os historiadores realizassem a comparação tal qual lhes prescreviam. Daí que o trabalho historiográfico lhe parecesse uma "dedução arbitrária" (Durkheim, 1903, p. 124). O apelo de Durkheim, dirigido aos historiadores, evidencia esse pré-requisito de seu projeto científico e o objetivo implícito aos chamados de integração entre as áreas:

[Durkheim dirige-se aos historiadores:]

*nosso empreendimento [o periódico L'Année Sociologique] pode ser ainda útil [...] para aproximar da sociologia determinadas ciências especiais que se mantêm muito distantes para seu grande prejuízo e para nós também. É sobretudo na história que nós pensamos [...]. De outro lado, não apenas a sociologia não pode se fazer sem história, mas ela tem mesmo necessidade de **historiadores que sejam ao mesmo tempo sociólogos**. [...] [a sociologia] deverá se introduzir como uma estrangeira num domínio histórico para roubá-lo, de algum modo, os fatos que lhe interessam, ela só poderá fazer escassas provisões. **Expatriada num meio ao qual não está acostumada, é quase inevitável que ela não note ou que ela só perceba de modo distorcido, as coisas que ela tem todo interesse* *em observar.* *Unicamente o historiador é suficientemente familiarizado com a história para poder servir-se dela com segurança. Assim, muito longe de estarem em antagonismo, essas duas disciplinas tendem naturalmente uma em direção à outra, e tudo leva a estimar que elas são chamadas a se confundirem numa disciplina comum em que os elementos de uma e de outra se encontrem combinados e unificados.* (Durkheim, 1897, p. 3, tradução e grifo nossos)

Você deve ter notado que o custo do projeto de integração disciplinar de Durkheim correspondia a um programa hegemônico para a Sociologia em relação às demais áreas e à História, em particular. Ele exigia, como pré-requisito da fusão disciplinar, que os historiadores adotassem concepções estranhas a seu ofício para, somente depois, propor uma fusão das disciplinas (Lamy; Saint-Martin, 2010).

A realização da comparação, tal qual exigiam os durkheimianos, e, simultaneamente, o respeito da comprovação documental, tal qual exigiam os metódicos – pareceu, a ambas as partes, enfim, impossível.

Como ocorre recorrentemente, as interlocuções críticas implicam intercâmbios nem sempre previstos entre os debatedores. O próprio Durkheim deixa evidente ter-se afetado por uma crítica dos historiadores ao afirmar:

[Durkheim reage aos historiadores:]

*Ver-se-á que a sociologia não implica o **desdém dos fatos**, que ela não recua mesmo diante do detalhe, mas que os fatos só têm significação para a inteligência aquando eles são agrupados em tipo e em leis, sentir-se-á melhor, sem dúvida, no que ela tem de mais concreto, não excluirá essa pesquisa metódica das similitudes que é a condição de toda ciência. Se* L'Année Sociologique *pudesse contribuir, o pouco que fosse, para orientar alguns bons espíritos nessa direção, nós não teríamos do que* *lamentar nossa tristeza / nada a nos arrepender. [...] Tudo o que precede poderia se aplicar à estatística, seja econômica seja moral, que só é, ela também, instrutiva sob condição de ser comparada. Se falamos mais especialmente de história, é que no estado atual das coisas, ela é a fonte principal da investigação sociológica e que, aliás, ela resiste mais particularmente ao emprego do método comparativo.* (Durkheim, 1897, p. 4, tradução e grifo nossos)

Simiand, o célebre membro de sua escola, ratifica a crítica que, infere-se, eles receberam dos historiadores, a partir do trecho ora citado, afirmando, categoricamente ser uma "condição necessária" "para a constituição da ciência positiva dos fatos humanos": "desviar-se dos fatos únicos em benefício dos que se repetem; descartar o acidental, vinculando-se ao regular; eliminar o individual, visando o estudo do fato coletivo e social" (Simiand, 2003, p. 54). No entanto, efetivamente, quanto aos metódicos, o desdém parece ter sido em relação não aos fatos, mas à **documentação**, pedra de toque dessa escola. Como você já deve saber, a diretiva mais difundida dos metódicos franceses consiste na regra elementar: "sem documentos, não há História". É, com efeito, a essa prioridade que críticas acerbas se dirigem, porque os documentos não seriam as fontes confiáveis nem das causas, nem dos fatos:

[Documentos ou fatos?]

*as relações objetivas dos fenômenos no lugar das intenções e das finalidades concebidas pelos indivíduos, [a pesquisa] alcançará o fato estudado, não por intermédio de um espírito, mas **diretamente**. O fato de serem empregadas, em uma língua, palavras diferentes para designar o tio paterno e o tio materno, desvela o traço direto de uma forma de família diferente da nossa família atual. Um código não é um 'documento' no* *sentido da história, é uma constatação direta e imediata se for a regra de direito o objeto de estudo. Costumes, representações coletivas, formas sociais são, com frequência, inconscientemente registrados, deixam, automaticamente, traços naquilo que a história chama de documentos.* (Simiand, 2003, p. 62, grifo nosso)

Se considerados do ponto de vista dos historiadores, os procedimentos historiográficos caracterizados como problemas pelos durkheimianos convertem-se em soluções. Essa inversão se deve aos efeitos do pertencimento a uma área sedimentada (História) e a uma área em emergência (Sociologia). Para os historiadores, o critério científico tinha por fundamento a relação entre os documentos e a História. Era por meio dessa tomada de posição que a escola metódica se opunha aos amadores e diletantes.

Como você pode perceber, a dinâmica interna à disciplina é decisiva para definir o que cada um dos lados desse debate considerava *científico*. Para os sociólogos, que criavam uma nova ciência, ombrear com os parâmetros abstratos de disciplinas como Química, Biologia e Física, capazes de estabelecer leis por meio da observação, parecia o caminho mais acertado. Por um lado, não precisavam realizar o acerto de contas com o passado da prática. Por outro, os fatos sociais, conforme os próprios sociólogos reconheciam, não apresentavam a mesma natureza que os físicos, dificultando a observação direta. Por isso, o acesso indireto a eles, por meio de vestígios, aproximava-os dos historiadores, dependentes dos documentos (Simiand, 2003; Karaudy, 1979, 1976). No entanto, como sua ambição científica era atraída à abstração das leis físicas e biológicas, exigiam dos historiadores que abstraíssem suas conclusões em direção equivalente à que lutavam para impor.

(1.3)
IMPASSES DO ENTREGUERRAS
(1918-1940)

Os conflitos internos e externos já assinalados – a lembrar, a Guerra Franco-Prussiana (1870-1871), a Comuna de Paris (1871) e o Caso Dreyfus (1898-1906) – processaram-se concomitantemente a uma extraordinária presença da França, na condição de país imperialista, nos quadros do neocolonialismo, caracterizado pela conquista, pela ocupação e pela exploração de regiões africanas e asiáticas no século XIX. A acirrada disputa entre as potências europeias por esses territórios, eivada do nacionalismo oitocentista, na base das guerras de unificação territorial e consolidação dos Estados-nacionais, consistiu em uma das razões principais para a eclosão da Primeira Guerra Mundial (1914-1918).

Para os fins do presente livro, importa ressaltar os efeitos indiscutíveis do entrelaçamento entre esse quadro geopolítico mais amplo, a morfologia das instituições de ensino e pesquisa francesas e o destino das escolas históricas e sociológicas em questão.

O período abarcado nesta seção, que deve ofertar subsídios para o entendimento da emergência do projeto interdisciplinar dos *Annales*, compreende do desfecho da Primeira Guerra Mundial (1918) até a ocupação do território francês pelas tropas nazistas alemãs, no início da Segunda Guerra Mundial (1940). Entre esses dois marcos, o episódio mais crucial, do ponto de vista global, ocorreu em 1929, quando houve o *crash* da Bolsa de Valores de Nova Iorque, nos Estados Unidos (Hobsbawm, 2002). Do ponto de vista geopolítico, ainda que as colônias francesas na África e no Oriente tenham-se mantido até meados do século XX, o país entrou em um lento descenso, ante o despontar dos Estados Unidos como potência mundial. Além disso, do ponto de vista da rivalidade fronteiriça com a Alemanha, a revanche francesa foi garantida pela derrota germânica.

Interessa situar a reconfiguração das condições de possibilidade históricas para a vigência do projeto da sociologia durkheimiana, assim como as transformações que se processaram entre os historiadores. Em primeiro lugar, ressalte-se que os historiadores metódicos e os sociólogos durkheimianos extraíam parte dos impulsos de seus esforços pela convicção da superioridade bélica e científica dos alemães – sendo marcantes os estágios de Durkheim e de Seignobos no país vizinho. Em contrapartida, o projeto dos *Annales* surgiu de certo fôlego da revanche, porém com simultânea preocupação quanto à emergência de movimentos políticos nacionalistas radicais – como o nazi-fascismo (Dosse, 1994; Lamy; Saint-Martin, 2010).

Além disso, a escola sociológica durkheimiana foi atingida: a guerra implicou a interrupção da publicação do periódico *L'Année Sociologique*; alguns colaboradores e o próprio filho de Durkheim morreram nos *fronts*. Os durkheimianos foram enfraquecidos, após o falecimento de seu mentor em 1917, pois as diferenças internas ao grupo tenderam a se sobrepor à sua unidade, mantida, anteriormente, por ele. Nesse contexto, a sociologia durkheimiana logrou tanto um fracasso quanto um sucesso, ambos parciais (Karady, 1976).

Um dos destacados membros do grupo, cuja atuação foi decisiva no Entreguerras, Celestin Bouglé (1870-1940), sintetizou a condição da sociologia durkheimiana, com clareza cardinal, em 1927, por meio da seguinte imagem: não temos um centro, mas nossa circunferência está espalhada por todo o espaço (Heilbron, 1985). Isto é, generalizou-se a tendência a uma **sociologização espontânea** favorável à imagem social da disciplina. Isto é: o ensino de sociologia encontrava-se pulverizado, como matéria auxiliar, nas faculdades de Letras e de Direito, porém, sem uma delimitação institucional própria que rendesse diplomação a seus praticantes. Desse modo, além de muito diferente e relativamente adversa à sociologia metódica e sistemática, tal como esquadrinhada pelos seguidores de Durkheim, efetivamente, a disciplina não tinha as garantias institucionais de sobrevivência (Bouglé, 1935).

A ambiguidade da condição dos durkheimianos consistia no fato de desfrutarem de certo reconhecimento – evidente na propagação de uma "sociologia espontânea" –, porém dependiam de alianças com disciplinas vizinhas, que se processaram parcialmente como resultado desse processo de difusão e de vulgarização. Assim, tornou-se comum que filósofos, geógrafos, historiadores e economistas importassem seletivamente para suas áreas algumas noções de sociologia – imersos que se encontravam no ambiente dessa sociologização difusa.

Nos anos 1930, surgiu uma "geração da recusa". Em diversas áreas da produção cultural, observava-se um descrédito quanto às crenças oitocentistas, ou seja, à expectativa de progresso material e social contínuo das nações, à aposta no racionalismo como meio exato para alcançá-lo, em suma, à Terceira República. Trata-se de uma geração que não conheceu o trabalho político desse regime, no sentido da laicização e da escolarização, tampouco se beneficiou disso. Para esses jovens, o patriotismo e o nacionalismo daquele período associavam-se às ilusões cientificistas e positivistas, cujo resultado teria sido a guerra e a crise econômica. Além disso, o percurso ascensional da carreira de sucesso, mais ou menos garantida aos melhores da geração anterior, foi bloqueado a eles, com a extinção da abertura de oportunidades em razão de cortes orçamentários. Assim, o "espírito dos anos 1930", defendendo o pacifismo contra o patriotismo e sem grandes expectativas de realização profissional, propôs-se a redefinir as fronteiras entre as disciplinas e os gêneros. Seus representantes dedicavam-se fortemente a domínios extrauniversitários, militavam em grupos e partidos de esquerda, praticavam literatura e jornalismo (Heilbron, 1985; Mucchielli, 1995).

E quanto ao destino dos historiadores no Entreguerras? Do ponto de vista das condições institucionais de produção e reprodução de seus trabalhos, no período anterior, eles foram privilegiados. Isso pode ser observado na abundância de oportunidades no sistema de ensino básico e superior, na presença em comissões governamentais que articularam esses dois níveis, na quantidade de teses e de pesquisas produzidas no período (Noiriel, 1990). Como você se lembra, a Terceira República requeria que os historiadores desempenhassem um papel relevante na conformação de uma cultura patriótica, cívica e laica. Por conseguinte, a crise que se abate, nas décadas de 1920 e 1930, já caracterizada, também os atinge. Além do estrangulamento das oportunidades profissionais, o historiador metódico passou a ser desacreditado tanto por suas crenças na razão e na objetividade quanto por seus compromissos políticos. A História passava a ser vista como "instrumento de nacionalismos exacerbados e descrita como o epicentro de um **enciclopedismo descritivo**, como vetor de um **palavreado vazio**" (Dumolin, 2003, p. 235, tradução e grifo nossos). O percurso padrão da carreira e o consenso em torno dos conteúdos curriculares, estabelecidos em bom acordo no período anterior, apresentavam-se fissurados em face das dúvidas a respeito do que deveria, então, ser o "papel do historiador" (Dumolin, 2003, p. 234-239).

Em que se pesem as especificidades de sua disciplina, o programa dos *Annales*, tal como enunciado pelos historiadores Marc Bloch e Lucien Febvre, que você acompanhará na próxima sessão, não poderia ser dissociado dessa ambiguidade da tendência geral dos anos 1920 e 1930.

De um lado, o reconhecimento da sociologia durkheimiana e sua difusão; de outro, a inclinação crítica e a disposição de romper com o cientificismo do século XIX. Não por acaso, os historiadores em questão opuseram-se aos metódicos e, particularmente, à figura mais relevante da geração anterior, Charles Seignobos. Nessa dinâmica erosiva, interna à disciplina de História, buscaram apoio nas críticas mais acerbas a ele dirigidas, isto é, na escola sociológica de Durkheim. Tratou-se, sem dúvida, de uma contradição: opor-se aos princípios cientificistas do século XIX apoiando-se em uma de suas correntes teóricas. Porém, a importação da sociologia durkheimiana foi seletiva, pois esteve comandada pelo objetivo de construir a ruptura com os metódicos, permanecendo, portanto, distanciada do projeto de integração disciplinar, baseada no racionalismo empirista e na proposta de "explicação científica causal", tal como apresentada na Seção 1.2 (Noiriel, 1996, p. 343-345).

(1.4)
Os *Annales*: um modo particular de integrar História e Sociologia

Em 1929, Marc Bloch (1886-1944) e Lucien Febvre (1878-1956), colegas de trabalho na Universidade de Estrasburgo, criaram o periódico chamado *Annales d'histoire économique et sociale* (doravante, *AHES*)[5]. Se essa instituição não se localizava em Paris, centro para o qual todos os intelectuais franceses orientavam seus esforços, ela apresentava

---

5   Ainda está para ser realizada uma pesquisa a respeito do processo de consagração mundial da chamada "escola dos Annales". Já foi observado que o nome que identifica a revista passou gradativamente a unificar os dois historiadores que a fundaram e tornou-se sinônimo de um conjunto de crenças e práticas compartilhadas entre os historiadores (Osés, 2018). Como este livro tem um objetivo introdutório, não se distinguirá a revista do conjunto de historiadores que ela reuniu e do projeto de interdisciplinaridade que ela passou a representar – deixando-se apenas indicada uma bibliografia que trabalha a fim de estabelecer essas delimitações (Osés, 2018).

vantagens ligadas à conjuntura, já que, na condição de retomada dos alemães, recebia generosos insumos econômicos (Dosse, 1994). A revista em questão serviu como instrumento para suas tomadas de posição quanto ao que julgavam ser a modalidade de trabalho mais correta a ser adotada pelos historiadores. Por meio desse periódico, reiteradas vezes, defenderam o exercício da interdisciplinaridade, como eloquentemente evidenciam as palavras de Lucien Febvre, dirigidas a alunos da prestigiada *École Normale Supérieure*, da qual Bloch e ele também foram alunos:

[Lucien Febvre se dirige aos historiadores e lhes recomenda a prática de outras disciplinas concomitantemente:]

porque tenho a felicidade de saber nesta sala jovens decididos a consagrar a vida à investigação histórica, é com firmeza que lhes digo: para fazer história, virem resolutamente as costas ao passado e antes de mais vivam. Envolvam-se na vida. Na vida intelectual, sem dúvida, em toda sua variedade. Historiadores, sejam geógrafos. Sejam também juristas e sociólogos, e psicólogos; não fechem os olhos ao grande movimento que, à vossa frente, transforma, a uma velocidade vertiginosa, as ciências do universo físico. (Febvre, 1977b [1941], p. 56)

Uma das principais disciplinas a oferecer subsídios a esse programa foi a Sociologia. Febvre e Bloch retomaram o desafio lançado pela escola durkheimiana e, particularmente, por François Simiand, autor resenhado e citado sistematicamente na revista (Lamy; Saint-Martin, 2010). Recomendando aos historiadores que lessem o livro baseado no curso de Economia Política ministrado por ele, Febvre (1930, p. 585) chega a dizer: para "alguns de nossos contemporâneos isso poderia parecer um paradoxo, pois se há um homem que disse duras verdades aos historiadores, é precisamente François Simiand".

No entanto, ele também representava uma base de apoio perfeito, ao menos do ponto de vista do desenho hierárquico das disciplinas e das gerações – pois Bloch e Febvre tencionavam construir uma posição em que simultaneamente se opusessem aos historiadores metódicos e se aliassem a seus adversários durkheimianos. O modo como Lucien Febvre caracterizou "uma forma de história que não é a nossa: a história historicizante" evidencia que a sociologia durkheimiana foi um dos principais recursos utilizados para catapultar a pretendida ultrapassagem de Langlois e Seignobos.

> *[Lucien Febvre define "a história que não é a dos Annales":]*
>
> *[os mais velhos repetiram] "o historiador não tem o direito de escolher os fatos". Com que direito? Em nome de que princípios? Escolher, atentando contra a 'realidade, logo contra a 'verdade.* **Sempre a mesma ideia; os fatos [...].** *Reunamo-los todos. Não escolhemos [...]. Diziam isso os nossos mestres como se toda História não fosse uma escolha, pelo simples fato do acaso que destruiu um determinado vestígio e protegeu um outro [...]. De fato, toda história é escolha. Arbitrária, não. Preconcebida, sim. [...]. Ora,* **sem teoria prévia, sem uma teoria preconcebida, não há trabalho científico possível. Construção de espírito que responde à nossa necessidade de compreender, a teoria é a própria experiência da ciência. De uma ciência que não tem por objeto último descobrir leis, mas permitir-nos compreender.** *Qualquer teoria é naturalmente fundada sobre o postulado de que a natureza [e o homem] é explicável. [...]. Um historiador que recusa pensar o fato humano, um historiador que professa submissão pura e simples a esses fatos, como se os fatos não fossem em nada fabricados por ele, como se não tivessem sido minimamente escolhidos por ele [...] é um auxiliar técnico. Que pode ser excelente. Não é um historiador.* (Febvre, 1977a [1948], p. 179-180, grifo nosso)

O trecho evidencia o propósito e a lógica da **importação das contribuições de outras disciplinas**. O intercâmbio com a Sociologia (e outras áreas), subsídio da escolha teórica e metodológica, e a difamação dos historiadores positivistas eram dois procedimentos que pavimentavam o caminho na disputa pela inovação da historiografia e pelo monopólio sobre a prática legítima e a ilegítima[6]. Note que a citação termina com uma sentença de forte conotação jurisprudente – delimitando quem é e quem não é historiador. Concomitantemente, eles não abdicavam da especificidade do ofício historiográfico: "[a História é uma] ciência que não tem por objeto último descobrir leis, mas permitir-nos compreender". Portanto, não cederam à proposta de "fusão" disciplinar, nos termos de Durkheim, apresentada nas sessões anteriores.

A rigor, a própria aproximação disciplinar não está isenta de competição, sendo possível identificar, em seus textos, o esforço por circunscrever limites a ambas as partes – sempre em favor do alargamento temático e compreensivo dos historiadores. Além disso, o "equilíbrio de poder" entre as disciplinas, tal como formulado pelos *Annales*, pressupõe uma "permeabilidade epistemológica" e, ao mesmo tempo, uma "assimetria de posições institucionais" – uma

---

[6] *O processo ora descrito faz parte daquele tipo de injúria e de classificação intelectual para a qual chamamos sua atenção: assim se vão cristalizando convicções sobre um autor ser "estrutural-funcionalista" (como, por muito tempo, foi o caso de Durkheim, redundando na certeza de que a História não era importante para ele) ou "positivista" (como ficarão caracterizados, por muitíssimas gerações seguintes, os metódicos franceses, implicando uma adoção do ponto de vista dos historiadores dos* Annales *e o desprezo pelo trabalho de Langlois e Seignobos) (Prost, 1994). Você pode fazer essa mesma observação a respeito de outras categorias classificatórias, ponderando a respeito da utilidade delas (isto é, o quanto colaboram para você compreender melhor os autores) e do dispositivo de poder implícito nelas (isto é, o quanto colaboram para você adotar ou recusar um autor, sem que isso se baseie no conhecimento da obra dele). Reflita a respeito e lembre-se disso no capítulo seguinte.*

vez que a historiografia era uma área mais antiga, de prestígio e estabelecida, e a Sociologia, não (Lamy; Saint-Martin, 2010, p. 109-110).

Comandada pela dinâmica competitiva dos próprios historiadores, a importação de recursos de outras disciplinas, e da Sociologia, em particular, só poderia ser seletiva. Se você percorresse pacientemente os escritos dos historiadores em busca de referências à Sociologia e, particularmente, à durkheimiana, encontraria juízos que a aprovam e outros que a censuram, segundo múltiplos critérios. Você também perceberia que o título da revista *Annales d'histoire économique et sociale* consistia em uma alusão à escola de Durkheim, presente justamente na cadeira de "História Econômica e Social", em uma das instituições universitárias mais importantes da França, a Sorbonne (em Paris) (Weisz, 1979; Revel, 1998)[7]. Entretanto, você raramente se depararia com conflitos abertos com os sociólogos, tal qual observamos na seção anterior. Interessa apresentar, então, quais procedimentos da sociologia durkheimiana foram aprovados e quais foram reprovados pelos *Annales*, simultaneamente ao empenho em manter nítidas as fronteiras entre uma e outra corrente científica.

Os historiadores afirmam que foram marcados, em sua juventude, pelo periódico *LAS*, de Durkheim. Segundo Bloch (1935), os

---

[7] Como todo empreendimento intelectual – de sucesso mundial, como é o caso, ou fracassado – a revista também sofreu com reveses históricos e políticos. São dignos de nota os esforços para mantê-la, a despeito das guerras e dos conflitos que poderiam interromper sua publicação e inviabilizar sua retomada. As mudanças de nome observadas indicam essas viragens: em 1939, passa a se chamar Annales d'histoire sociale; em meio à Segunda Guerra Mundial, em 1943, Mélanges d'histoire sociale; em 1945, Annales d'histoire sociale; em 1946, após o desfecho da guerra, Annales. Économies, Sociétés, Civilisations; e, finalmente, em 1994, Annales. Histoire, Sciences Sociales. Você pode consultar todos os números citados dessa revista, pois estão disponíveis on-line, aqueles publicados entre 1929 e 2002: PERSÉE. Disponível em: <http://www.persee.fr/collection/ahess>. Acesso em: 18 fev. 2020.

historiadores de sua geração deviam mais a essa publicação do que costumavam assumir. Já Febvre assinala que liam a revista, aos 20 anos, e que não apenas os "fiéis declarados" aprendiam muito com as "belas lições de método" dos durkheimianos, sobretudo a respeito das classificações dos fatos sociais (Febvre, 1930, p. 583, tradução nossa).

Além disso, os *Annales* identificam-se com o esforço dos durkheimianos por elaborarem uma caracterização morfológica e sistemática dos grupos e classes sociais. Eles reputam esse procedimento mais inteligente do que o esvaziamento em que redundam algumas noções utilizadas desordenadamente por historiadores tradicionais, tais quais *nobreza, terceiro estado, nação* (Febvre, 1930; Bloch, 1931). Um dos recursos dessa caracterização consiste no uso extensivo e sistemático das estatísticas, cujo aprendizado consideram que deveria fazer parte da própria formação regular dos historiadores (Febvre, 1930; Bloch, 1931).

Também merece destaque a valorização da comparação. Em texto clássico a respeito do método comparativo em História, Marc Bloch estabeleceu sua necessidade, indicou os ganhos e advertiu a respeito de seus perigos, evocando, para tanto, explicitamente, Durkheim:

[Marc Bloch e as vantagens heurísticas do comparativismo:]

O método comparativo pode muito. [...] Em numerosas ciências do homem, ele o provou há muito tempo [...] eu gostaria de, diante de vocês, precisar a natureza e as possibilidades de aplicação dessa boa ferramenta [...] duas condições são necessárias para que haja historicamente falando, comparação: uma certa similitude entre os fatos observados, isso não é preciso dizer, e uma certa dessemelhança entre os meios em que eles se produzem [porém] segundo o campo de estudos pretendido, é possível haver duas aplicações totalmente diferentes por seus princípios e seus resultados. [...]

Primeiro caso: escolhe-se sociedades separadas no tempo e no espaço pelas distâncias tais que as analogias, observadas de parte e de outra, entre tal ou tal fenômeno, não podem, facilmente, se explicar nem pelas influências mútuas, nem por alguma origem comum [...]. Mas há uma outra aplicação do procedimento de comparação: estudar paralelamente as sociedades ao mesmo tempo vizinhas e contemporâneas, sem cessar influenciadas umas pelas outras, submetidas no seu desenvolvimento, em razão precisamente de sua proximidade de sua sintonia, à ação das mesmas grandes causas, e remontar, parcialmente ao menos, a uma origem comum. **[Bloch não tem dúvida sobre preferir o segundo tipo de comparação, pois]** as *[semelhanças que não podem ser atribuídas à imitação] são as mais interessantes a observar: por que elas nos permitem* **dar um passo adiante na busca apaixonante das causas.** *É aqui que o método comparativo parece capaz de dar aos historiadores os mais destacados serviços, engajando pela via que pode conduzir às verdadeiras causas e também, talvez sobretudo, para começar por um modesto, mas necessário benefício, lhes desviando de certas pistas que não são senão impasses.*

[...]

[Marc Bloch chama atenção para possíveis ilusões da comparação:]

É uma forma sutil, de falsa semelhança: duas instituições, em duas sociedades diferentes, parecem mirar finalidades idênticas; mas a análise mostra que essas finalidades são, em realidade, muito opostas e que as instituições são nascidas de necessidades absolutamente antinômicas. Assim é o testamento medieval e moderno, de um lado, e o testamento romano, de outro: o primeiro, "conquista" do "individualismo" sobre o "velho comunismo familiar"; o segundo, ao contrário, destinado a favorecer toda potência do pater familias, *saído, por consequência, não de um "desmembramento", mas ao contrário, de uma prodigiosa "concentração* *da família". **Tomo emprestado esse exemplo de uma resenha de Durkheim, um dos trechos de método mais bem-acabados que saíram de sua mão.*** (Bloch, 1928, p. 15-16, 19, 27, 35, tradução e grifo nossos)

Vimos anteriormente Lucien Febvre definir a História como uma disciplina científica sem intenção de estabelecer leis, senão com o propósito de compreender os fenômenos. Nos trechos ora transcritos, Marc Bloch não se furta, contudo, a afirmar como positiva "a busca apaixonante das causas", reputando-a possível à comparação. Como você lembra, o projeto durkheimiano submetia-se ao estabelecimento de leis.

Há, portanto, não apenas princípios seletivos que condicionam o intercâmbio disciplinar, como nuanças a respeito dos limites disso, que dividem os dois mentores dos *Annales*. Não por acaso Febvre, resenhando o livro *A sociedade feudal*, de Bloch, reprova seu excesso de sociologia:

[Lucien Febvre impõe limites à apropriação que Marc Bloch fez da Sociologia:]

*o que inicialmente me impressiona, uma vez fechado o livro – é que o **indivíduo está quase inteiramente ausente dele**. [...] Notemos bem que a psicologia não é certamente ausente deste belo livro. Mas é sempre uma psicologia coletiva que nos é dada. [...] Por que não, de vez em quando, destacar-se da massa, **um homem**? Ou, se for mesmo pedir demais, o gesto de um homem ao menos? Gestos de homens, de homens particulares? [...] Eu direi de bom grado, que ele marca, na obra de Bloch, um tipo de retorno ao esquematismo. **Nomeemo-lo por seu nome: em direção do sociológico, que é uma forma sedutora do abstrato.** [...] só se compreende com inteligência. Mas não se compreende tudo* *com inteligência. No entanto, **não há livro menos 'afetivo'** [...] sobre o difícil problema das relações que os feudais [mantêm com uma sensibilidade mais extravagante do que a nossa] o livro passa um pouco rápido.* (Febvre, 1941, p. 128-129, tradução e grifo nossos)

A valorização do coletivo em detrimento do individual; da racionalidade e da objetividade das condições morfológicas e materiais em detrimento dos sentimentos; dos conceitos abstratos em desfavor dos elementos episódicos vão conformando pares opostos de preferências epistemológicas. Paulatinamente, as duas disciplinas vão-se constituindo como se uma se definisse pelo avesso da outra – mesmo quando seus praticantes pretendem estabelecer intercâmbios entre elas. Não por acaso, apesar dessas nuances assinaladas, encontram-se tanto na obra de Febvre quanto em reservas similares que reprovavam algumas inclinações da sociologia durkheimiana. Sobretudo, a tendência à abstração em detrimento das evidências empíricas (fatos) (Bloch, 1936; Febvre, 1941); e a atenção ao presente em detrimento do passado (Febvre, 1930).

Segundo Jérôme Lamy e Arnaud Saint-Martin, os pares de oposição (História/Sociologia; passado/presente; concreto/abstrato; coletivo/individual; leis e invariantes/singular e único) cristalizam "polos epistemológicos" que podem redundar em uma "irredutibilidade" adquirindo contornos de uma "vaga estética em termos de gosto disciplinar" (Lamy; Saint-Martin, 2010, p. 110). Em uma consideração a respeito dos rendimentos produtivos, em termos científicos, Jacques Revel afirmou que o retorno a François Simiand, em seu rechaço a Charles Seignobos, possibilitou elaborar as linhas mestras do projeto historiográfico e editorial dos *Annales*: a "história-problema; a pesquisa por modelos, a convergência das ciências do homem e mesmo o convite ao trabalho coletivo" (Revel, 1979, p. 1.364, tradução nossa).

Em linhas gerais, observa-se, também, uma nuança digna de realce se comparamos os dois momentos tratados neste capítulo – isto é, antes da Primeira Guerra Mundial e depois dela, opondo, primeiramente, historiadores metódicos e sociólogos durkheimianos; e, em seguida, os *Annales* e os metódicos, com apoio de empréstimos selecionados e filtrados da sociologia durkheimiana. Como assinalou Jacques Revel, os *Annales* tenderam a considerar os objetos como potencial caminho de unificação das ciências sociais, ao passo que os sociólogos (na herança de Durkheim) estabeleceram o método para desempenhar esse mesmo papel (Revel, 1998).

Vamos observar um aspecto desse debate. Ao contrário do que se poderia supor, os praticantes das disciplinas não se limitaram a definir e a elaborar programas de pesquisa para sua própria área. Desde o final do século XIX, marco temporal em que se observa o início do intercâmbio disciplinar em questão, os praticantes mais conscientes dos problemas científicos em jogo, comprometidos com seus respectivos domínios, deliberam a respeito dos papéis e das funções que seus vizinhos deveriam desempenhar. Tanto a Sociologia (na figura de Durkheim) elaborou prescrições a respeito de como se deve produzir História quanto esta (na figura de Seignobos) legislou a respeito das ilusões e dos limites das façanhas prometidas por aquela. Em suma, historiadores e sociólogos, ao definirem suas disciplinas e desenharem seus programas de investigação próprios, estabeleceram um papel que a outra disciplina desempenharia neles. Como comentamos na introdução e como essa evidência comprova, o assunto em questão requer uma abordagem **relacional** e **dialógica**, sem a qual se perderiam aspectos fundamentais.

Síntese

Neste capítulo, apresentamos as discussões entre historiadores e sociólogos franceses, antes e depois da eclosão da Primeira Guerra Mundial (1914-1918). Na virada do século XIX para o XX, evidenciamos os desafios recebidos pelos historiadores da escola metódica por parte do grupo em torno de Émile Durkheim (1858-1917); em seguida, destacamos os esforços de Marc Bloch (1886-1944) e Lucien Febvre (1878-1956) para incorporar aqueles desafios ao trabalho dos historiadores. A oposição entre metódicos e durkheimianos tratou de um modo de diferenciar a Sociologia da História, ao passo que a exposição sobre os *Annales* tratou de um modo particular de integrar História e Sociologia. Em ambos os casos, o problema das "causas" da ação dos indivíduos esteve no centro do diálogo.

> Recomendamos que você não responda aos exercícios a seguir baseando-se, exclusivamente, no conteúdo apresentado neste livro. Aconselhamos voltar aos livros básicos dos principais historiadores tratados nos dois momentos principais de que este capítulo se ocupou – relembrando: os anos iniciais da Terceira República Francesa (1870-1918); e os anos compreendidos entre o desfecho da Primeira Guerra Mundial (1918) e a ocupação do território francês pelas tropas nazistas alemãs, no início da Segunda Guerra Mundial (1940). Valeria a pena retomar: *Os reis taumaturgos* (Bloch, 2018 [1924]), *Apologia da história* (Bloch, 1965 [1949]) e *O problema da incredulidade no século XVI: a religião de Rabelais* (Febvre, 2009 [1947]).

Atividades de autoavaliação

1. Leia atentamente as afirmações a seguir e assinale a resposta correta:
   I) A historiografia é uma prática que remonta à Antiguidade; a Sociologia surgiu apenas no final do século XIX.
   II) Historiadores e sociólogos nunca tentaram se diferenciar uns dos outros.
   III) Desde o século XIX, historiadores e sociólogos se diferenciam. Aqueles tendem a ser mais atentos aos eventos que não se repetem, às contingências e ao trabalho empírico; e estes tendem a preferir os padrões de repetição, as determinações da ação humana e as abstrações conceituais.
   IV) Desde o século XIX, historiadores e sociólogos se diferenciam. Estes tendem a ser mais atentos aos eventos que não se repetem, às contingências e ao trabalho empírico; e aqueles tendem a preferir os padrões de repetição, as determinações da ação humana e as abstrações conceituais.

   a) Somente a afirmação I é correta.
   b) Somente a afirmação II é correta.
   c) Somente as afirmações III e IV são corretas.
   d) Somente as afirmações I e III são corretas.
   e) Todas as afirmações são corretas.

2. O surgimento da Sociologia na condição de disciplina científica ligou-se a um conjunto de transformações históricas. Assinale a alternativa que as indica:
   a) Iluminismo, Revolução Francesa e Revolução Americana (século XVIII).
   b) Renascimento artístico e Humanismo (séculos XIV e XV).
   c) Barroco e Contrarreforma Católica (séculos XVI e XVII).
   d) Revolução Russa e Revolução Cubana (século XX).
   e) Nenhuma das anteriores.

3. Assinale a alternativa que indica a revolução epistemológica que caracterizou o surgimento da Sociologia:
   a) A descoberta de que a terra é o centro do universo.
   b) O restabelecimento da concepção grega de homem.
   c) A recusa de qualquer força sobrenatural para explicação do comportamento humano, que passa a ser visto como determinado por fatores biológicos, psicológicos e sociais.
   d) A adoção das forças sobrenaturais como explicação do comportamento humano, que passa a ser visto como determinado por fatores biológicos, psicológicos e sociais.
   e) Nenhuma das anteriores.

4. Assinale a alternativa que ilustra duas máximas, de historiadores e de sociólogos, respectivamente:
   a) "Estado mínimo, mercado máximo"; "Estado máximo, mercado mínimo".
   b) "O corpo dos seres humanos é inteligente"; "As emoções afetam a cura das doenças dos pacientes".
   c) "As emoções afetam a cura das doenças dos pacientes"; "Pacientes religiosos curam-se mais facilmente".

d) "Sem documentos, não há História"; "Só se explica comparando".
e) Nenhuma das anteriores.

5. Assinale a alternativa que indica os autores mais importantes do debate entre Sociologia e História na fase de emergência da Sociologia na França:
   a) Charles Seignobos, Émile Durkheim, François Simiand.
   b) Max Weber, Émile Durkheim, François Simiand.
   c) Charles-Victor Langlois, Max Weber, Karl Marx.
   d) Karl Marx, Max Weber, Charles Seignobos.
   e) Nenhuma das anteriores.

Atividades de aprendizagem

Questões para reflexão

1. Leia com atenção Marc Bloch comentando o "caso" das "causas", segundo Simiand:

   > A realidade apresenta-nos uma quantidade quase infinita de linhas de força que convergem todas num mesmo fenômeno. A escolha que fazemos entre elas pode muito bem basear-se em caracteres, na prática muito dignos de atenção; mas é sempre uma escolha. Há, nomeadamente, muito arbítrio na ideia de uma causa por excelência, oposta às simples 'condições'. O próprio Simiand, tão cioso de rigor e que tinha primeiramente tentado (em vão, creio eu) definições mais estritas, parece ter acabado por reconhecer o caráter muito relativo da distinção. 'Uma epidemia [escreve ele] terá como causa, para o médico, a propagação de um micróbio e, como condição, a falta de higiene, a saúde deficiente, geradas pelo pauperismo; para o sociólogo e para o filantropo, o pauperismo será causa e os fatores

biológicos a condição.' O que é admitir, de boa mente, a subordinação da perspectiva ao ângulo da própria investigação. (Bloch, 1965, p. 166)

Há, nesse trecho, tanto uma aproximação de Seignobos quanto um distanciamento de seu "positivismo". Desenvolva essa ideia.

2. É possível defender que a obra dos durkheimianos não era politizada, mas é também possível defender que eles eram politizados de um modo muito particular. Discuta essa ambiguidade com base no texto do capítulo.

Atividade aplicada: prática

1. Sugerimos que você assista a um entre quatro filmes: *Louise Michel, a rebelde* (Sólveig Anspach, 2009); *Germinal* (Claude Berri, 1993); *La Commune* (Peter Watkins, 2000); ou *O oficial e o espião* (Roman Polanski, 2019). Reúna-se com seus colegas, discuta com eles como os episódios históricos são retratados. Em seguida, redija uma pequena reflexão apoiando-se no conteúdo apresentado no capítulo.

Indicações culturais

LOUISE Michel, a rebelde. Direção: Solveig Anspach. França, 2009. 90 min.

O filme conta a história de uma destacada participante da Comuna de Paris, Louise Michel, destacando as atividades políticas que desenvolve em seu exílio, junto a outros revolucionários, na Nova Caledônia.

GERMINAL. Direção: Claude Berri. França/Itália/Bélgica, 1993. 160 min.

O filme baseia-se na obra homonima de Émile Zola e retrata a vida cotidiana e os conflitos sociais oriundos do avanço da revolução industrial na França.

LA COMMUNE. Direção: Peter Watkins. França, 2000. 345 min.

Esse filme procura recuperar as diversas posições assumidas na Comuna de Paris. Ele distingue-se pela concepção estética do diretor, que mesclou encenação histórica com documentário e explorou a improvisação na atuação dos atores.

O OFICIAL E O ESPIÃO. Direção: Roman Polanski. França-Itália, 2019. 132 min.

O filme reconstitui o Caso Dreyfus, dando especial ênfase para a construção social da condenação judiciária, isto é, como o modo como ajuizamos a culpa e a inocência é determinado por preconceitos e representações coletivas dos tipos e dos grupos. sociais.

Capítulo 2
Sociologia clássica alemã
e História

Este capítulo aborda as relações estabelecidas pela obra de dois autores considerados basilares da sociologia clássica de origem alemã com a História: Karl Marx (1818-1883) e Max Weber (1864-1920). A relativa indistinção das disciplinas científicas no início do século XIX, a atitude intelectual de ambos, caracterizada por interesses vastíssimos, e as diversas leituras permitidas por seus trabalhos viabilizaram a aproximação multidisciplinar de suas obras. Eles tornaram-se autores clássicos, pois foram interpelados por especialistas oriundos de diversas áreas – História, Sociologia, Ciência Política, Economia etc. As controvérsias em torno das variadas classificações disciplinares possíveis, assim como de suas respectivas centralidades na história da Sociologia, são indissociáveis do agenciamento de suas obras, realizado, no caso de Karl Marx, por Friedrich Engels (1820-1895), e, no de Max Weber, por sua viúva, Marianne Weber (1870-1954). Apesar de algumas similaridades, esses aspectos tornam o caso alemão distinto daquele que você conheceu no capítulo anterior.

Como no caso francês, as obras de Marx e Weber articulam-se às transformações políticas e econômicas em curso no século XIX. Em âmbito bélico, destacam-se os desdobramentos da derrota alemã pelas tropas napoleônicas francesas (1806), sucedida pela revanche na Guerra Franco-Prussiana (1870) e pela subsequente unificação nacional (1871) – episódios decisivos nos contornos nacionalistas, presentes na profissionalização dos historiadores alemães.

No plano econômico, a acelerada industrialização, que ensejou a emergência da classe operária organizada em sindicatos e partidos, alavancada pela unificação nacional, sob a tutela do chanceler Otto von Bismarck (1815-1898), encontra-se no coração da teoria do capitalismo de Marx e da racionalização de Weber. Se o primeiro esteve, durante sua vida, envolvido na criação de uma liga internacional revolucionária, reunindo a classe operária organizada e os intelectuais militantes; o outro e sua família estiveram imiscuídos entre as elites políticas, intervindo na constituição da República de Weimar (1919).

Da dimensão política e cultural desse cenário trataremos na primeira seção do capítulo. Em seguida, apresentaremos algumas particularidades da longevidade da obra destes autores. Finalmente, destacaremos os impasses intelectuais que suas obras tentaram superar adotando, como apoio para orientar a leitura, apontamentos de sua recepção entre os leitores brasileiros.

(2.1)
Economia, política e historiografia na "tradição alemã"

Se tivermos como balizas o nascimento de Karl Marx (1818) e o falecimento de Max Weber (1920), o arco temporal coberto implicaria quase um século. Nele, o Estado nacional hoje denominado Alemanha constituiu-se como tal por uma sucessão de guerras nacionalistas marcada pelo revanchismo franco-germânico. Em 1806, na emblemática Batalha de Iena e Auerstedt, tropas alemãs e francesas disputavam o domínio dessa cidade localizada na Prússia. Nessa ocasião, os alemães foram derrotados. Diante disso, a necessidade de fortalecimento interno engendrou a constituição, em 1834, da aliança aduaneira denominada *Zollverein*, na base do movimento de unificação política nacional da Confederação alemã, que se consolidaria, sob liderança prussiana, após a vitória sobre os franceses em 1870 – ocasião em que anexam a região da Alsácia-Lorena. Essa conquista, simultaneamente bélica e econômica (visto que a região anexada era rica em ferro e carvão), além do rearranjo político, caracterizado pela centralização do Estado – perpetrada pelo chanceler Otto von

Bismarck – alavancaram a industrialização alemã, de tal modo que – embora fosse tardia se comparada a países como a Inglaterra – foi capaz de lançar a Alemanha no páreo das nações imperialistas e na disputa por territórios na região da África e da Ásia (Hobsbawm, 2002). No período compreendido por essas transformações, a História como disciplina tomou parte nelas de modo particular, e os primeiros esforços de construção da Sociologia como disciplina científica autônoma emergiram.

Uma peculiaridade a ser destacada consiste na constatação de que, na Alemanha, "a revolução educacional começou cedo e a industrial relativamente tarde" (Ringer, 2004, p. 20). Desse modo, se, por toda a Europa, a fortuna e o poder econômico só se consolidavam por meio da posse, também, dos títulos adquiridos no ensino superior, na Alemanha, isso era ainda mais forte (Ringer, 2004). As transformações no sistema educacional, datadas do início dos anos 1820, do ponto de vista prático, estabeleceram normas para a qualificação de professores do ensino secundário e exigiram a prática de pesquisa aos do nível superior. Quanto a seus conteúdos, atribuíram centralidade às faculdades de artes e de ciências, com destaque para a disciplina de Filosofia, matriz de um entusiasmo humanista pela Antiguidade Clássica e, particularmente, pela Grécia. Generalizou-se, entre as camadas cultivadas da aristocracia, o ideal de *Bildung*, isto é, a educação como cultivo do desenvolvimento espiritual e o conhecimento profundo dos autores clássicos como caminho preferencial para alçar a plenitude da individualidade, realizada por motivações destituídas de princípios utilitários e interesseiros (Ringer, 2000).

Os desdobramentos da **modernização econômica** abalaram os pilares dessa "cultura do *Bildung*", que se revelou profundamente elitista (Whimster, 1980). A aristocracia – sustentada pela tradição e pela "nobreza de espírito" – viu-se ameaçada pela emergência abrupta da burguesia industrial e financeira endinheirada, de um lado, e da classe operária, de outro. Concomitantemente, a urbanização desenfreada, o avanço tecnológico e o incremento das ciências naturais levavam à descrença dos princípios daquela cultura educacional. No interior das camadas cultas, essas dúvidas passaram a vicejar e minaram as bases do sistema cultural vigente até a década de 1870. Muitos demandavam a democratização dos conteúdos e a generalização do ensino elementar a todas as camadas sociais, bem como questionavam a dimensão diletante ou desinteressada dos estudos clássicos (Joly, 2017).

Nesse sentido, foram, então, empreendidas sutis **reformas** que ampliaram as possibilidades de acesso ao ensino superior – para alunos oriundos de estudos ginasiais não-clássicos, por exemplo (Charle, 1990; Ringer, 2000; Lepenies, 1996). Porém, as reformas, o avanço da modernização e as demandas de democratização originaram reações ambivalentes. Por um lado, havia a resistência feroz a elas, estigmatizando as inovações que se reverberavam no interior do universo culto – por exemplo, o rechaço a qualquer elemento que pudesse aludir à especialização em disciplinas, ao positivismo, ao utilitarismo – e defendendo a educação tal como concebida pela *Bildung* (Ringer, 2000). Por outro, do ponto de vista da reprodução do corpo docente, havia o controle estrito dos "processos de habilitação", considerando a competência específica e as filiações ideológicas dos postulantes, que permaneceu até o fim da Segunda Guerra Mundial (Iggers, 1983).

Na esteira dessas metamorfoses políticas, econômicas e sociais, cristalizou-se a posição tanto da Filosofia, no topo da hierarquia dos saberes, sendo talvez subordinada apenas ao inefável conhecimento "poético" (Ringer, 2000), quanto das diversas ramificações do que genericamente se denomina *tradição histórica alemã* (Bentivoglio, 2010; Ringer, 2004; Lepenies, 1996). O corpo teórico de Karl Marx e de Max Weber se constituem, simultaneamente, **com** e **contra** essas hierarquias e configurações disciplinares (Joly, 2017; Ringer, 2004). Esse ponto requer duas considerações.

A primeira diz respeito à emergência da Sociologia e a uma diferença, entre tantas outras, entre Marx e Weber. Por um lado, há quem coloque sob dúvida o fato de Weber ser considerado um "fundador" da sociologia, por outro, após décadas do consenso em torno da centralidade do trio "Durkheim, Weber, Marx", passou-se ou a introduzir novos cânones, questionando esse tríade (Moris, 2017), ou a inserir outros nomes, entre eles, notadamente, o de Georg Simmel. Decerto essas disputas pela posição de proeminência na história disciplinar poderão sedimentar-se ao longo de mais tantas décadas, alterando os termos do diálogo entre História e Sociologia – razão pela qual, neste livro, restringimo-nos, modestamente, aos clássicos. De todo modo, um dos motivos pelos quais se questiona Weber e seus contemporâneos como "fundadores" da Sociologia deve-se ao fato de a disciplina ser institucionalizada, na Alemanha, apenas no período da República de Weimar (1919-1933), e de transitar, sem rupturas tão intensas, em áreas como História, Economia e Direito.

Com efeito, a explicitação das rivalidades e diferenças de Weber em relação a seus interlocutores assume feitio muito distinto do que se apresentou no caso de Durkheim e do que se apresentará em Marx. A oposição ao idealismo e à Filosofia, em favor da perspectiva materialista e histórica é explicitada por Karl Marx sem o compromisso de "fundar a Sociologia" – seja no plano lógico, seja no institucional. Já Max Weber, embora não menos convicto de suas críticas ao idealismo filosófico e aos historiadores, formula-as em um regime cognitivo caracterizado pela simultânea incorporação e negação de seus interlocutores, bem como age prudente e conscientemente com relação às dificuldades de fazer vingar esse novo saber diante do "mandarinato" alemão (Joly, 2017, p. 174). Dito de outro modo: compromissado, simultaneamente, com a tentativa de construí-la lógica e institucionalmente.

A segunda consideração diz respeito aos historiadores. São numerosos os manuais que apresentam Franz Leopold von Ranke (1795-1886) como o "equivalente alemão" de Charles-Victor Langlois e de Charles Seignobos. Em que se pese a simplificação, essa equivalência incide sobre o papel desses historiadores no trabalho distinguir a escrita histórica da ficcional, para o qual o valor da documentação e a objetividade na reconstituição com esteio nela foram princípios científicos cardeais da modernização do ofício historiográfico. Além disso, guardadas as devidas diferenças de contexto nacional e sublinhando que os dois franceses foram impactados pela proeminência filológica alemã, eles engajaram-se nas lutas políticas nacionalistas de construção simbólicas de suas pátrias. Contudo, o "equivalente alemão" de Émile Durkheim, isto é, Max Weber, não se confrontou, de modo similar, com o "equivalente" de Langlois e Seignobos, ou seja, Ranke. Como todo membro das camadas cultivadas de sua época, ele foi formado na leitura de História e acompanhou alguns debates que envolveram, inclusive, familiares seus (Mata, 2011). Não foi, contudo, no confronto com Ranke que suas oposições à historiografia forjaram-se. Os historiadores com os quais dialogou mais diretamente – isto é Karl Robertus, Eduard Meyer, Theodor Mommsen, Georg von Below, Gustav Schmoller, entre outros – não têm a ressonância de

Ranke e de outros poucos nomes que compõem a constelação de autores alemães em circulação no nosso ambiente intelectual[1].

(2.2)
MARXOLOGIA E WEBEROLOGIA

A leitura da obra de autores clássicos solicita esclarecimentos a respeito do modo como seus textos chegam aos leitores contemporâneos. Caso contrário, estes últimos tornam-se presas inocentes das camadas de sentido, dos interesses científicos e ideológicos e das orientações partidárias dos sucessivos editores e comentadores do

---

[1] *A maioria dos manuais produzidos no clima animado pela rivalidade entre foucaultianos e marxistas (cf. Capítulos 4 e 5 deste livro) plasmaram denominações depreciativas como "positivista", "factual", "conservadora", associando-as tanto aos nomes de Charles-Victor Langlois e Charles Seignobos (cf. Capítulo 1 deste livro) quanto ao nome de Franz Leopold von Ranke (1795-1886). Se a obra dos franceses se resumia àquelas etiquetas pejorativas e a uma máxima: "sem documentos, nada de História"; a do alemão se reduzia a "reconstituir os fatos tal como se passaram". Do mesmo modo que os franceses eram tratados como os únicos praticantes de historiografia de seu tempo e desencarnados das relações de luta diacrônicas e sincrônicas em que estavam envolvidos, também Ranke pairava no ar, fora de seu tempo e espaço, como uma referência denegada, acionada como representativa de tudo a ser rejeitado. Embora, no início dos anos 1980, Sérgio Buarque de Holanda tenha se empenhado em estabelecer termos mais equilibrados para essa discussão, o estado do campo historiográfico brasileiro tornava-o insensível à tentativa de desfazer as camadas de mal-entendidos mediadas por lances de recepção e inversões de sentido prático e ideológico (Rodrigues; Carvalho, 2017). Apenas a partir do fim da primeira década dos anos 2000, marcada pelo impulso que ganhou entre os brasileiros a área de história da historiografia, passou-se a uma revisão dos lugares comuns ligados à historiografia alemã. Há um íngreme esforço de vários comentadores brasileiros, seja no sentido de introduzir a complexidade do panorama historiográfico em questão, eliminando a ideia de que a tradição alemã fosse um monolítico positivista, caracterizando as polarizações entre a escola rankeana e a escola histórica prussiana (Bentivoglio, 2010); ou de virar a vara no sentido oposto à daqueles que o estigmatizaram e resgatar a grandeza de Ranke, autor injustiçado (Mata, 2011).*

autor em questão. Os casos de Karl Marx e Max Weber exigem tal prudência que justifica esta seção.

Nos dois casos, há, desde o falecimento dos autores, um duplo movimento. De um lado, uma extensa diversificação das leituras, marcadas por inflexões de diversas ordens – edições, traduções, interesses científicos e partidários. De outro, uma inesgotável energia empenhada na volta ao texto original, depurado das distorções contraditoriamente imprimidas pelo mesmo processo que permitiu a popularização e a difusão de suas obras. Ao conjunto desses esforços, direcionados para cada um dos autores, podemos denominar *marxologia* e *weberologia*.

Quando Karl Marx faleceu, em 1883, aguardava-se a publicação da continuação de *O capital: crítica da economia política*. Já à época, o livro era reputado como a obra principal do socialismo científico, cujo primeiro volume viera a público 16 anos antes. Friedrich Engels (1820-1895), seu parceiro de trabalho intelectual e político para toda a vida, levou dois anos reunindo e reordenando manuscritos dispersos e deu a público o segundo livro de *O capital*. Depois, para fazer o mesmo com o terceiro, precisou de 11 anos. Engels lidou com um volume gigantesco de manuscritos avulsos que reorganizou, baseado no conhecimento íntimo do raciocínio de Marx, chegando, porém, a uma ordem/obra a respeito da qual ele próprio não estava seguro. Ao que tudo indica, respondia a demandas políticas: não era possível deixar a Internacional Comunista padecer sem a certeza de que Marx trabalhara com afinco no livro (Hubmann, 2012).

Esse é apenas um entre tantos exemplos possíveis da dificuldade de lidar com a obra de Karl Marx que se apresentou imediatamente após sua morte. De seu falecimento até 1994, quando teve início a atual MEGA², ocorreram numerosas tentativas de estabelecimento fiel dos textos, não apenas marcadas por orientações ideológicas, partidárias e estatais, mas também produzidas segundo um regime de **autenticidade textual** divergente dos que hoje se tem como parâmetros legítimos. Vale aliás, informar quais são esses parâmetros: evitação sistemática de seleção e ordenação tendenciosa, por meio do absoluto respeito pela integridade e fidelidade à linguagem original, ao estabelecimento textual e à sequência cronológica de sua escritura; explicitação de todas as intervenções na escrita e em seu ordenamento; apresentação das versões e das rasuras nos preparativos do texto; produção de aparato crítico de registro, indicando todas as operações editoriais; esquiva de juízos de valor e de classificações indutoras de enquadramentos.

A partidarização do movimento socialista e comunista, além do triunfo das revoluções no século XX, subordinaram princípios de leitura e de edição da obra de Karl Marx – afinal, era a ela que os dirigentes se referiam e na qual se diziam estribar. Obviamente, contra essa tendência dominante, algumas figuras se destacaram na investigação e na procura de frações perdidas da obra e dos manuscritos desconhecidos. David Riazanov (1870-1938), russo em exílio na Alemanha e na Suíça, encarregado, pela Internacional Comunista, em 1924, da reunião e publicação das obras completas de Marx e Engels, foi o primeiro a tentar empreender uma edição seguindo princípios prioritariamente filológicos em detrimento dos partidários. Ele dirigiu, entre 1917-1930, à frente do Instituto Marx-Engels (MEI), esse "primeiro projeto MEGA" que, no entanto, não foi levado a cabo, pois ele foi condenado por traição à União das Repúblicas Socialistas

---

2   Mega são as iniciais, em alemão, de Marx-Engels Gesamtausgabe, isto é, "as obras completas de Marx e Engels".

Soviéticas (URSS) e executado em 1938. Contudo, seu trabalho, junto a uma equipe que incluía figuras como Georg Lukács (1885-1971), colocou em circulação livros desconhecidos até os anos 1930, notadamente *Manuscritos econômico-filosóficos* (Marx, 2004) e *A ideologia alemã* (Marx; Engels, 2007 [1846]). Àquela altura, essas descobertas arranharam a imagem de um Karl Marx materialista e economicista, na medida em que o revelaram preocupado com temas do idealismo alemão. Nascia, assim, um debate que constantemente dividiu os marxistas, a respeito de um Marx "humanista". Isso serviria como base para uma posterior discussão, introduzida pelo filósofo Louis Althusser, a respeito do corte epistemológico na obra de Marx: teria havido um jovem Marx humanista e um Marx maduro, materialista e mais economista?

Interrompido o projeto de Riazanov, o Partido Comunista da URSS (PCURSS) retomou a tarefa, publicando, até 1966, a mais completa reunião dos escritos de Marx e Engels. Foi ela que serviu de base para a versão conhecida por MEW (Marx-Engels-Werke), editada em 39 volumes pelo Instituto para Marxismo-Leninismo (IML) alemão, órgão do comitê central do SED (sigla do partido no governo da Alemanha Oriental, constituído de frações da antiga Social Democracia e do Partido Comunista). Constata-se, nesse projeto, a eliminação de textos do chamado "jovem Marx" (o "humanista"), entre outras flagrantes categorizações partidárias.

No mesmo período, é válido sublinhar, as limitações determinadas pela orientação ideológica foram idênticas em países pertencentes ao bloco capitalista da Guerra Fria. Nenhum dos países que poderiam ter encampado o trabalho de reunião dos escritos ousou fazê-lo. Em 1975, iniciou-se o projeto soviético-alemão de uma nova MEGA, mas os princípios seletivos e classificatórios, a despeito de intenções confessas de orientação filológica, também condicionaram esta edição, críticas de Marx à Rússia, por exemplo, foram julgadas inconvenientes, sendo eliminadas. Por isso, quando, entre 1989 e 1992, ocorreu a desintegração do bloco comunista, o projeto da MEGA 2 perdeu seu sentido e foi interrompido. Ele foi capaz de acumular avanços que, contudo, foram aproveitados pelo grupo de colaboradores da Academia de Ciências de Brandemburgo (Berlim), que, em 1994, liderou uma nova tentativa de edição completa, com a retomada dos princípios filológicos, em detrimento do ideológico. Atualmente, essa é a obra de referência, e editoras pelo mundo todo noticiam os avanços e propõem novas traduções de Marx, a partir do trabalho dessa equipe (Hubmann, 2012; Schöttler; Grandjonc, 1993).

Quando Weber faleceu, em junho de 1920, sua viúva Marianne Weber (1870-1954) cuidou diligentemente de redigir uma biografia do marido e de reunir seus escritos: livros, conferências, textos dispersos. Em apenas quatro anos, ela reuniu o conjunto de manuscritos que àquela altura se designou *obra*. Ao lado dos "escritos reunidos de sociologia da religião", que estavam em preparação quando ele ainda vivia, ela segmentou os textos nas seguintes insígnias: os escritos metodológicos, os políticos, os de sociologia e política social, os de história social e econômica, os de sociologia da música, as aulas sobre história social e econômica, assim como o monumental *Economia e sociedade*.

Na década de 1920, nenhum sociólogo passaria incólume a esse empreendimento. Então estudante, doutorando-se com o irmão de Max Weber, em Heildelberg, o estadunidense Talcott Parsons voltaria a seu país e traduziria o autor para o inglês. Assim se iniciou a difusão global da obra de Max Weber, bem como sua consolidação como um "clássico" fundador da Sociologia. As iniciativas de Marianne Weber e de Talcott Parsons foram condições necessárias, ainda que insuficientes, para torná-lo uma leitura incontornável na Sociologia praticada nas décadas seguintes, tanto nos Estados Unidos quanto na Alemanha (Waizbort, 2012).

Outro marco importante da repercussão mundial do pensamento de Weber interessa diretamente ao assunto deste livro. No início da década de 1970, o historiador da antiguidade Moses Finley publicou *A economia antiga* (Finley, 1973). Embora ele fosse, por alguns, associado ao marxismo, outros o identificaram como weberiano (Nippel, 2012, p. 157). A partir do acerto de contas do próprio Finley com as controversas filiações teóricas a ele imputadas, no final dos anos 1970, sobretudo no mundo anglo-saxão, processaram-se discussões teóricas profícuas a respeito da obra de Max Weber e, particularmente, de sua **relação com a historiografia**[3].

Finalmente, desde os anos 1980, o projeto de reunião das obras completas de Max Weber foi retomado por um projeto editorial de fôlego e um trabalho fino de filologia. Ela se justifica pela apresentação rearranjada dos textos, pelo estabelecimento seguro de suas datas e pela possibilidade de superar-se a imagem do "gênio solitário que, com discernimentos divinatórios, diz a especialistas de áreas completamente diversas como fazer as coisas certas", promovendo a possibilidade de encarná-lo em meio às lutas e disputas que enfrentou, "em um debate intenso com a respectiva literatura especializada" (Nipel, 2012).

Segundo Nipel (2012), "também vale para Weber o que Engels disse sobre Marx, cuja obra representaria um comentário contínuo à

---

3   Para o percurso intelectual e acadêmico de Moses Finley, consultar: Palmeira, 2018. *Exemplos dessas discussões encontram-se registradas nos números especiais do periódico* The British Journal of Sociology *(em 1976, número especial "História e Sociologia", n. 3, v. 27; em 1980, "número especial sobre aspectos acadêmicos de Max Weber", n. 3, v. 31). Vale indicar, também, o número especial do periódico* Tempo social *(em 2012, "Max Weber hoje", n. 1, v. 24).*

história da ciência". É situando os autores desse modo que "leituras grotescas" de suas obras podem dar lugar a uma compreensão mais precisa e fina de suas ideias (Nippel, 2012).

(2.3)
KARL MARX: HISTORICIDADE DOS CONCEITOS E CONDIÇÃO (NÃO) DISCIPLINAR

A apresentação deste tópico requer pelo menos três esclarecimentos prévios, atrelados às particularidades do desenvolvimento, na condição de disciplinas, da História e da Sociologia, assim como à singular posição ocupada por Karl Marx no interior das ciências sociais e entre os fundadores da emergente ciência sociológica.

O primeiro esclarecimento retoma o que já ressaltamos: há pelo menos três fases discerníveis na história geral da Sociologia, e a dinâmica de cada uma delas comanda os esforços intelectuais dos sociólogos: as etapas de sua **emergência**, de sua **sedimentação** institucional e de sua **ampliação** e difusão como prática científica. No que tange à obra de Marx, importa ressaltar que as condições da elaboração de seu pensamento são similares àquelas que marcaram o surgimento da Sociologia, na esteira das macrotransformações do final do século XVIII: ambas são tributárias do Iluminismo, da erosão do Antigo Regime, simbolizada pela Revolução Francesa (1789), e da Revolução Industrial. Não por acaso, houve cenários intelectuais e políticos nos quais o socialismo e a sociologia foram termos intercambiáveis.

Uma vez estabelecida nas instituições científicas, desenvolveram-se diversas maneiras de articular as contribuições do marxismo à agenda da Sociologia. Existem aqueles que entendem que o marxismo, na qualidade de corpo teórico e metodológico, é por si só uma ciência social; aqueles que esposam haver um liame intrínseco entre socialismo, para o qual Karl Marx é a principal fonte, e a prática da ciência sociológica; aqueles que, concorrendo com outras correntes teóricas, defendem uma sociologia marxista (Bottomore, 1976; Codato; Perissinoto, 2011; Karsenti; Lemieux, 2017; Burawoy, 2014). Há, também, a possibilidade de se encontrar uma sociologia na obra do próprio Marx – esforço que redundou, entre neomarxistas contemporâneos, em uma tipologia própria das classes sociais. Em suma: se à época de emergência da Sociologia, quase concomitantemente ao surgimento da teoria de Karl Marx, essas vertentes da teoria social se confundiam, uma vez introduzidas em instituições científicas ou políticas (como foi a tendência, respectivamente, da Sociologia, sedimentando-se nas universidades e nos institutos de pesquisa; e do marxismo, nos sindicatos, nos partidos e nos movimentos sociais), seus intercâmbios não cessaram, senão se tornaram infinitamente mais complexos (Rodrigues, 2016, 2011; Gouarné, 2013; Tarcus, 2018). Por conseguinte, designe-se ou não o sociólogo como *marxista*, é possível entrever marcas de seu diálogo com o marxismo.

O segundo esclarecimento diz respeito à História e se desdobra em dois pontos: por um lado, como, na condição de disciplina, ela incorporou a obra de Karl Marx; por outro, o próprio autor valeu-se de um raciocínio tipicamente histórico para se opor à filosofia alemã, ao socialismo utópico, ao anarquismo francês e à economia política inglesa (Harvey, 2013).

Quanto ao primeiro ponto: sendo uma disciplina mais antiga do que a Sociologia e do que o marxismo, a história dialoga com este último de modo particular (Novais; Silva, 2011). Do mesmo modo que ela se viu obrigada a reagir à emergência das modernas ciências sociais, ela teve de pensar seus pressupostos à luz dessa teoria que surgia com elas. Não por acaso, as discussões dos historiadores com o marxismo processaram-se, via de regra, por meio de temas capazes de fazê-los convergir, por exemplo, à problemática das origens históricas do capitalismo, que trouxe, para o centro dos grandes debates do século XX, o conceito de *modo de produção*. Voltaremos a isso nas linhas adiante, pois sua apresentação requer que se trate do segundo ponto.

É patente, no *modus operandi* das críticas de Karl Marx, a argumentação fundada no princípio da historicidade do capitalismo como um sistema econômico particular. Destaque-se, por exemplo, sua crítica a Adam Smith:

> Os economistas têm um modo peculiar de proceder. Para eles há duas espécies de instituição, as artificiais e as naturais. As instituições do feudalismo são artificiais, as da burguesia, **naturais**. Eles igualam-se nisso aos teólogos, que também distinguem dois tipos de religião. Toda religião que não a sua própria, é uma invenção dos homens, a sua própria no entanto uma revelação divina. **Assim, portanto houve história, mas agora não há mais** [...]. (Marx, 1988 [1867], p. 77, grifo nosso)

> [a] divisão do trabalho, da qual derivam tantas vantagens, não é, em sua origem, o efeito de uma sabedoria humana qualquer, que preveria e visaria essa riqueza geral à qual dá origem. Ela é a **consequência necessária, embora muito lenta e gradual, de uma certa tendência ou propensão existente na natureza humana** [...] ou seja: a propensão a intercambiar, permutar ou trocar uma coisa pela outra.

> Não é nossa tarefa investigar aqui se essa propensão é simplesmente um dos princípios originais da natureza humana, sobre o qual nada mais restaria dizer, ou se – o que parece mais provável – é uma **consequência necessária das faculdades de raciocinar e falar** [...]. (Smith, 1985, p. 49, grifo nosso)

A **naturalização** e a **universalização** da experiência particular inglesa, na origem do capitalismo industrial, cindiu liberais, herdeiros de Smith, de um lado, e marxistas, de outro, até o fim do século passado. Contudo, autores que não eram marxistas e que discordavam da teoria de Marx, mas que estivessem interessados, de um ponto de vista histórico, na emergência do capitalismo em sua especificidade recusariam a perspectiva de *naturalização* da conduta correspondente à disposição ao ganho – fique atento, pois essa perspectiva, radicalmente sociológica já que antinaturalista, retornará, de modo muito semelhante, em um autor como Max Weber, cuja teoria se opõe à de Marx em numerosos outros sentidos[4].

Do ponto de vista histórico, os elementos que constituem o moderno sistema capitalista – como trabalho assalariado, comércio, moeda e centralização política – poderiam ser encontrados em outras épocas e em outras regiões, notadamente na Antiguidade. Contudo, o modo como se articulam e o comportamento específico dos indivíduos engendrado por ele não são encontráveis em qualquer tempo e lugar. Uma definição formal, a título de tornar as discussões a seguir inteligíveis, faz-se necessária:

> *Capitalismo: denominação do modo de produção em que o capital, sob suas diferentes formas, é o principal meio de produção. O capital pode tomar a forma de dinheiro ou de crédito para a compra da força de trabalho e dos materiais necessários à produção, a forma de maquinaria física [...] ou finalmente a forma de estoques de bens acabados ou de trabalho em processo. Qualquer que seja sua forma, é a propriedade privada do capital nas mãos de uma classe, a classe dos capitalistas, com a exclusão do restante da população, que constitui a característica básica*

---

[4] Essa discussão é indissociável da história do conceito de interesse nos teóricos econômicos e sociais (Hirschman, 2012).

do capitalismo como modo de produção. [...] Como modo de produção, podemos dizer que o capitalismo é caracterizado por: a) produção para venda e não para uso próprio [...]; b) existência de um mercado em que a força de trabalho é comprada e vendida, em troca de salários em dinheiro, por um dado período (salário por tempo) ou por uma tarefa específica (salário por tarefa): a existência de um mercado e da relação contratual que ele implica está em vivo contraste com relações de trabalho características de fases anteriores como a escravidão ou a servidão; c) mediação universal (ou predominante) das trocas pelo dinheiro: ao tomar a forma monetária, o capital faculta a seu proprietário o máximo de flexibilidade para seu emprego. Esse aspecto também atribui um papel sistemático aos bancos e demais intermediários financeiros. A troca direta de um produto por outro pode ser idealmente contraposta ao uso do dinheiro, mas a incidência real de trocas diretas é limitada. Para se estabelecer esse contraste é preciso remontar a fases anteriores, nas quais, embora houvesse um uso restrito de moedas, a possibilidade de recorrer a instrumentos de débito e crédito para a compra e a venda não existia, exceto pelo exemplo dos empréstimos concedidos à nobreza feudal pelo nascente capital mercantil à guisa de adiantamento para que aquela consumisse os produtos que este lhe vendia; d) o capitalista, ou seu agente gerencial, controla o processo de produção (de trabalho). Isso implica não apenas o controle sobre a contratação e a demissão de trabalhadores, como também sobre a escolha de técnicas, o escalonamento da produção, o ambiente de trabalho e as disposições para a venda do produto: o contraste, no caso, se faz com o sistema de produção domiciliar [...]; e) controle das decisões financeiras: o uso universal do dinheiro e do crédito facilita a utilização dos recursos de outras pessoas para financiar a acumulação. [...]; f) concorrência entre capitais [...]. (Bottomore, 1988, p. 51-52)

O terceiro esclarecimento preliminar diz respeito à posição de Karl Marx no conjunto das ciências sociais. Ainda que, ao longo do século XX, economistas, geógrafos, sociólogos, historiadores, cientistas políticos tenham se empenhado em extrair conceitos, métodos e perspectivas da obra de Marx para suas disciplinas, elas não eram segmentadas como tais no tempo do autor, nem ele se moldou nos quadros do regramento das disciplinas estabelecidas em sua época. As três fontes a que se opôs e das quais se nutriu constituem menos disciplinas do que sistemas teóricos contra os quais forjou seu próprio. Esquematicamente, são elas: a filosofia dos jovens hegelianos (dos quais ele quis reter a dialética, mas superar seu idealismo); o anarquismo e o socialismo francês (que reputa combativo, mas especulativo, abstrato, impreciso); a economia política inglesa (da qual retém ideias-chave, como a teoria do valor-trabalho, porém rearranjando-as no interior de sua própria teoria a respeito do funcionamento do capitalismo). Essas fontes nutrem Marx, sendo criticadas e absorvidas por ele em um percurso errante que o distingue dos demais "fundadores" das ciências sociais. Se todos eles, em grau maior ou menor, em fases distintas de suas trajetórias, estiveram envolvidos com a prática política, Karl Marx esteve todo o tempo envolvido nela, subordinando sua atividade intelectual a esse compromisso.

Karl Marx estudou Direito na Universidade de Bonn e não se formou, preterindo esse curso pelo de Filosofia na Universidade de Berlim, onde se doutorou, em 1841, com uma tese denominada *A diferença entre a filosofia da natureza de Demócrito e de Epicuro*. Em seguida, dedicou-se ao jornalismo e redigiu, em polêmica com os jovens hegelianos, que, a despeito de criticarem o filósofo Georg Wilhelm Hegel (1770-1831), na avaliação de Marx, mantinham-se reféns do idealismo. Ele formulou sua posição com relação a esse filósofo, em seguida, no livro *Crítica à filosofia do direito de Hegel*

(Marx, 2005 [1843]) – no qual já se afigura a centralidade da propriedade privada gerida pelo Estado.

Expulso pelo governo prussiano em razão do desacato de suas críticas, ele casou-se com Jenny von Westphalen (1814-1881) e migrou para Paris, cidade em que travou contato com o movimento operário e com os anarquistas e conheceu Friedrich Engels (1820-1895). Com ele, sistematizou as críticas aos jovens hegelianos e ao idealismo da filosofia alemã, em *A ideologia alemã* (Marx; Engels, 2007 [1846]) e *A sagrada família* (Marx; Engels, 2003 [1845]). Em 1845, ele foi expulso de Paris e seguiu para Bruxelas, intensificando sua atividade política e sua análise dos eventos políticos – contra Pierre-Joseph Proudhon (1809-1865), escreveu outra crítica às ideias especulativas, *Miséria da Filosofia* (Marx, 2007 [1847]). Em 1848, após redigir com Engels o *Manifesto do partido comunista*, estabeleceu-se em Londres e, mantendo sua produção a respeito da vida política contemporânea, visto que contribuía para o jornal norte americano *New York Daily Tribune*, aprofundou o estudo dos clássicos da Economia Política. Em 1867, publicou o primeiro volume de *O capital: crítica da economia política* (Marx, 1988). Como se infere deste escorço biobibliográfico, o fio condutor da produção intelectual de Marx não se enquadra em uma linha coesa comandada por uma disciplina, mas pela oposição às correntes políticas e teóricas com as quais se deparava. Eis a fonte de sua teoria a respeito do modo de produção capitalista, que esteve no centro da historiografia econômica e da Sociologia ao longo do século XX.

Entre os anos de 1950 a 1970, cientistas sociais de todo o mundo e, particularmente, os historiadores e economistas anglo-saxões discutiram o problema das origens do capitalismo. As indagações daí oriundas conduziram-nos para a leitura, e subsequente adoção ou refutação, da teoria de Karl Marx, tornando a categoria *modo de produção* central no debate que estabeleceram[5]. Assim, foi em torno desse conceito, embora sem serem subsumidas a ele, que as discussões entre História e Sociologia foram mais densas, em uma fase da história disciplinar que se pode designar de *academização do marxismo* (Rodrigues, 2016, 2011). Além disso, essa categoria tem abrangência suficiente para abarcar a totalidade das épocas históricas e, portanto, segundo alguns marxistas, constitui-se em um bom critério de periodização da história.

As discussões a respeito da emergência histórica do capitalismo, na qualidade de modo de produção, pressupõem tomadas de posição preliminares a respeito de como definir *modo de produção*; de quantos e quais seriam esses; e de que maneira ocorreria a transição de um modo de produção a outro. Vale apresentar o esquema simplificado, composto por esses três itens, pois contra ele os marxistas acadêmicos formularam suas teses. Esquematicamente: os *modos de produção* definem-se por uma combinação variável, no tempo e no espaço, entre **forças produtivas** e **relações de produção**. Identificam-se, historicamente, os seguintes modos de produção: comunismo primitivo, escravismo (antigo), feudalismo, capitalismo – e, futuramente, o comunismo, que seria antecedido, para alguns, pela etapa transitória do socialismo. A passagem de um modo de produção a outro

---

[5] *Em outras tradições, algumas delas com recepção brasileira posterior à da discussão sobre as origens do capitalismo, temas como classes sociais, cultura, comportamento político ou epistemologia da ciência vicejaram com mais força. Como esclarecemos inicialmente, este livro se dirige aos clássicos, tendo em vista o interesse do leitor imerso no cenário brasileiro. E, para esse propósito definido, o conceito mais relevante no constructo teórico de teoria de Karl Marx a ser exposto consiste em "modo de produção". A fim de avançar no assunto da recepção das correntes marxistas no Brasil, você pode ter interesse nos seguintes trabalhos: Macedo, 2013; Rodrigues, 2011. Por tratar-se de um sistema teórico com linguagem autorreferenciada, você também pode consultar com proveito, a título de esclarecimento conceitual, o* Dicionário do pensamento marxista *(Bottomore, 1988).*

ocorreria por meio de uma transformação global, em âmbito econômico, social e político – processo este designado *revolução*, e que seria desencadeado pelo desenvolvimento da contradição imanente entre as forças produtivas e as relações de produção. O debate entre os marxistas, em geral, tem como referência o seguinte trecho de Karl Marx:

[Um dos trechos mais citados de Karl Marx:]

*Na produção social de sua vida, os homens estabelecem determinadas relações **necessárias e independentes de sua vontade, relações de produção** que correspondem a uma determinada **fase do desenvolvimento de suas forças produtivas materiais**. O conjunto dessas relações de produção constitui a estrutura econômica da sociedade – a base real sobre a qual se ergue a superestrutura jurídica e política e à qual correspondem determinadas formas de consciência social. O **modo de produção da vida material determina o caráter geral do processo da vida social, política e espiritual [...]**. Em um certo estágio de seu desenvolvimento, as forças produtivas materiais da sociedade entram em **conflito** com as relações de produção existentes ou – o que não é senão a sua expressão jurídica – com as relações de propriedade dentro das quais se desenvolveram até ali. **De formas de desenvolvimento das forças produtivas, essas relações se convertem em obstáculos a elas. Abre-se então uma época de revolução social.*** (Marx, 2008 [1859], p. 47, grifo nosso)

Os destaques chamam sua atenção para as orientações críticas de Karl Marx às três tradições intelectuais e nacionais com as quais ele também nutriu seu raciocínio. Em primeiro lugar, as relações que os homens estabelecem, isto é, a base das sociedades, têm por objetivo satisfazer suas necessidades materiais e são independentes de suas vontades. O tom é contra o idealismo, segundo o qual a "Ideia" precede a vida real, perspectiva mantida pelos jovens hegelianos na avaliação de Marx. Em segundo lugar, e igualmente em oposição ao idealismo, o "modo de produção da vida material determina o caráter geral do processo da vida social, política e espiritual" – e não o contrário. Em terceiro lugar, a combinação entre forças produtivas – isto é, o conjunto de recursos disponíveis para produção material: instrumentos, máquinas, técnicas etc. – e relações de produção – por exemplo, escravidão, servidão, assalariamento etc. – alavanca o desenvolvimento, porém, a certa altura dele, entra em contradição.

Tratava-se de explicar **historicamente** a origem do capitalismo industrial à luz dessas formulações **lógicas**. As diferentes visões sobre essa origem ligaram-se às diferentes concepções de modo de produção – que implicam adotar ou não a perspectiva segundo a qual a desintegração de um modo de produção se explique, só e necessariamente, a partir de suas contradições imanentes –; às diferentes ênfases sobre um ou outro dos elementos definidores do capitalismo como modo de produção – relações de produção ou estágio das forças produtivas –; às diferentes ênfases – relações de produção ou estágio das forças produtivas – sobre um ou outro dos elementos definidores do modo de produção que o antecedeu no tempo – o **feudalismo**. Você conhecerá, agora, as posições básicas desse debate.

Em 1946, o economista britânico Maurice Dobb (1900-1976) publicou *Studies in the Development of Capitalism,* traduzido para língua portuguesa como *A evolução do capitalismo* (Dobb, 1980). A discussão aberta por Dobb atrelava-se às comemorações do terceiro centenário da Revolução Inglesa de 1640. Seu colega, o historiador Christopher Hill, publicou *The English Revolution 1640: Three Essays,* suscitando duas tomadas de posição:

1. A revolução de 1640 foi uma revolução burguesa que estabeleceu definitivamente o modo de produção capitalista na Inglaterra, cujos traços já apareciam no século XVI.
2. A revolução de 1640 não passou de uma ação defensiva da burguesia contra a reação feudal-aristocrática.

Nessa discussão, Dobb (1980) formulou outro problema: só se poderia saber qual o caráter da revolução, caso se soubesse qual era o modo de produção vigente às vésperas dela. Eis a origem de seu *Studies*, que, uma vez lançado, recebeu numerosas críticas, entre as quais destacou-se a do economista estadunidense Paul Sweezy (1910-2004), que o respondeu em 1954. A controvérsia estabelecida entre ambos girou em torno do papel do comércio na desintegração do feudalismo e na emergência do capitalismo como um modo de produção específico.

Maurice Dobb defendeu que as razões da ruína do feudalismo deveriam ser investigadas por meio da lógica imanente desse modo de produção. Portanto, o processo histórico de renascimento do comércio a longa distância deveria ser apreciado conforme os efeitos que provocou nas relações de trabalho definidoras do feudalismo, isto é, sobre o regime servil. Segundo ele, os desdobramentos foram de tipos opostos, de acordo com a maior ou a menor proximidade das regiões às grandes rotas comerciais. Naquelas em que acessar tal mercado foi uma vantagem exclusiva das camadas dominantes, o consumo destas se desajustou de seus rendimentos. A necessidade de aumentá-los conduziu à intensificação da exploração do trabalho servil, ensejando revoltas. Em contrapartida, nas regiões mais próximas às grandes rotas comerciais, observou-se certo declínio da servidão, à medida que as cidades davam a oportunidade de os camponeses fugirem das terras da nobreza. Suas duas saídas – fosse a amenização dos tributos e do trabalho a fim de manter os camponeses na terra, fosse o arroxo do controle sobre eles – eram insuficientes, pois redundariam, respectivamente na diminuição dos rendimentos e no aumento com despesas para controlar o campesinato revolto. Diante dessas e de outras mediações factuais e conceituais, Dobb entendia que, por si só, o renascimento comercial, um fator exógeno e não imanente ao modo de produção feudal, não conduziria à emergência do capitalismo industrial. Precisamente, esse foi o ponto da crítica de Paul Sweezy (1977).

Partindo do acordo elementar a respeito da centralidade da servidão como relação de produção, Sweezy (1977) não a considerava definidora do feudalismo como modo de produção. Além disso, sustentava que, sendo a produção feudal não mercantil tendente à estabilidade e pouco racionalizada, do interior desse sistema não emergiriam contradições capazes de modificá-lo estruturalmente. No caso do feudalismo, portanto, a desintegração e a passagem a outro modo de produção requereriam, necessariamente, um vetor externo ele. Em sua visão, o comércio a longa distância desempenhou esse papel, pois inseriu o intercâmbio em uma sociedade que se organizava apenas para a produção de subsistência. Nesse sentido, a atividade comercial foi solvente das relações feudais, responsável pela organização racional e pela divisão do trabalho, com vistas ao aumento de produtividade que mitigou as relações servis e deu ensejo ao estabelecimento e à generalização do trabalho livre.

Para alguns marxistas, que entendem que se encontra na contradição imanente dos modos de produção a explicação para sua desintegração, o argumento de Sweezy (1977) foi convincente, mas não poderia ser considerado alinhado ao marxismo. Além disso, em detrimento da investigação da produção de riquezas, sua análise atribuía centralidade à circulação delas – por isso, ele ficou conhecido como *circulacionista*. Por fim, seu "marxismo" seria questionável pois ele descarta a ideia de um modo de produção em favor de um híbrido "sistema de produção pré-capitalista de mercadorias" no qual não há relação de produção predominante (Mariutti, 2004, p. 25-53).

Como temos insistido, as discordâncias se processam sempre a partir de alguns acordos de princípio. Os autores têm acordo a respeito das características do feudalismo: baixo desenvolvimento das forças produtivas; tendencialmente, a produção de subsistência; servidão caracterizada pela prestação de trabalho em terras do senhor ou pagamento em espécie; pulverização política; terra como posse do servo, mas propriedade do senhor. Além disso, tanto Dobb quanto Sweezy convergem na convicção de que não são recomendáveis as explicações monocausais, que isolam um único fator. E, finalmente, eles concordam sobre a **historicidade do capitalismo** – perspectiva não consensual à época, já que alguns autores viam o desenvolvimento econômico por meio de "etapismos" a que todos os países estariam destinados[6].

Esse debate alcançou repercussão mundial e, como praticamente todas as controvérsias que mobilizaram os marxistas, ela se caracterizou por discussões conceituais sofisticadas e motivações políticas – expostas as primeiras, convém explicitar as segundas.

No que tange à dimensão política, dois aspectos merecem destaque. Por um lado, seria impossível, nos anos iniciais da Guerra Fria (1945-1989), dissociar a discussão a respeito da transição feudo-capitalista das inquietações a respeito da transição do capitalismo para o socialismo. Por outro lado, o espaço geopolítico hoje denominado "sul global" (*global south*) era, então, pensado na qualidade de "experiências não clássicas de desenvolvimento capitalista" – termo corrente

---

6   *Retomaremos esse ponto no Capítulo 4.*

à época. Nessas regiões, organizavam-se espaços não alinhados aos Estados Unidos ou à URSS, sendo, por isso, também considerados como de "terceira via". A discussão a respeito da emergência do capitalismo como sistema econômico, a partir de estruturas econômicas não capitalistas (como o modo de produção feudal) interessava aos cientistas sociais oriundos do também chamado *Terceiro Mundo*, pois dizia respeito à experiência recente de suas sociedades. Entre esses, estavam os intelectuais latino-americanos e brasileiros, sempre preocupados com o problema que se tornou uma pedra de toque em seu debate: Como aproveitar essa questão com vistas a iluminar experiências históricas das quais nenhum dos autores europeus se ocuparam? Durante os anos 1960, no Brasil, as interpretações sobre a colonização portuguesa tornaram-se indissociáveis do debate "Dobb-Sweezy" – como trataremos no Capítulo 5.

Finalmente, importa também informar que a experiência de desenvolvimento econômico soviética figurava como vitoriosa, no sentido de que conseguiu realizar a ultrapassagem de baixíssimos níveis de acumulação prévia de capital e pouquíssimo avanço técnico, no início do século, na direção de se tornar uma potência mundial, em meados dele. Entre um e outro ponto desse percurso, situavam-se as revoluções russas, de 1905 e de 1917, tornando forte o interesse pelas ideias que mobilizaram os revolucionários – isto é, as marxistas. A centralidade que o conhecimento da obra de Marx assume, entre elites cultivadas, no século XX, é tributária do entrelaçamento desses processos econômicos, políticos e científicos (Hobsbawm, 1995, 2011).

(2.4)
MAX WEBER:
ACIMA DAS DISCIPLINAS ESPECIALIZADAS

A conduta de Max Weber foi caracterizada como a de um erudito que "sempre se via acima dos especialistas". Segundo Wilfried Nippel, ele intervia nos debates sempre "a partir do estágio atual do conhecimento, seja em reação a controvérsias científicas, seja no contexto de discussões políticas". Por isso, suas tomadas de posição se dirigiram aos trabalhos de juristas, economistas, historiadores e ao incipiente ramo da Sociologia. Em linhas gerais, demonstrava "respeito pelas autoridades especializadas" e, simultaneamente, "autoconsciência de, no final das contas, lhes ser superior, em virtude dos questionamentos supradisciplinares" (Nippel, 2012, p. 149). Por esse motivo, entre outros, não surpreende a existência de historiadores que o reivindiquem como um praticante de sua disciplina. Avaliando seus trabalhos, percebe-se que as exigências metodológicas do historicismo – a respeito de objetividade, documentação etc. – não deixaram de ser seguidas, embora tenham assumido formulação autoral própria e desembocado em um ambicioso projeto de construção sociológica (Roth, 1976; Whimster, 1980). Por outro lado, avaliando seu percurso intelectual, constata-se que "ele começou sua carreira como historiador e terminou-a como sociólogo" (Whimster, 1980, p. 6, tradução nossa).

Ao longo de seu percurso intelectual, ele graduou-se em Direito, em Heidelberg, e doutorou-se em Berlim, em 1889. Participou de uma pesquisa sobre os trabalhadores rurais, encomendada pela Associação para a Política Social (Verein für Sozialpolitik) – instituto científico voltado para a elaboração de reformas sociais baseadas em estudos empíricos –, que constatou "tendências à proletarização que se delineavam entre os trabalhadores rurais, analisando-as em suas causas históricas" (Aldenhoff-Hubinger, 2012, p. 20). Com esse trabalho, Weber angariou um "reconhecimento súbito e consensual entre os economistas e a nomeação para o cargo de professor catedrático", introduzindo-se na "Escola histórica de economia política, liderada por Gustav Schmoller", então "considerada a disciplina norteadora e determinante do ponto de vista da política social" (Aldenhoff-Hubinger, 2012, p. 20-21). Sua nomeação como professor pode ser considerada uma transição institucional e disciplinar: Weber passava do Direito à Economia Política e desta à História Econômica, com todos os deveres do magistério implicados em seu programa de estudos, agora subordinado ao novo cargo (Aldenhoff-Hubinger, 2012).

Entre 1898 e 1906, afastou-se das atividades do magistério para cuidar de crises nervosas e depressivas. Data desse período fração substancial de seu estudo comparado a respeito da ética econômica das doutrinas e práticas das religiões orientais e ocidentais. Weber acompanhou com atenção os acontecimentos, e seus desdobramentos, do conturbado período que viveu: tanto a Primeira Guerra Mundial (1914-1918), que recebeu com certo entusiasmo por conta de seu nacionalismo, quanto as revoluções russas (de 1905 e 1917), tendo iniciado estudos de língua russa a fim de acompanhar com segurança os rumos históricos do país. Ele faleceu em 1920. Em linhas gerais, observa-se que a vida política de seu tempo foi examinada segundo sua teoria da racionalização e da burocratização, que, para ele, caracterizam as sociedades modernas.

Em sua tese de doutorado, Weber tratou das sociedades comerciais na Idade Média. Já na tese de habilitação, necessária para obtenção da titulação plena e para o exercício magisterial, tratou das relações entre o estatuto jurídico da terra e os métodos romanos de mensuração. É possível supor que ele mirasse uma ampliação de chances, gabaritando-se para as áreas de Direito Comercial e de Direito Romano. Contudo, as matérias escolhidas impunham-lhe o domínio da discussão travada entre historiadores econômicos da Antiguidade. O maior deles, à época, Theodor Mommsen, ainda que não convencido pelas teses de Weber, chegou a reconhecer sua competência como a ideal para substituí-lo. Uma vez nomeado para a cadeira de Economia Política em Freiburg, em 1894, Weber manteve-se em dia tanto com discussão a respeito da história econômica da Antiguidade, mobilizada em exercícios comparativos a respeito da economia antiga, medieval e moderna, quanto com as pesquisas da Associação para a Política Social (Aldenhoff-Hubinger, 2012). Desse modo, foi convidado para colaborar em uma obra de referência (*Dicionário de ciências do Estado*), redigindo, em 1897, dois verbetes: "Relações agrárias na Antiguidade" e "Lei da bolsa de valores". Ele produziu uma nova versão ampliada do primeiro, cerca de dez anos depois, já em meio aos estudos sobre a ética econômica das religiões mundiais, base de sua conceituação a respeito da particularidade do racionalismo ocidental moderno.

Até recentemente, era comum segmentar-se a obra de Weber em fases, sendo a primeira *histórico-econômica e empírica*, e a segunda, *sociológica*. A história da Sociologia e a weberologia, em seus estados atuais, tornaram insustentável essa visão. Constatou-se a permanência do interesse de Weber pela historiografia, pelo mundo antigo e pelo Oriente, assim como se revelaram nexos entre suas críticas ao materialismo e ao idealismo e suas próprias soluções metodológicas, que incorporaram elementos de ambos. Além disso, conformou-se uma visão mais depurada das articulações entre **empirismo** e **teoria**. Um modo sucinto de apresentar essa leitura contemporânea consiste na exposição de algumas considerações metodológicas, envolvendo História e Sociologia, de seu trabalho mais conhecido *A ética* *protestante e o espírito do capitalismo* [1904], à luz de tomadas de posição epistemológicas no debate sobre as ciências culturais e sociais.

Max Weber ambicionou integrar as posições opostas que dividiam os teóricos das ciências culturais e sociais na Alemanha, ao longo do último quartel do século XIX. Isso implicava recusar as alternativas excludentes: idealismo ou materialismo, engajamento ou imparcialidade, livre-arbítrio ou determinismo, compreensão ou explicação, empiria ou teoria. Esse sistema de oposições excludentes estribava-se em um clima de antipositivismo militante, avesso à ideia de que a experiência humana – e a dignidade humana – pudesse ser reduzida a leis mecânicas e causais, como faziam as ciências físicas e biológicas. Numerosos autores antecederam Weber nesse empenho. Entre os que marcaram-no, destacam-se Wilhelm Dilthey (1833-1911), Georg Simmel (1858-1918) e Heinrich Rickert (1863-1936). Por meio de duas perspectivas do sistema teórico de Weber, é possível sintetizar suas respostas àquelas alternativas reciprocamente excludentes.

Em primeiro lugar está a articulação entre os juízos de valor na escolha de objetos culturalmente significativos e o contraponto a eles na condução, que deveria ocorrer pela "objetividade", da manipulação empírica e da formulação interpretativa (Weber, 2006 [1904]). Sua postura, nesse sentido, é inequívoca:

[Max Weber a propósito da objetividade como objetivo e da parcialidade como requisito:]

Não existe nenhuma análise científica puramente "objetiva" da vida cultural, ou – o que pode significar algo mais limitado, mas seguramente não essencialmente diverso, para nossos propósitos – dos "fenômenos sociais", que seja independente de determinadas perspectivas especiais e parciais, graças às quais essas manifestações possam ser, explícita ou implicitamente, consciente ou inconscientemente, selecionadas, analisadas e organizadas na exposição, como objeto de pesquisa. Deve-se isso ao caráter particular do alvo do conhecimento de qualquer trabalho das ciências sociais que se proponha a ir além de um estudo puramente **formal** das normas – legais ou convencionais – da convivência social.

[...]

Ocorre que, tão logo tentamos tomar consciência do modo como se nos apresenta imediatamente a vida, verificamos que se nos manifesta, "dentro" e "fora" de nós, sob uma quase infinita diversidade de eventos que aparecem e desaparecem sucessiva e simultaneamente. E a absoluta infinidade dessa diversidade subsiste, sem nenhuma atenuante de seu caráter intensivo, até mesmo quando prestamos nossa atenção, isoladamente, a um único "objeto" [...] e isso tão logo tentamos descrever de modo exaustivo essa "singularidade" **em todos** *os seus componentes individuais e, muito mais ainda quando tentamos captá-la naquilo que tem de casualmente determinado. Assim, todo conhecimento reflexivo da realidade infinita realizado pelo espírito humano finito baseia-se no pressuposto tácito de que apenas* **um fragmento limitado dessa realidade poderá constituir de cada vez o objeto da compreensão científica,** *e de que só ele será "essencial" o sentido de "digno de ser conhecido".* (Weber, 2006, p. 44, grifo nosso)

Em segundo lugar, contra a ideia de "reconstituição e explicação da totalidade histórica", ele assume uma conduta, mas "perspectivista", ou seja, é o interesse, cientificamente controlado, do pesquisador que estabelece os limites do alcance de sua investigação. Decorre disso que, contra o "holismo", ele propõe também a primazia do indivíduo sobre o grupo, respeitando a requerida "dignidade da pessoa". Porém, sublinhe-se: indivíduo que age socialmente, isto é, conduzido pela ação orientada de outrem – o que reposiciona a abordagem no âmbito relacional, saindo do plano psicológico e abrindo espaço ao ponto de vista propriamente sociológico, tal qual sua concepção de Sociologia (Weber, 1964, p. 18-21).

Se, por um lado, a história das disciplinas científicas, narrada por manuais, destaca da constelação histórica os "grandes autores", induzindo a diálogos imaginários, por outro, torna-se necessário situar sua interlocução nos embates, realmente existentes, com seus pares efetivos (Joly, 2017). Como explica Fritz Ringer (2004, p. 64):

> *O ferrenho individualismo metodológico de Weber não era [...] uma reação ao holismo social (...) de Durkheim, mas antes uma salvaguarda contra as aberrações holísticas da tradição histórica alemã [que substancializava os "espíritos dos povos" em "totalidades orgânicas"]. De igual modo, seu ardoroso casuísmo e sua insistência no modelo racional de interpretação não podem ser compreendidos independentemente dos comentários que teceu ao problema do irracionalismo. [...] Notou que muitos historiadores [...] habitualmente dividiam a realidade histórica em duas esferas distintas. Uma delas era o mundo da 'necessidade' e da determinação causal, das forças naturais e das condições 'coletivas'; a outra, o âmbito do 'acidente' e sobretudo da ação humana 'livre'. O uso desse esquema binário constituía uma reação à tese segundo a qual causalidade implica normatividade e determinismo [...] foi o espectro do determinismo que induziu inúmeros historiadores a uma defesa especulativa do livre-arbítrio, considerada metodologicamente desastrosa para Weber. Historiadores destacados [...] achavam que a dignidade humana residia no fato de suas ações serem 'livres', no sentido de imprevisíveis. Isso tornava a história, em princípio, inexplicável –e, sem dúvida, fomentou a ênfase nas façanhas dos 'grandes*

homens' em detrimento do papel determinado e determinante das 'condições' estruturais. [...] Weber [ansiava] desmascarar essa falácia [...].

Weber herda a tradição histórica alemã, mas não de modo passivo. Suas tomadas de posição a respeito são nitidamente tributárias e críticas dela.

[Max Weber dialoga com a historiografia:]

*Aspiramos ao conhecimento de um fenômeno histórico, isto é, significativo na sua especificidade. E o que aqui existe de decisivo é o fato de só adquirir sentido lógico a ideia de um conhecimento dos fenômenos individuais mediante a premissa de que apenas uma parte finita da infinita diversidade de fenômenos é significativa. Mesmo com o mais amplo conhecimento de todas as "leis" do devir ficaríamos perplexos ante o problema de como é **possível** em geral a **explicação causal** de um fato individual, posto que nem sequer se pode pensar a mera **descrição** exaustiva do mais ínfimo fragmento da realidade. Pois o número e a natureza das causas que determinaram qualquer acontecimento individual são sempre **infinitos**, e não existe nas próprias coisas critério algum que permita escolher dentre elas uma fração que possa entrar isoladamente em linha de conta. A tentativa de um conhecimento da realidade "livre de pressupostos" apenas conseguiria produzir um caos de "juízos existenciais" acerca de inúmeras percepções particulares. [...] Este caos **só** pode ser ordenado pela circunstância de que, em qualquer caso, unicamente, um segmento da realidade individual possui interesse e significado para nós [...] só alguns **aspectos** dos fenômenos particulares infinitamente diversos, e precisamente aqueles a que conferimos uma **significação geral para a cultura**, merecem ser conhecidos, pois apenas eles são objeto da explicação causal [...] mas uma regressão causal **exaustiva** [...] não só resulta impossível, na prática, como é pura e simplesmente um absurdo. [...] Quando se trata* *da individualidade de um fenômeno, o problema da causalidade não incide sobre leis, mas sobre conexões causais concretas; não se trata de saber a que fórmula se deve subordinar o fenômeno a título de exemplar, mas sim a que constelação particular deve ser imputado como resultado.*

[...]

Que se conclui de tudo isso?

De modo algum que, no campo das ciências da cultura, o conhecimento do **geral***, a formação de conceitos genéricos abstratos, o conhecimento de regularidades e a tentativa de formulação de relações "regulares" não tenham uma justificação científica. Muito ao contrário. Se o conhecimento causal do historiador consiste numa imputação de certos resultados concretos a determinadas causas concretas, então é impossível uma imputação* **válida** *de qualquer resultado individual sem a utilização de um conhecimento "nomológico" – isto é, do conhecimento das regularidades das conexões causais. [...] Saber até que ponto o historiador (no sentido mais lato da palavra) é capaz de realizar com segurança essa imputação, com o auxílio de sua imaginação metodicamente educada e alimentada por sua experiência pessoal de vida, e até que ponto estará dependente do auxílio de determinadas ciências especializadas postas a seu alcance, e, é algo que depende de cada caso em particular. [...] a segurança é da imputação é tanto maior quanto mais seguro e amplo for nosso conhecimento geral. [...] [trata-se de investigar] conexões causais adequadas, expressas em regras, e, portanto de uma aplicação da categoria da "possibilidade objetiva"* (Weber, 2006, p. 52-54, 56, grifo do original)

Como esclarece Gabriel Cohn, a ideia de "possibilidade objetiva" foi extraída do historiador Eduard Meyer: um evento, digamos, uma batalha, torna-se relevante pelas consequências que desencadeou em contraste com os efeitos que teria caso ocorresse em outra configuração (Cohn, 2006, p. 56).

O principal artifício metodológico que permitiu a superação daquelas oposições reciprocamente excludentes consistiu na criação da noção de **tipo ideal**. Trata-se de uma construção abstrata, uma caricatura, com traços exagerados, realizada a partir da seleção empírica de características da realidade, cujas consequências interessam ao investigador, por avaliá-las "culturalmente significativas" (Cohn, 2006, p. 67). A resultante dessa operação metodológica pode ser designada como *"análise causal singular"* (Ringer, 2004, p. 80-85), isto é, "o que tem de ser explicado [...] é por que um resultado histórico culturalmente significativo veio a ser o que foi, **e não outra coisa**" (Ringer, 2004, p. 163, grifo do original).

A ética protestante e o espírito do capitalismo [1904] pode ser considerado como uma solução dessas questões, ainda que não seja a única. Também o exercício comparatista e o raciocínio contrafactual, sempre pressuposto nele, são recursos de métodos coerentes à abordagem. Retomando textos pouco conhecidos de Weber, produzidos em meio a seu engajamento na Sociedade de Sociologia Alemã, Marc Joly ressaltou sua posição a respeito: "o método comparativo, do ponto de vista do controle e da elaboração dos modelos – podia quase ser visto como o equivalente, para as ciências sociais, do método experimental das ciências naturais" (Joly, 2017, p. 169, tradução nossa) – e desenvolve:

> *A originalidade da abordagem sociológica residia, segundo Weber, na possibilidade de realizar comparações sistemáticas, seja entre unidades sociais ou fenômenos sociais identicamente presentes nas múltiplas sociedades ao mesmo tempo possuindo suas próprias características estruturais e funcionais, ou entre diversas variantes de um mesmo fenômeno; seja entre diferentes níveis de desenvolvimento de uma unidade social dada,*

ou as configurações sucessivas de uma só e mesma realidade social (Joly, 2017, p. 169, tradução nossa)

Efetivamente, se localizada no conjunto dos estudos sobre a ética econômica das religiões orientais, *A ética protestante e o espírito do capitalismo* pode ser entendida como um estudo parcial e comparativo que ressalta a particularidade do racionalismo ocidental moderno. Nesse estudo, Weber investiga o **espírito**, isto é, a cultura como conduta do capitalismo moderno ocidental, por meio dos portadores de sua fórmula originária, os puritanos. A doutrina da salvação da alma de João Calvino (1509-1564) estabelecia a predestinação: Deus, em sua soberania, havia escolhido os que seriam salvos, aos humanos nada restava fazer a respeito. Contudo, os sinais da salvação poderiam ser encontrados na vida terrena. Daí o empenho das seitas protestantes em reconhecê-los. Em busca desses sinais, eles desenvolveram uma "ascese intramundana": um estilo de vida aparentado ao dos monges, mas não recluso aos conventos, imerso na vida prática e dedicado diligentemente à sua profissão.

[A ética protestante e o espírito do capitalismo, as conexões de sentido entre dois tipos-ideais:]

assim como o significado da palavra, assim também – como é amplamente sabido – a ideia é nova, e é um produto da Reforma. Não que certos traços dessa valorização do trabalho cotidiano no mundo, inerente a esse conceito de Beruf *[profissão/vocação], não estivessem presentes já na Idade Média ou mesmo da Antiguidade (helenística **tardia**)[...]. Uma coisa antes de mais nada era absolutamente nova: a valorização do cumprimento do dever no seio das profissões mundanas como o mais excelso conteúdo que a auto realização moral é capaz de assumir. Isso teve por consequência inevitável a representação de uma significação religiosa do*

> *trabalho mundano de todo dia e conferiu pela primeira vez ao conceito de* Beruf *nesse sentido. No conceito de* Beruf, *portanto, ganha expressão aquele dogma central de todas as denominações protestantes que condena a distinção católica dos imperativos morais em "*praecepta*" e "*consilia*" e reconhece que o único meio de viver que agrada a Deus não está em suplantar a moralidade intramundana pela ascese monástica, mas sim, exclusivamente, em cumprir com os deveres intramundanos, tal como decorrem da posição do indivíduo na vida, a qual por isso mesmo se torna a sua "vocação profissional".* (Weber, 2004, p. 72, grifo do original)

Obviamente, entre as intenções religiosas dos agentes e as consequências econômicas de suas ações há um desencontro: buscam sinais da salvação de sua alma, mas inauguram a metódica dedicação ao trabalho, na base do capitalismo como estilo de vida. Esse desencontro Weber nomeia **paradoxo das consequências**, caracterizando-o da seguinte maneira: a orientação da ação em uma esfera, e o sentido emprestado a ela pelos agentes (que a Sociologia compreensiva necessariamente deve caracterizar) pode apresentar desdobramentos inesperados em outras (e o sociólogo deve examiná-los). A ética protestante, segundo o autor, esteve na base da cultura moderna do trabalho, na condição de um valor, porém, ela foi gradativamente desvencilhada de seu sentido religioso ao ser absorvida no interior do processo histórico que caracteriza o Ocidente: a racionalização das condutas. A investigação das conexões de sentido entre esses dois "tipos-ideais" e essas duas "individualidades históricas", caracterizadas de modo propositalmente exagerado – a fim de ressaltar seus traços – consiste no fundamental dessa obra clássica.

Portanto, é enganosa a suposição de que Max Weber desdenhasse do peso das determinações econômicas na vida social – ideia tão disseminada pelas simplificações de suas oposições à teoria de Karl

Marx. Sua ponderação com relação a ele consiste em chamar a atenção para o vetor oposto à tendência de estabelecimento da "determinação em última instância" – isto é, à inclinação marxista ao determinismo econômico (ou "economicismo"). Trata-se de demonstrar que outras esferas, notadamente a religiosa – e precisamente naquilo que a caracteriza em oposição à vida material, ou seja, a ética de **sua doutrina** –, considerando as práticas e o estilo de vida dela derivados, desencadeiam condutas econômicas em maior ou menor afinidade com o sistema capitalista.

[Weber, o elo entre economia e sociedade, e não a denegação desse nexo:]

*A ordem econômica capitalista precisa dessa entrega de si à "vocação" de ganhar dinheiro: ela é um modo de se comportar com os bens exteriores que é tão adequada àquela estrutura, que está ligada tão de perto às condições de vitória na luta econômica pela existência, que de fato **hoje** não há mais que se falar de uma conexão necessária entre essa conduta de vida "crematista" e alguma "visão de mundo" unitária. É que ela não precisa mais se apoiar no aval de qualquer força religiosa e, se é que a influência das normas eclesiásticas na vida econômica ainda se faz sentir, ela é sentida como obstáculo análogo à regulamentação da econômica pelo Estado. A situação de interesses político-comerciais e político-sociais costuma então determinar a "visão de mundo". Aquele que em sua conduta de vida não se adapta às condições do sucesso capitalista, ou afunda ou não sobe. Mas esses são fenômenos de uma época na qual o capitalismo moderno, agora vitorioso, já se emancipou dos antigos suportes. Assim como um dia, em aliança apenas com o poder do Estado moderno em formação, ele rompeu as antigas formas de regulamentação econômica medieval, esse também poderia ter sido o caso – digamos provisoriamente – em suas relações com os poderes religioso. Se e em qual sentido esse **foi** de fato o caso, isso é* *o que cabe aqui pesquisar. Porquanto mal carece de prova o fato de que aquela concepção de ganhar dinheiro como um fim em si mesmo e um dever do ser humano, como "vocação", repugnava à sensibilidade moral de épocas inteiras.* (Weber, 2004, p. 64, grifo do original)

Weber sublinha:

Para que essas modalidades de conduta de vida e concepção de profissão adaptadas à peculiaridade do capitalismo pudessem ter sido "selecionadas", isto é, tenham podido sobrepujar outras modalidades, primeiro elas tiveram que emergir, evidentemente, e não apenas em indivíduos singulares isolados, mas sim como um modo de ver portado por grupos de pessoas. Portanto, é essa emergência de um modo de ver que se trata propriamente de explicar. (Weber, 2004, p. 48)

E destaca o aconselhamento de Benjamin Franklin (1706-1790):

*Lembra-te de que **tempo é dinheiro**; aquele que pode ganhar dez xelins por dia por seu trabalho e vai passear, ou fica vadiando metade do dia, embora não despenda mais do que seis pence durante seu divertimento ou vadiação, não deve computar apenas essa despesa; gastou, na realidade, ou melhor, jogou fora, cinco xelins a mais.* (Franklin, citado por Weber, 2004, p. 42, grifo do original)

Desse modo, Weber pode assinalar que nem sempre *capitalismo* e *espírito do capitalismo* caminharam juntos em uma mesma unidade histórica, podendo o estabelecimento do espírito anteceder mesmo a estrutura econômica correspondente a ele. Com efeito, como explica Pierucci (2004, p. 7, grifo nosso), o objeto de Weber "**não era** o capitalismo como sistema econômico ou modo de produção. Era, **sim**, o capitalismo enquanto 'espírito', isto é, cultura – a cultura capitalista moderna, como tantas vezes ele irá dizer –, o capitalismo vivenciado pelas pessoas na condução metódica da vida de todo dia".

[Weber, economia e sociedade, nexos complexos e não lineares no tempo:]

*Como se explica historicamente o fato de que no centro do desenvolvimento capitalista do mundo de então, na Florença dos séculos XIV e XV, mercado financeiro e de capitais de todas as grandes potências políticas, fosse tido como moralmente suspeito ou quando muito tolerável aquilo que nos horizontes provincianos e pequeno-burgueses da Pensilvânia do século XVIII – onde a economia, por pura escassez de moeda, estava sempre ameaçada de degenerar em escambo, onde mal havia traços de empreendimentos industriais de certa monta e apenas se faziam notar os primeiros rudimentos de bancos – pôde valer como conteúdo de uma conduta de vida moralmente louvável, recomendada mesmo? – Querer falar **aqui** de um "reflexo" das "condições materiais" na "superestrutura ideal" seria rematado absurdo. – De que círculo de ideias originou-se pois a inclusão de uma atividade voltada puramente para o ganho na categoria de "vocação", à qual o indivíduo se sentida vinculado pelo dever? Pois foi essa a ideia que conferiu à conduta de vida do empresário de "novo estilo" base e consistência éticas.* (Weber, 2004, p. 66, grifo do original)

Síntese

Como explicamos anteriormente, a adoção de uma perspectiva histórica a respeito das origens do capitalismo pressupõe caracterizar as articulações particulares assumidas por elementos que pontilharam a história econômica tanto em tempos longínquos quanto nos tempos modernos: moeda, dinheiro, comércio, ambição de ganho, maior ou menor regramento político das atividades, trabalho assalariado, servil, escravo, competição por propriedades econômicas e não econômicas etc.

Também comentamos como entre as teorias de Karl Marx e de Max Weber há, pelo menos, duas diferenças cardeais. Uma é interna à teoria, visto que Weber investiga condicionantes não econômicas da economia, e Marx investiga as consequências da economia nas demais esferas. Além dessa, há outra, externa à teoria: o compromisso de Marx com a ciência não foi constrangido por compromissos com a fundação institucional de áreas específicas dela. Essa condição lhe deu uma margem de liberdade distintiva de seu estilo irônico e radical na crítica de seus interlocutores, ao contrário da prudência de Weber junto aos poderes institucionais dos seus. Entre similaridades e diferenciações, deve-se destacar a razão histórica com a qual ambos abordaram seus objetos comuns – as origens do capitalismo – e isso fica evidente na assertiva enxuta de Weber (2004, p. 53): "o ser humano não quer 'por natureza' ganhar dinheiro e sempre mais dinheiro, mas simplesmente viver, viver do modo como está habituado a viver e ganhar o necessário para tanto".

Dito de outro modo: o capitalismo, para Marx e para Weber, como sistema econômico e como estilo de vida, não existiu desde todo o sempre.

Atividades de autoavaliação

1. Leia atentamente as afirmações a seguir e assinale a resposta correta:
    I) Max Weber só considerava os fatores materiais na determinação das condutas humanas.
    II) Karl Marx só considerava os fatores não materiais na determinação das condutas humanas.

III) Karl Marx, diferentemente de outros clássicos das ciências sociais, não elaborou sua obra para fundar uma disciplina científica.

IV) Tanto Karl Marx quanto Max Weber historicizam o capitalismo como organização econômica e estilo de vida.

a) Somente as afirmações I e II são corretas.
b) Somente as afirmações III e IV são corretas.
c) Somente a afirmação I é correta.
d) Somente a afirmação II é correta.
e) Todas as afirmações são corretas.

2. Na Alemanha, o surgimento da Sociologia na condição disciplina científica ligou-se a um conjunto de transformações históricas particulares. Assinale a alternativa que as indica:
   a) A industrialização acelerada, a emergência da classe operária e a liderança de Otto Von Bismarck.
   b) A cisão entre Alemanha Ocidental e Oriental durante a Guerra Fria.
   c) O estabelecimento do socialismo na Alemanha Ocidental.
   d) O estabelecimento do socialismo na Alemanha Oriental.
   e) Nenhuma das anteriores.

3. Assinale a alternativa que indica os autores mais importantes do debate entre Sociologia e História na Alemanha:
   a) Otto von Bismarck, Franz Leopold von Ranke.
   b) Leopold von Ranke, Max Weber, Karl Marx.
   c) Charles-Victor Langlois, Max Weber, Karl Marx.
   d) Karl Marx, Max Weber, Charles Seignobos.
   e) Nenhuma das anteriores.

4. A longevidade dos clássicos liga-se ao cuidado que suas obras receberam de seus amigos e herdeiros intelectuais. Assinale a alternativa com o nome das pessoas que cuidaram das obras de Weber e Marx, respectivamente:
   a) Marianne Weber, Friedrich Engels
   b) Émile Durkheim, François Simiand.
   c) Charles-Victor Langlois, Otto von Bismarck
   d) Leopold Ranke, Otto von Bismarck
   e) Nenhuma das anteriores.

5. Assinale a alternativa que indica uma diferença do caso alemão em relação ao caso francês:
   a) Na Alemanha, não houve diálogo entre sociólogos e historiadores.
   b) Na Alemanha, a Sociologia rompeu de modo menos abrupto com os saberes previamente estabelecidos.
   c) Não existiram diferenças, porque, na Alemanha, a Sociologia se comportou de modo idêntico ao caso francês, na oposição à História.
   d) Na Alemanha, Karl Marx e Max Weber desprezavam a História.
   e) Nenhuma das anteriores.

Atividades de aprendizagem

Questões para reflexão

1. Reúna-se com seus colegas e elabore uma enquete sobre a relação das pessoas com o trabalho delas. Você pode escolher um ou mais grupos profissionais que o interesse: comerciantes, bancários, operários, motoristas de taxi, ônibus, Uber etc.

Elabore perguntas de dois tipos: (1) algumas que deem oportunidade ao entrevistado de contar quanto tempo de sua vida é gasto com o ganha-pão, se ele se realiza na atividade profissional, como escolheu a profissão etc.;
(2) algumas sobre quais os sentidos que ele atribui à atividade profissional: é central em sua vida?; o que sua confissão religiosa prescreve a respeito da conduta de trabalho? Redijam as respostas e comparem-nas. Esbocem uma reflexão sobre elas à luz da teoria weberiana a respeito da "ética econômica das religiões". Apresentem a reflexão uns aos outros, simulando um debate em que cada um ofereça novas ideias para auxiliar colega no aprofundamento da interpretação.

2. Leia o trecho a seguir, extraído de Max Weber (2004, p. 53):

Eis um exemplo justamente daquela atitude que deve ser chamada de "tradicionalismo": o ser humano não quer "por natureza" ganhar dinheiro e sempre mais dinheiro, mas simplesmente viver, viver do modo como está habituado a viver e ganhar o necessário para tanto. Onde quer que o capitalismo [moderno] tenha dado início à sua obra de incrementar a "produtividade" do trabalho humano pelo aumento de sua intensidade, ele se chocou com a resistência infinitamente tenaz e obstinada desse Leitmotiv do trabalho na economia pré-capitalista, e choca-se ainda hoje por toda parte, tanto mais quanto mais "atrasada" (do ponto de vista capitalista) é a mão de obra da qual se vê depender.

Com base nessa citação, desenvolva um texto sobre as similaridades possíveis entre as perspectivas marxista e weberiana a respeito do capitalismo.

Atividade aplicada: prática

1. Assista ao filme *O jovem Marx* (Raoul Peck, 2017). Identifique elementos que reconstituem a época (a centralidade das lutas de classes dos operários é a principal delas, mas não a única). Aponte, também, elementos políticos que são mais ligados à contemporaneidade, mas são introduzidos pelo diretor na trama a fim de politizar o filme. Caso se interesse, assista, ainda, a outro filme desse diretor para que esses procedimentos fiquem mais evidentes: *Eu não sou seu negro* (2016). Redija um texto e depois compare-o com os de seus colegas.

Indicações culturais

O JOVEM Karl Marx. Direção: Raoul Peck. França/Alemanha/Bélgica: California Filmes, 2017. 118 min.

Esse filme retrata, de modo didático, o conturbado período da juventude de Karl Marx, marcado por disputas e exílios políticos e pela amizade com Friedrich Engels.

EU NÃO sou seu negro. Direção: Raoul Peck. EUA/Suíça/França/Bélgica: 2016. 95 min.

O documentário é baseado no livro inacabado do ensaísta James Baldwin e discute a interseccionalidade entre raça, classe e sexualidade nos conflitos sociais contemporâneos.

Capítulo 3
A época da Guerra Fria
e o mundo de Fernand Braudel
(1945-1989)

No imediato pós-Segunda Guerra, o debate entre História e Sociologia teve como epicentro o campo intelectual francês e foi indissociável dos novos padrões de circulação internacional de acadêmicos e suas ideias, do conflito ideológico entre o polo capitalista e o polo comunista da ordem bipolar, cristalizado na oposição entre os Estados Unidos e a União das Repúblicas Socialistas Soviéticas (URSS). Naturalmente, os protagonistas das discussões não se desvencilharam dos dramas típicos de seu tempo. A experiência da guerra e, posteriormente, dos conflitos regionalizados, marcantes no período, foram cruciais para as elaborações teóricas a seguir apresentadas. Em contrapartida, os autores precisaram lidar, na prática profissional, com as novas condições materiais de seu trabalho. A partir dos anos 1960, a descolonização afro-asiática e a emergência do terceiro-mundismo deram ensejo às perspectivas críticas à centralidade geopolítica e cognitiva dos países do Norte, impactando os desdobramentos desse debate e conduzindo a historiografia como disciplina a privilegiar alianças com a Antropologia. Os autores destacados neste capítulo giram na órbita institucional e intelectual do historiador Fernand Braudel (1902-1985) – que discutiu explicitamente com o antropólogo Claude Lévi-Strauss (1908-2009) e com o sociólogo de origem russa Georges Gurvitch (1894-1965).

As quatro seções a seguir se encadeiam, indo dos contextos aos textos e do geral ao particular. A fim de situar o cenário mais amplo que deu origem aos debates, apresentaremos a reconfiguração do espaço científico global após a Segunda Guerra Mundial e, em seguida, situaremos o campo intelectual francês no interior desse espaço. Posteriormente, discutiremos os desafios enfrentados por Fernand Braudel, sucessor de Lucien Febvre no Collège de France, em 1949, e na direção do periódico *Annales*. Esse ponto se subdivide em dois momentos: primeiro, abordaremos o conjunto das ameaças lançadas à História; depois, o conjunto das respostas braudelianas a elas.

(3.1)
A RECONFIGURAÇÃO DO ESPAÇO CIENTÍFICO GLOBAL APÓS A SEGUNDA GUERRA MUNDIAL

De variados modos, a geopolítica da Guerra Fria (1945-1989) atingiu os debates ocorridos entre historiadores e sociólogos na segunda metade do século passado. Em primeiro lugar, importa assinalar a interrupção de experiências intelectuais e científicas que constituíram as discussões apresentadas anteriormente, situadas na passagem do século XIX para o XX. Em segundo lugar, o rearranjo geopolítico – estabelecido nos acordos de paz que finalizaram a Segunda Guerra Mundial (1939-1945) e estabeleceram as linhas gerais da ordem global bipolar, vigente nos anos seguintes – selaram a tendência, já entrevista, de hegemonia estadunidense e declínio da preponderância europeia no mundo. Do ponto de vista da esfera científica e das instituições de saber, destacam-se alguns impactos que interessam diretamente à abordagem de nosso assunto.

Convencionou-se designar o período em questão como *Guerra Fria* (1945-1989), pois os dois países líderes dos respectivos blocos geopolíticos mantiveram em suspenso a possibilidade de um enfrentamento bélico em seus próprios territórios, deslocando-o para zonas em disputa – isto é, não designadas como áreas de influência pelos acordos de paz. Esse arranjo esteve na origem da Guerra da Correia (1950-1953), da Guerra do Vietnã (1959-1975); na invasão da Baía dos Porcos em Cuba (1961); e na Guerra do Afeganistão (1979-1989) (Hobsbawm, 1995).

A hegemonia política e econômica não bastava nesse tipo de conflito. Nos anos imediatamente posteriores ao fim da guerra, a URSS foi mundialmente associada à vitória sobre o nazismo e à paz; e, em contrapartida, os Estados Unidos, à belicosidade e aos interesses materiais mesquinhos que conduziram à tragédia da guerra. Travou-se uma disputa em torno da imagem predominante dos países, em termos mundiais, e nela tanto o polo capitalista quanto o comunista fizeram vultosos investimentos.

No polo estadunidense/capitalista, a pujança econômica, voltada à chamada *guerra psicológica*, pôde mobilizar uma vasta gama de instituições protegidas da imagem bélica do departamento de Estado – notadamente, a filantropia artística e científica. Desse modo, foi possível engajar, em diversas partes do mundo, os produtores simbólicos – isto é, artistas e intelectuais em geral (cientistas, jornalistas, publicitários, músicos, cineastas). No período, não há registro de personalidades com alguma relevância em suas respectivas áreas e em seus países que não tenham tomado parte na chamada *guerra fria cultural* – tivessem ciência de seu envolvimento ou não. Importa esclarecer que não se tratava do modelo típico de cooptação, no qual, em troca de vantagens, em geral, econômicas e políticas, mercadeja-se os conteúdos de livros, filmes, reportagens etc., assim como as consciências e as tomadas de posição política de seus produtores (Guilhot; 2005; Iber, 2015). As pesquisas mais recentes já assinalaram que eles tanto podiam saber e agenciar a rede que trabalhava, em graus diversos, pela propaganda anticomunista, como podiam ignorar inteiramente os elos que os atrelava a elas, dada sua ramificação pulverizada, complexa e pouco transparente. Além disso, o financiamento e o estímulo a congressos, periódicos livros, traduções etc. dirigiam-se prioritariamente aos artistas e intelectuais de esquerda – ainda que críticos do "comunismo de Estado" – o que tornava a estratégia de aproximação mais eficaz e também mais opaca para aqueles que nela se envolviam (Janello, 2012; Ridenti, 2005).

É nesse quadro mais amplo que se situam os volumosos investimentos das fundações filantrópicas na França do pós-Segunda Guerra – do qual foi parcialmente dependente sua produção intelectual e nos quais Braudel, Gurvitch e Lévi-Strauss tomaram parte, disputando recursos materiais para seus domínios científicos (cf. Seção 3.3) (Tournès, 2008). De um modo sumário, pode-se afirmar que essa reconfiguração redundou, nos anos 1950 e 1960, em uma certa **divisão do trabalho**: a Europa e a França, particularmente, contribuíram com o peso de sua tradição intelectual e, em contrapartida, a viabilização financeira das instituições e das pesquisas foram garantidas crescentemente por recursos econômicos estadunidenses. O novo quadro ensejou uma intensa fertilização entre os países, verificada pela circulação de europeus e franceses entre americanos e vice-versa.

Ademais, duas disciplinas foram institucionalizadas, tendo como epicentro os Estados Unidos: a Economia e a Ciência Política. Não bastasse isso, seus principais praticantes ocuparam-se da economia e da política, não apenas como ciências, cindidas da prática governamental e estatal. Os economistas estadunidenses foram, igualmente, construtores das estruturas jurídicas e do aparato institucional responsável pelo regramento das trocas econômicas globais, assim como os cientistas políticos, seus compatriotas, foram artífices práticos e conselheiros do estabelecimento de democracias liberais, não comunistas, sobretudo nos países latino-americanos (Guilhot, 2005).

A partir dos anos 1970, tornaram-se notáveis alguns **efeitos da constituição do espaço global** do intercâmbio científico: carreiras de emigrados do mundo socialista são feitas tanto nos Estados Unidos quanto na França; intelectuais franceses preocupam-se com a produção estadunidense; e os americanos empreendem vultosas traduções de clássicos e contemporâneos franceses (Sapiro; Heilbron, 2009). O diretor da divisão de ciências sociais da Fundação Rockfeller afirmou:

> *Uma nova França, uma nova sociedade está prestes a surgir das ruínas da Ocupação; o melhor desses esforços é magnífico, mas os problemas são impressionantes. Na França, o resultado do conflito e da adaptação entre o comunismo e a democracia ocidental aparece na forma mais aguda. Nisso ela é o campo de batalha ou o laboratório.* (Rockfeller citado por Dosse, 1994, p. 125)

(3.2) Historiografia e Sociologia na França após a Segunda Guerra Mundial

Se as condições práticas de realização do trabalho sociológico, na França, no imediato pós-Segunda Guerra, modificaram-se profundamente, sua posição na hierarquia disciplinar não mudara substancialmente. Ela continuava marginal em relação às áreas estabelecidas, era praticada de modo difuso e desarticulado e ensinada como uma disciplina a mais nas faculdades de Letras e de Direito. Se a Primeira Guerra dizimara a coesão dos durkheimianos, a Segunda Guerra fissurou a ligação das novas gerações com essa tradição.

Além disso, o novo cenário, que gradativamente se configurava com os insumos econômicos estadunidenses, opunha a Sociologia a novos adversários, aos quais se somavam os de outrora. De um lado, o corpo universitário considerava-a demasiadamente ambiciosa, a despeito de sequer ter se emancipado da Filosofia e da História. De outro, o existencialismo, predominante em Filosofia e presente em círculos leigos esclarecidos, reprovava a perspectiva sociológica, que parecia negar a irredutibilidade da liberdade do indivíduo – ideia no coração da perspectiva de seu maior representante, Jean-Paul Sartre (1905-1980). Por fim, a relevância do Partido Comunista Francês, e de seus intelectuais, tornava impossível não acertar as contas com o marxismo. E se ela tinha em comum com o marxismo a pretensão de um **cientificismo**, acabava por desafiá-lo, diretamente, em vez de se aliar a ele. Ademais, as fontes desse cientificismo sociológico, crescentemente oriundas de referências e práticas estadunidenses, nos quadros da Guerra Fria, tornavam-na inimiga por princípio dos marxistas (Heilbron, 2015).

As atuações de Jean Stoetzel (1910-1987), de Georges Gurvitch (1894-1965), Georges Friedmann (1902-1977), de Raymond Aron (1905-1983) e de Alain Touraine (1925-) merecem destaque na construção institucional do período. Stoetzel esteve à frente da revitalização do Instituto Francês de Opinião Pública (Ifop) e de sua revista *Sondages*, fundada em 1938. Gurvitch participou da criação, em 1946, do Centro de Estudos Sociológicos (CES), um laboratório do Centro Nacional de Pesquisa Científica (CNRS), órgão de planejamento, incentivo e financiamento de pesquisa na França, estabelecido às vésperas da segunda guerra. Friedmann dirigiu o CES até 1952 e, no ano, seguinte, criou o Instituto de Ciências Sociais do Trabalho (ISST). A Quinta República Francesa, iniciada com a eleição do herói nacional da guerra, general Charles de Gaulle, em 1958, marca um incremento das condições da pesquisa sociológica, acompanhada por um interesse estatal que reconhecia na disciplina a capacidade de coleta e análise de dados que subsidiariam **planejamento econômico e social**. Nesse quadro se estabelece a Delegação Geral da Pesquisa Científica e Técnica e seu Comitê de Análise do Desenvolvimento Econômico e Social (Cades), responsável pelo financiamento das ciências sociais. No mesmo ano, a atuação de Raymond Aron viabilizou a criação de cursos de graduação de Sociologia e organizou a carreira em torno do doutorado. No ano seguinte, Aron fundou o Centro de Sociologia Europeia, e Touraine, o Laboratório de Sociologia Industrial. Concomitantemente, ocorreu uma proliferação de periódicos: o *Cahiers Internationaux de Sociologie*, fundado por Gurvitch, em 1946; o *Sociologie du travail*, fundado por Friedmann e Stoetzel, em 1959; a *Revue Française de Sociologie*, fundada por Stoetzel, em 1960; *Archives européens de Sociologie*, fundada por Aron, em 1960. Em 1962, o Instituto Francês de Sociologia transformou-se em Sociedade Francesa de Sociologia (Cuin; Gresle, 2017).

Esse período distinguiu-se pela dimensão global da morfologia das instituições e da circulação das ideias. O "modelo americano" foi considerado a via preferencial para romper com a tendência especulativa da sociologia clássica e implementar os métodos de observação e análise, pois a credibilidade do cientificismo do período passou a sustentar-se em rigoroso trabalho empírico. A tendência especulativa era vista com suspeita pela nova geração de sociólogos – marcada pela aproximação aos Estados Unidos, tanto no exílio durante a guerra, quanto nos estágios de treinamento acadêmico, intensificados nos anos 1950. Além disso, o patrocínio de instituições, programas de pesquisa, associações e periódicos correspondem à centralidade incontornável dos Estados Unidos – suas fundações científicas filantrópicas, notadamente Rockfeller, Ford e Kodak, viabilizaram economicamente os empreendimentos científicos.

Não bastassem tais fundações, merece destaque a Organização das Nações Unidas para Educação, Ciência e Cultura (Unesco). Em 1949, por meio de sua atuação, foi criada a Associação Internacional de Sociologia (ISA) e, posteriormente, a *Revue Internationale des Sciences Sociales*. Ela também patrocinou numerosas iniciativas para a disseminação e a integração das ciências sociais no mundo, como a criação do Conselho Internacional de Ciências Sociais, e para a publicação de materiais com vistas à integração global de uma linguagem científica, como o *Dicionário de ciências sociais*, publicado em 1964 – inicialmente, em inglês e, posteriormente, em espanhol. Você se lembrará desse quadro geopolítico e científico quando comentarmos, no próximo capítulo, a atenção da Unesco dirigida às relações raciais no Brasil.

Vale esclarecer, contudo, que a presença americana entre os franceses não consistiu apenas em colaboração e auxílio, mas também fomentava uma nova lógica de competição internacional. Do mesmo modo que o modelo alemão, no final do século XIX, inspirava, nas instituições francesas, simultaneamente, rearranjos e rivalidades, a crescente hegemonia estadunidense tornava o modelo empirista americano incontornável, mas desencadeava também reações à perda de centralidade e de prestígio globais da cultura francesa. Nesse contexto se situa, entre outras, a iniciativa de criação, em 1958, da *Associação internacional de sociólogos de língua francesa* (AISLF), por Georges Gurvitch e Henri Janne.

A diferença mais tangível em relação aos períodos anteriores diz respeito aos conteúdos temáticos predominantes, que se atrelam às condições que impulsionavam a disciplina no mundo do pós-Segunda Guerra. Tratava-se de compreender as transformações presentes, bem como as consequências do desenvolvimento econômico planejado e conduzido pelos estados socialdemocratas – do qual o Plano Marshall para a recuperação europeia era basilar. Por conta disso, as temáticas de pesquisa giram em torno de temas como relações de trabalho nas indústrias e nas organizações, urbanização, meios de comunicação em massa, lazer, doenças mentais. Um dos ramos mais profícuos dessa nova fase consiste precisamente na Sociologia industrial e do trabalho, representada pelo sociólogo Alain Touraine (Festi, 2018). Os desdobramentos especificamente intelectuais desses investimentos econômicos e incentivos políticos, com origem nos organismos concentrados no centro da geopolítica mundial – isto é, ONU e, particularmente, Unesco –, não tardaram: nos anos 1970, praticamente não havia sociedade industrial na qual a Sociologia não fosse praticada (Unesco, 2010).

Em contrapartida, como temos sublinhado, a História, se comparada à Sociologia, por sua antiguidade e por sua articulação com todos os níveis de ensino, contava com melhores condições institucionais de prática profissional. Essa oposição é válida também para o momento em questão.

Como todas as atividades artísticas e científicas, a História também foi atingida pela guerra. Nesse sentido, é emblemática a morte de Marc Bloch, que saiu da direção do periódico *Annales* para se unir à resistência à ocupação nazista da França, sendo detido e fuzilado em 1944.

Também se reconfiguraram as condições institucionais e intelectuais do ofício historiográfico, tanto em função do rearranjo do pós-Segunda Guerra, já esquadrinhado, quanto do enraizamento, crescentemente autônomo, das ciências sociais no âmbito institucional. As negociações de Lucien Febvre e de Fernand Braudel com a filantropia científica estadunidense e a Unesco evidenciam a preocupação com esse novo quadro de forças, que ameaçou, pouco a pouco, a historiografia.

Em 1947, após acirrada disputa com os cientistas sociais, estabeleceu-se a VI Seção da École Pratique des Hautes Études (EPHE), especializada em ciências econômicas e sociais, porém com historiadores à frente da organização: seu primeiro presidente foi Lucien Febvre, sendo Fernand Braudel seu secretário (Tournès, 2008). Em 1975, com o apoio do CNRS, a VI Seção se separou da EPHE e se tornou École des Hautes Études en Sciences Sociais (EHESS). Dotada de licença para emitir títulos de mestrado e de doutorado, mas livre das tarefas didáticas que oneram os professores de graduação, essa instituição tornou-se o epicentro mais dinâmico da produção em ciências sociais – incluindo, nessa insígnia, também, e sobretudo, a História. Sua organização garantia estabilidade profissional para seus quadros, que podiam dedicar-se inteiramente às atividades de pesquisa. A capacidade diplomática de Fernand Braudel possibilitou também a fundação da Maison des Sciences de l'Homme, em 1963 – reunindo diversas disciplinas e pesquisadores do mundo todo e fortemente inspirada na ideia de *area studies*, de origem estadunidense, com a qual Braudel estabeleceu contato em sua viagem acadêmica aos Estados Unidos, em 1955 (Gemelli, 1990).

Como resultado dessa nova configuração, o espaço da produção historiográfica se desenhou em três polos – que, simultaneamente, colaboram e concorrem entre si. O primeiro consiste no **polo universitário**, mais poderoso institucionalmente e mais tradicional, escoando sua produção nas revistas clássicas (*Revue historique* e *Revue d'histoire moderne et contemporaine*). O segundo consiste no **polo de pesquisa**, constituído pela EHESS e pelo CNRS, fortemente internacionalizado, com relações com a mídia escrita e audiovisual, além de empreendimentos editoriais ambiciosos, como *Faire de l'histoire*, de 1974. O terceiro consiste em **instituições relativamente concorrentes dos herdeiros dos *Annales* e da EHESS**, reúne a École française de Rome (especializada em Antiguidade e Idade Média), o *Institut d'études politiques de Paris* (IEP) (especializado em história política contemporânea) e é apoiado pela *Foundation des sciences politiques*. Destacou-se pelo lançamento, em 1979, da revista *Vingtième siècle, revue d'histoire*, em colaboração com o *Institut d'histoire du temps présent* (Prost, 2009).

A EHESS tornou-se a plataforma institucional da terceira geração no interior dos *Annales*, cujo sucesso floresceria em meados dos anos 1970 e ao longo das duas décadas seguintes. Tanto Fernand Braudel quanto essa nova geração responderam aos desafios lançados pelo sucesso da linguística e do estruturalismo (cf. Seção 3.3) – em momentos distintos. Contudo, a resposta de Braudel (cf. Seção 3.4) e a da "Nova História" não foram as mesmas. Para a última, a herança dos *Annales* consistia, ao mesmo tempo, em algo a ser seguido e rejeitado (Prost, 2009). Seus integrantes consideravam necessário insistir na recusa da história política em favor da história-problema; no rechaço aos períodos pré-construídos em favor de periodizações mais criativas e de larga escala. Por outro lado, passaram a desconfiar da ambição, reputada exagerada e impossível, das gerações anteriores e, particularmente, de Braudel, por ter a "história total" como horizonte de pesquisa que mirasse a "totalidade histórica". Assim, sendo mais jovens e submetidos a uma dupla competição – isto é, afirmar a história perante o estruturalismo e inovar em relação à "era Braudel" (Burke, 1992) – promoveram uma reviravolta nos objetos e nas abordagens preferenciais. Seu manifesto, suas tomadas de posição e seus arregimentados encontram-se nos volumes *História: novas abordagens, História: novos problemas* e *História: novos objetos* (Le Goff; Nora, 1995a, 1995b, 1995c).

Diferentemente das duas primeiras gerações dos *Annales*, que se voltaram ao diálogo com a sociologia como estratégia de fertilização da área, apoiando-se fortemente nas dimensões econômica e social para caracterização da "totalidade" da experiência histórica, a terceira geração pulverizou seus interesses temáticos, privilegiou objetos delimitados, situados no interior da história das mentalidades e da história cultural, e, em termos de parcerias disciplinares, inclinaram-se para a Antropologia (Burguière, 2011). Como assinalou François

Hartog, essa rotação é indissociável dos efeitos que o ocaso da Europa e a descolonização tiveram sobre as formulações a respeito da "temporalidade histórica" (Hartog, 2011, p. 194). A chamada *terceira geração dos Annales* foi mais sensível à argumentação de Lévi-Strauss contra Braudel, do que à resposta deste ao antropólogo.

Você vai se recordar desses lances complexos de alianças e rivalidades disciplinares quando tratarmos da obra de Michel Foucault, em duas outras seções deste livro (4.1 e 6.3). Por enquanto, acompanhe, na próxima seção, as ameaças dirigidas à História, pela Sociologia e pelo estruturalismo, em prestígio crescente no mundo todo.

(3.3)
A NOVA AMEAÇA SOCIOLÓGICA E O "ESTRUTURALISMO"

No período em tela, a História foi provocada por, pelo menos, dois vetores: uma nova ameaça sociológica e o estruturalismo, encarnados, respectivamente, na figura de dois autores que se contrapuseram de modo explícito ao historiador Fernand Braudel, o sociólogo de origem russa Georges Gurvitch e o antropólogo francês Claude Lévi-Strauss. O encontro que possibilita e promove o debate entre eles resulta dos exílios e das migrações impostos aos acadêmicos pelo conturbado século XX, sucedido de afanosa competição pelos recursos materiais e simbólicos, na reorganização do mundo científico no pós-Segunda Guerra.

Nascido em uma família judaica de Odessa, Georges Gurvitch estudava Filosofia em Petrogrado quando a Revolução Russa (1917) eclodiu. Após um envolvimento superficial com ela e alguns desentendimentos com os bolcheviques, estabeleceu-se em Paris, defendeu sua tese de doutorado sobre direito social e começou a absorver a bibliografia sociológica – tanto francesa quanto internacional. Em 1935, ele foi para a Universidade de Estrasburgo, na qual nasceram os *Annales*, assumindo o posto que fora de Maurice Halbwachs (Maillard, 2005). Durante a segunda guerra, ameaçado pela presença dos nazistas na França, exilou-se nos Estados Unidos, incorporou referências da sociologia estadunidense, intensificou seus vínculos com a Fundação Rockfeller, que já o beneficiara com uma bolsa em 1929 e que patrocinou, em Nova Iorque, a criação, sob sua liderança, da Escola Live de Altos Estudos (ELHE), a "universidade em exílio" dos franceses. Com o fim da guerra, ao retornar à França, consolidou-se como uma das figuras da construção institucional da sociologia francesa. Em 1949, ele tornou-se professor de sociologia na Sorbonne e diretor de estudos na EPHE (Heilbron, 2015).

Também descendente de judeus, Claude Lévi-Strauss nasceu em Bruxelas, na Bélgica, cursou o ensino básico em Versalhes e o médio no tradicional Liceu Condorcet. Uma vez graduado em Filosofia pela Sorbonne, compôs, com Fernand Braudel, a segunda missão de professores contratados pelas elites paulistas para a criação da Universidade de São Paulo. No Brasil, começou seu trabalho de etnógrafo, com os índios localizados no Mato Grosso e na Amazônia. Em 1939, ao voltar para a França, como Gurvitch, exilou-se nos Estados Unidos e conheceu novas referências bibliográficas, particularmente, o linguista russo Roman Jakobson (1896-1982) e o antropólogo, de origem alemã e naturalizado norte-americano, Franz Boas (1858-1942), dedicado à gramática de línguas indígenas. A noção de cultura e de linguagem desenvolvida por Lévi-Strauss posteriormente é indissociável do convívio intenso com eles, na ELHE, em Nova Iorque. Com o fim da guerra, ao voltar para a França, defendeu, em 1948, sua tese de doutorado intitulada *As estruturas elementares do parentesco*.

No ano seguinte, Lévi-Strauss publicou "História e etnologia", na *Revue de Métaphysique et Morale* (Lévi-Strauss, 2008 [1949]). No mesmo número desse periódico, Lucien Febvre publicou um texto em homenagem a Marc Bloch, recém-falecido, no qual resenhava *Apologia da história ou ofício do historiador* (Bloch, 1965 [1949]). Assim, retomava o projeto intelectual dos *Annales*, despedindo-se de Bloch e batizando Fernand Braudel como elo sucessor entre eles e o futuro da profissão, na medida em que considerava sua tese a perfeita realização daquele programa. François Hartog (2011, p. 189) considera esse texto uma "transmissão de bastão", uma sucessão geracional.

> *Há pouco, uma tese mais que notável defendida na Sorbonne, uma tese sobre* O mediterrâneo e o mundo mediterrânico na época de Filipe II *(dois personagens de desigual grandeza, e não é o segundo que ganha vantagem sobre o primeiro, o que já é uma grande novidade) – há pouco, a tese de Fernand Braudel trazia-nos um plano verdadeiramente novo e, num certo sentido revolucionário. Decidido a recolocar os grandes desígnios da política espanhola, no sentido mais lato da palavra política, no seu* **quadro histórico e geográfico natural**, *ele estuda em primeiro lugar as forças permanentes que agem sobre as vontades humanas, que pesam sobre elas sem que disso se deem conta, que as desviam para esta ou aquela direção: e é toda uma análise, ainda nunca tentada, daquilo que representa como força que guia, canaliza, contraria também, travando ou pelo contrário, exaltando o jogo das forças humanas – aquilo a que, numa expressão negligentemente pronunciada, chamamos o Mediterrâneo. Depois do que, numa segunda parte, ele apela para forças particulares, mas animadas duma certa constância –* **forças impessoais e coletivas, mas, desta vez, datadas e por assim dizer referenciadas como sendo estritamente as que agem no século XVI** *[...] no espaço de tempo que durou o reinado de Filipe II da Espanha. Terceira parte:*

os acontecimentos. A onda tumultuosa, fervilhante e confusa dos fatos. Atraídos frequentemente pelas forças permanentes que o primeiro livro estuda – influenciados e dirigidos pelas forças estáveis que o segundo livro enumera – mas o acaso tem uma ação sobre elas, o acaso borda sobre o tecido dos encadeamentos as suas mais brilhantes e imprevistas variações. Esquema audacioso, mas simples: sem ruído sem tumulto sem declarações grandiloquentes nem vantajosas profissões de fé, esse livro é um manifesto. Um sinal. E não hesito em dizê-lo, uma data. Não é possível acusar o seu autor de filosofar – o que, numa boca de historiador significa, não ignoremos, o crime capital [...]. (Febvre, [1949], p. 219-220, grifo nosso)

Ainda que, na ocasião da vinda a público de sua tese, Fernand Braudel não teorizasse a respeito das três escalas – geografia na primeira parte; economia e sociedade na segunda e episódios dramáticos (história factual) na terceira – os embates em que se envolveu, no prosseguimento de seu percurso o obrigou a fazer isso (Noiriel, 1996). Vejamos.

Nascido em Lorraine, em 1902, aos sete anos Braudel foi para Paris estudar no Liceu Voltaire. Após formar-se em História, na Sorbonne, sob tutela e influência de Henri Hauser (1866-1946) e Alphonse Aulard (1849-1928), tornou-se professor em um liceu na Argélia, então colônia francesa, em 1923. Entre 1935 e 1937, ele trabalhou na seção de Geografia e História da recém instituída Faculdade de Filosofia, Ciências e Letras da Universidade de São Paulo (FFCL-USP) – como você acompanhará nos próximos capítulos. Enquanto lecionava em São Paulo, trabalhava em sua tese de doutorado, cujo título provisório era *Felipe II e a política espanhola no Mediterrâneo de 1559 a 1574*. Em 1939, foi mobilizado para o serviço militar e, no ano seguinte, feito prisioneiro de guerra. As condições particulares de seu cativeiro permitiram que ele se dedicasse à conclusão da tese e à correspondência com Lucien Febvre, iniciada desde 1927.

Como Lévi-Strauss, Braudel defendeu sua tese após a guerra. Aconselhado por Febvre, inverteu os termos do título, sintetizando a rotação de sua problemática – *La Mediterranée et le monde méditerranéen à l'époque de Philippe II* (*O Mediterrâneo e o mundo mediterrâneo na época de Felipe II*) foi defendida em 1947. Nesse mesmo ano, foi fundada a IV Seção da EPHE, sob a presidência de Lucien Febvre, Braudel foi integrado tanto à nova instituição quanto à equipe do periódico *Annales* – além de ter se tornado o presidente do júri de *agrégation* (doravante, "agregação") em História, posto ocupado até 1955[1].

Tanto os ataques de Gurvitch quanto os de Lévi-Strauss foram respondidos de forma melhor definida em um dos textos mais referenciados da tradição dos *Annales*, publicado em 1958: "Histoire et Sciences sociales: La longue durée". Se o historiador levou nove anos para responder a Lévi-Strauss – cuja investida contra a historiografia data de 1949 –, com Gurvitch, polemizou no calor da hora.

Em 1950, o sociólogo exerceu a típica jurisprudência a respeito dos diferentes papéis das disciplinas em *Vocation actuelle de la sociologie* (1950), provocando uma resposta de Braudel (Braudel, 1953). Este, por sua vez, abriu as páginas do periódico *Annales* para a tréplica do seu debatedor (Gurvitch, 1957). Sem se dar por rogado, Gurvitch convidou Braudel para ser autor no grande livro que dirigia, *Traité de*

---

[1] *O concurso de* agrégation, *no sistema de ensino francês, consiste no pré-requisito para o exercício do magistério. Criado em 1766 por ocasião da eliminação dos jesuítas e consequente necessidade de reorganização do corpo docente nacional, esse exame passou por numerosas modificações. Notadamente, no século XIX, o historiador Ernest Lavisse (1842-1922) foi responsável pela modernização do exame de "agregação" de História. Ser presidente do júri desse concurso pressupõe o reconhecimento do valor intelectual do indivíduo e implica responsabilidade e poder acerca dos rumos da disciplina em questão, na medida em que ele é central e articula todos os níveis do sistema de ensino.*

sociologie (Gurvitch, 1958-1960), para o qual o historiador contribuiu com "História e sociologia" (Braudel, 1978b [1958]).

Em 1958, Lévi-Strauss publicou, novamente "História e etnologia", não mais em um periódico, mas no livro *Antropologia estrutural* (Lévi-Strauss, 2008 [1958]). Lucien Febvre falecera havia dois anos, Fernand Braudel encontrava-se no auge de seu reconhecimento intelectual e de sua concentração de poder institucional. Impossível não o responder.

Importa apresentar o núcleo fundamental das objeções de Gurvitch e de Lévi-Strauss e, em seguida (Seção 3.4), as respostas de Braudel a eles. No registro da rivalidade, concomitantemente, cresciam os esforços de legitimação de alianças disciplinares, notadamente com a Economia e com a Geografia (Ferretti, 2016) – para desenhar os contornos de uma "história total", na qual as demais disciplinas se tornariam, em conjunto, auxiliares da orquestração empreendida pela maestria da História (Noiriel, 1996, p. 420).

[Diferenciação entre etnografia e história, segundo Lévi-Strauss:]

*Quais são, de fato, as diferenças entre o método da etnografia [...] e o da história? Ambas estudam sociedades que são **outras** em relação àquela em que vivemos. O fato de tal alteridade estar ligada a um afastamento no tempo [...] ou no espaço, ou mesmo a uma heterogeneidade cultural, é secundário, diante da similitude das posições. Qual é o objetivo buscado por ambas as disciplinas? É a reconstituição exata do que ocorreu, ou ocorre, na sociedade estudada? Se disséssemos que sim, esqueceríamos que, nos dois casos, lida-se com sistemas de representações que diferem para cada membro do grupo e que, em conjunto, diferem das representações do investigador. Um estudo etnográfico, por melhor que seja, jamais transformará o leitor em indígena. A Revolução de 1789 vivida por um aristocrata não é o mesmo fenômeno que a Revolução de 1789 vivida por* *um* sans-culotte, *e nem uma nem outra corresponde, de modo algum, à Revolução de 1789 pensada por Michelet ou por Taine. A única coisa que historiadores e etnógrafos conseguem fazer, e a única coisa que se pode pedir que façam, é expandir uma experiência particular para as dimensões de uma experiência geral ou mais geral, de modo que ela se torne, por essa razão acessível* **enquanto experiência** *a homens de outras terras ou outro tempo. E conseguem fazê-lo graças às mesmas condições: exercício, rigor, simpatia, objetividade.*

[...] [Mas] é nas relações entre história e etnologia no sentido estrito que reside o debate. Propomo-nos a mostrar que a diferença fundamental entre elas não é nem de objeto, nem de objetivo, nem de método e que, tendo o mesmo objeto, que é a vida social, o mesmo objetivo, que é a melhor compreensão do homem, e um método em que varia apenas a dosagem dos procedimentos de pesquisa, elas se distinguem sobretudo pela escolha de perspectivas complementares. A história organiza seus dados em relação às expressões conscientes, e a etnologia, em relação às condições inconscientes da vida social.

[...]

Seria portanto inexato dizer que, no caminho do conhecimento do homem que leva do estudo dos conteúdos conscientes ao das formas inconscientes, historiadores e etnólogos caminham em direções opostas. Ambos vão no mesmo sentido. O fato de o deslocamento que efetuam conjuntamente se apresentar a cada qual sob uma modalidade diferente – para os historiadores, passagem do explícito ao implícito e para os etnólogos, do particular ao universal – não muda em nada a identidade do procedimento fundamental. No entanto, num caminho em que seguem no mesmo sentido o mesmo percurso, apenas sua orientação é diversa. Os etnólogos caminham para a frente, buscando, através de um consciente que nunca deixam de considerar, chegar cada vez mais perto do inconsciente a que se dirigem. Os historiadores, por sua vez, avançam, por assim dizer, em marcha a ré, mantendo o olhar fixo nas atividades concretas e particulares, das quais só se afastam para encará-las sob um ângulo mais rico e mais complexo. Verdadeiro Janus de duas faces, de qualquer modo é a solidariedade entre as duas disciplinas que permite manter a visão da totalidade do percurso.

[...] A História e a etnologia são tradicionalmente distintas pela presença ou ausência de documentos escritos nas sociedades em que realizam suas pesquisas. A distinção não é falsa, mas não cremos que seja essencial [...]. Os etnólogos se interessam principalmente pelo que não está escrito, nem tanto porque os povos que estudam não escrevem, e mais porque aquilo que lhes interessa é diferente de tudo o que os homens pensam em fixar na pedra ou no papel. (Lévi-Strauss, 2008 [1949; 1958], p. 31-32, 38-40, grifo no original)

Meditando a respeito do fato de esse texto ter sido publicado pela primeira vez no mesmo periódico em que Lucien Febvre homenageava e se despedia de Marc Bloch, François Hartog ponderou que a história rumo à qual Febvre tentava levar os historiadores e aquela da qual tratava Lévi-Strauss não eram as mesmas (Hartog, 2011).

Se você se lembrar do primeiro capítulo, perceberá, nos termos empregados por Lévi-Strauss, a oposição entre Seignobos e Durkheim, a respeito do "conhecido e do desconhecido em História" (cf. Capítulo 1). Ao passo que Seignobos valorizava os documentos e a "consciência" registrada pelos personagens históricos, Durkheim desconfiava dela, conduzindo a investigação para zonas não registradas da vida social "profunda", "inconsciente". Em numerosos sentidos, as discussões de que se trata aqui remontam àquele debate – seja na denúncia da insuficiência teórica dos historiadores (Prost, 2009), seja pela ambição de integração das disciplinas no terreno predominante de uma delas, que subordinaria os procedimentos das demais, hierarquizando o conjunto (Revel, 1998). É declarada e consciente a revivescência da virada do século XIX. Lévi-Strauss, por exemplo, apresenta-se, na dedicatória do livro, como um "discípulo inconstante" que presta homenagem a Durkheim, no ano em que se celebrava o centenário de seu nascimento (1958).

Já o debate com Gurvitch foi travado em torno da oposição principal entre a ênfase dos historiadores nas "continuidades" e a dos sociólogos nas "descontinuidades" – e, indiretamente, da oposição entre a densidade do passado, mobilizando a atenção daqueles, e o viço do presente, enfocado por estes. Se for verdade que esse contraponto redundará em questões epistemológicas, ele também é, certamente, indissociável das condições de reerguimento da Sociologia no pós-Segunda Guerra:

[Gurvitch e o "continuísmo" da História:]

*história e sociologia têm o mesmo domínio, aquele dos fenômenos sociais totais [...]. A diferença entre as duas disciplinas reside, em primeiro lugar, não no seu domínio – os fenômenos sociais totais – mas nos seus **métodos**, e esses métodos se dividem, no mesmo domínio, de **objetos** diferentes, situados em **temporalidades diferentes**. O método da sociologia é tipológico, o da história é individualizante [...]. O objeto da história **são os fenômenos sociais totais, no que eles têm de irrepetível e de insubstituível** [...]. Do ponto de vista do **método**, o sociólogo é inclinado a acentuar a descontinuidade dos tipos, das escalas e finalmente das relações entre os fenômenos sociais totais e suas estruturas, sem falar da descontinuidade das temporalidades e das escalas do tempo. A história, ao contrário, do angulo do **método**, é levada a preencher as rupturas, a lançar pontes entre os tipos sociais que ela singulariza e individualiza ao limite, a passar sem solução de continuidade das estruturas globais aos* *fenômenos sociais globais eles mesmos, **reconstruindo a continuidade do tempo**. Do ponto de vista do método, portanto, podemos afirmar que a história é bem mais continuísta do que a sociologia, e a tese mais ou menos geralmente admitida deve ser invertida: é a sociologia como ciência que acentua a descontinuidade e é a história que acentua a continuidade ao limite.* (Gurvitch, 1957, p. 74, grifo do original)

Essa perspectiva era inteiramente coerente com as tendências temáticas sociológicas daquela etapa de institucionalização, na qual a prática da disciplina se comprometia com as tarefas de conferir inteligibilidade às transformações das sociedades industriais no mundo após a Segunda Guerra Mundial. Tratando da disciplina, no primeiro número da revista que ele próprio havia fundado, em 1946, afirmava o sociólogo, com entusiasmo pelo futuro dela, com confiança no papel da tradição francesa e defendendo a hibridação dela com os referenciais norte-americanos:

A sociologia deverá [...] ocupar um lugar de primeiro plano no sistema de conhecimentos da segunda metade do século XX, sem, de todo modo, voltar às pretensões "imperialistas" de suas origens, nem desejar suprimir as ciências sociais particulares e a filosofia. Parece-nos igualmente certo que ela concentrará os seus esforços não mais preferencialmente sobre o passado da sociedade, nem mesmo sobre as estruturas e situações sociais já cristalizadas, mas sobre a sociedade presente, no curso de seu fazer, em estado de luta, de efervescência e de criação. O enorme trabalho descritivo fornecido pela sociologia americana mostrou o caminho a seguir, ainda que tenha necessidade, para usufruir de todos os seus frutos e mesmo para se tornar utilizável, de ser baseada em esquemas conceituais mais claros, mais refinados e mais flexíveis, tais como os que fazem a força do pensamento sociológico francês. Enfim, a orientação atual da sociologia atesta inequivocamente que todas as divisões em 'escolas', ou em 'sociologias nacionais' estão em curso de serem ultrapassadas. [...] Essas considerações são evidentemente fundadas na convicção de que a sociologia, a despeito de todas as dificuldades inerentes à sua estrutura, está se tornando uma ciência positiva e empírica. (Gurvitch, 1946, p. 7-8)

Observa-se, efetivamente, os desdobramentos especificamente intelectuais desejados pela filantropia estadunidense, sobretudo por meio das Fundações Rockfeller e Ford: tratava-se de estimular a abertura europeia aos Estados Unidos e de promover a aproximação entre as elites políticas e intelectuais dos países envolvidos (Attal, 2010). Cada qual a seu modo, Gurvitch e Braudel foram agentes dessa atividade prática, que também incidiu sobre suas concepções disciplinares e sobre a divisão do trabalho intelectual que estavam propondo entre eles próprios.

(3.4)
FERNAND BRAUDEL E AS CIÊNCIAS SOCIAIS

A resposta de Fernand Braudel a Georges Gurvitch e a Claude Lévi-Strauss localiza-se em um conjunto de esforços de diálogo com outras disciplinas, por ele designadas, de modo amplo, como *ciências do homem* (Braudel, 1978c [1960]), e, simultaneamente, no retorno declarado ao debate da virada do século XIX, tal como reformulado pelo empenho de Marc Bloch e de Lucien Febvre, na integração seletiva da História com as ciências sociais (Braudel, 1953, p. 438).

À frente do periódico *Annales*, Braudel tomou a iniciativa de republicar o texto de François Simiand, "Método histórico e ciência social", fazendo a seguinte advertência: "nós o publicamos sobretudo para o benefício dos jovens historiadores, para lhes permitir medir o caminho percorrido em meio século, e melhor compreender esse diálogo entre História e ciências sociais, que permanece o objetivo e a razão de ser da nossa Revista" (Braudel, 1960, p. 83, tradução nossa). Ele se esforçava, dessa maneira, em remediar também uma tensão e um problema. De um lado, "as ciências sociais [estavam] empenhadas encarniçadamente em nos reconduzir à história tal como era ontem" (Braudel, 1978c [1960], p. 53) – isto é, à "história historicizante", de tempo curto, de indivíduos heroicos, do político, em suma, contra a qual tanto trabalharam Bloch e Febvre. De outro, segundo ele, essas áreas vizinhas procediam desse modo talvez por padecerem de certa ignorância a respeito do que se havia passado no *métier* dos historiadores.

> *[Braudel considera que as ciências sociais não estão esclarecidas:]*
>
> *a respeito da crise que nossa disciplina atravessou no decorrer desses últimos vinte ou trinta anos, e sua tendência é desconhecer, ao mesmo tempo que os trabalhos dos historiadores, um aspecto da realidade social do qual a história é boa criada, senão hábil vendedora: essa **duração** social, esses tempos múltiplos e contraditórios da vida social dos homens [...] uma razão a mais para assinalar [...] a importância, a utilidade da história, ou, antes, da **dialética da duração**. [...] pois nada é mais importante [...] do que essa oposição viva, íntima, repetida indefinidamente entre o **instante e o tempo lento** a escoar-se. **Que se trate do passado ou da atualidade, uma consciência clara essa pluralidade do tempo social é indispensável a uma metodologia comum das ciências do homem.*** (Braudel, 1978c [1960], p. 43, grifo nosso)

Sobressaem-se duas disciplinas com as quais o historiador estabeleceu um feliz consórcio: a Economia e a Geografia. Entre outras razões disso, destaca-se, em primeiro lugar, a orientação de Lucien Febvre, cujo trabalho *La terre et l' évolution humaine,* datado de 1922, consistia em uma incorporação dessas disciplinas ao terreno historiográfico. Não sem deliberar a elas limites e papéis nesse acordo desigual: opinava em favor da linhagem de Vidal de la Blache, em detrimento da geopolítica de Friedrich Ratzel, pois pensava que aos geógrafos cabia o solo e a ecologia, não o Estado (Dosse, 1994; Ferretti, 2016).

Em segundo lugar, no desenvolvimento da tese de doutorado de Braudel, houve, talvez, uma conversão gradativa do "Mediterrâneo" na personagem central do trabalho, em detrimento da vida individual, biológica e política do rei. Essa transformação é evidente na diferença entre o título provisório e o título definitivo, respectivamente, *Felipe II e a política espanhola no Mediterrâneo de 1559 a 1574* e *O Mediterrâneo e o mundo mediterrâneo na época de Felipe II*. Além disso, seus leitores assinalam que o fator geográfico opera na obra reduzindo o ritmo da história: é como se ele por vezes freasse o avanço da ação humana, por vezes até mesmo a impedisse. A ideia de uma unidade sistêmica de troca que denominou **economia-mundo** (Braudel, 2009; Ferreti, 2016) se atrela aos contornos geográficos dos mercados e das trocas.

Finalmente, ocupando-se do arco de tempo compreendido entre os séculos XV e XVIII, o historiador interessava-se pela discussão a respeito da emergência do capitalismo industrial – como você lembra, a grande questão da historiografia econômica (marxista ou não) durante os anos 1950 e 1960. No âmbito da dinâmica interna à disciplina de História, o Congresso Histórico de Roma, realizado em 1955, foi um marco na valorização dos procedimentos de quantificação e do estabelecimento do predomínio da história econômica, representado pelos manifestos em prol dessas direções historiográficas do grupo em torno de Ernest Labrousse (1895-1988). Embora haja os que considerem sua obra, no debate com as teorias que a explicam, como pertencente a um nível infrateórico – visto que não ousa postular *fenômenos sociais globais eles mesmos, **reconstruindo a continuidade do tempo**. Do ponto de vista do método, portanto, podemos afirmar que a história é bem mais continuísta do que a sociologia, e a tese mais ou menos geralmente admitida deve ser invertida: é a sociologia como ciência que acentua a descontinuidade e é a história que acentua a continuidade ao limite.* (Gurvitch, 1957, p. 74, grifo do original)

Essa perspectiva era inteiramente coerente com as tendências temáticas sociológicas daquela etapa de institucionalização, na qual a prática da disciplina se comprometia com as tarefas de conferir inteligibilidade às transformações das sociedades industriais no mundo após a Segunda Guerra Mundial. Tratando da disciplina, no primeiro número da revista que ele próprio havia fundado, em 1946, afirmava o sociólogo, com entusiasmo pelo futuro dela, com confiança no papel da tradição francesa e defendendo a hibridação dela com os referenciais norte-americanos:

A sociologia deverá [...] ocupar um lugar de primeiro plano no sistema de conhecimentos da segunda metade do século XX, sem, de todo modo, voltar às pretensões "imperialistas" de suas origens, nem desejar suprimir as ciências sociais particulares e a filosofia. Parece-nos igualmente certo que ela concentrará os seus esforços não mais preferencialmente sobre o passado da sociedade, nem mesmo sobre as estruturas e situações sociais já cristalizadas, mas sobre a sociedade presente, no curso de seu fazer, em estado de luta, de efervescência e de criação. O enorme trabalho descritivo fornecido pela sociologia americana mostrou o caminho a seguir, ainda que tenha necessidade, para usufruir de todos os seus frutos e mesmo para se tornar utilizável, de ser baseada em esquemas conceituais mais claros, mais refinados e mais flexíveis, tais como os que fazem a força do pensamento sociológico francês. Enfim, a orientação atual da sociologia atesta inequivocamente que todas as divisões em 'escolas', ou em 'sociologias nacionais' estão em curso de serem ultrapassadas. [...] Essas considerações são evidentemente fundadas na convicção de que a sociologia, a despeito de todas as dificuldades inerentes à sua estrutura, está se tornando uma ciência positiva e empírica. (Gurvitch, 1946, p. 7-8)

Observa-se, efetivamente, os desdobramentos especificamente intelectuais desejados pela filantropia estadunidense, sobretudo por meio das Fundações Rockfeller e Ford: tratava-se de estimular a abertura europeia aos Estados Unidos e de promover a aproximação entre as elites políticas e intelectuais dos países envolvidos (Attal, 2010). Cada qual a seu modo, Gurvitch e Braudel foram agentes dessa atividade prática, que também incidiu sobre suas concepções disciplinares e sobre a divisão do trabalho intelectual que estavam propondo entre eles próprios.

(3.4)
Fernand Braudel e as ciências sociais

A resposta de Fernand Braudel a Georges Gurvitch e a Claude Lévi-Strauss localiza-se em um conjunto de esforços de diálogo com outras disciplinas, por ele designadas, de modo amplo, como *ciências do homem* (Braudel, 1978c [1960]), e, simultaneamente, no retorno declarado ao debate da virada do século XIX, tal como reformulado pelo empenho de Marc Bloch e de Lucien Febvre, na integração seletiva da História com as ciências sociais (Braudel, 1953, p. 438).

À frente do periódico *Annales*, Braudel tomou a iniciativa de republicar o texto de François Simiand, "Método histórico e ciência social", fazendo a seguinte advertência: "nós o publicamos sobretudo para o benefício dos jovens historiadores, para lhes permitir medir o caminho percorrido em meio século, e melhor compreender esse nitidamente uma causalidade, mas se satisfaça na montagem das peças dessa engrenagem econômica (Dosse, 1994; Fontana, 1997) –, é notável que a apropriação dos recursos da Economia lhe permitiu caracterizar com detalhe a dinâmica de ciclos seculares.

Com a tradição durkheimiana, reavivada no estruturalismo de Lévi-Strauss, e com um dos artífices da reconstrução da Sociologia francesa, Georges Gurvitch, as relações foram menos amistosas do que as estabelecidas com a Geografia e a Economia. Especificamente a Gurvitch, Braudel se dirigiu em tom contundente:

[Gurvitch e a negligência da História, segundo Braudel:]

Como é possível que a sociologia queira se construir por si mesma e sozinha? Que Georges Gurvitch negligencie a esse ponto a história [...] esse incessante peso do tempo? [...] ele negligencia demais a história, esse incessante fluxo das realidades sociais, a história ciência do tempo, eu quero dizer tanto do tempo que flui sob nossos olhos como do tempo em movimento de ontem. A história, vasta experiência [...] sob a condição de conhecer seus múltiplos recursos. O gosto intelectual de Georges Gurvitch pelo descontínuo, não é, à sua maneira, um desejo de romper com a história, de cortar as pontes, de esconder, mas também de instalar, no coração mesmo de seu sistema, uma enorme ruptura. O tempo hoje não é o mesmo de ontem. Sem dúvida, mas daí a se refugiar no instante presente, a distância é grande. Nesse tempo atual, que não ele não pode desconhecer, veja com que cuidado nosso colega rejeita isso que dura, o cristalizado, o fossilizado, o permanente, para ir àquilo que muda ou deseja mudar, àquilo que inova. [...] Daí sua predileção pelo episódico [...] ir rumo ao que brilha, que estoura, é sempre sábio, ou melhor, suficiente? [...] (Braudel, 1953, p. 360, tradução nossa)

O artigo "História e ciências sociais: a longa duração" é representativo das tomadas de posição do historiador, com relação ao conjunto dos desafios dirigidos à historiografia, pela Sociologia e pelo estruturalismo. No debate anterior, Durkheim propunha a unificação das disciplinas sob a condição do estabelecimento e estudo sistemático das **causas**, com predomínio do projeto sociológico por ele defendido. Nessa retomada do debate, a noção que as unificaria seria *estrutura*, e a posição de domínio seria da História.

[Estrutura, para os historiadores:]

> *Por* **estrutura**, *os observadores do social entendem, indubitavelmente, uma organização, uma coerência, relações bastante fixas entre realidades e massas sociais. Para nós, historiadores,* **uma estrutura é, sem dúvida, articulação, arquitetura, porém mais ainda, uma realidade que o tempo utiliza mal e veicula mui longamente.** *Certas estruturas são dotadas de uma vida tão longa que se convertem em elementos estáveis de uma infinidade de gerações [...] outras estão mais prontas a esfarelar. Mas todas são ao mesmo tempo, sustentáculos e obstáculos. Obstáculos, assinalam-se como limites [...] dos quais o homem e as suas experiências não se podem emancipar. Pense-se na* **dificuldade em quebrar certos marcos geográficos, certas realidades biológicas, certos limites da produtividade e até coerções espirituais: também os enquadramentos mentais representam prisões de longa duração.** (Braudel, 1978c [1960], p. 49, grifo nosso e do original)

Certa noção de *estrutura* era necessária para o projeto intelectual de Braudel, que abarcava o deslocamento do eixo econômico do Mar Mediterrâneo para o Oceano Atlântico, ao longo dos três séculos de constituição do capitalismo industrial.

A proposta de divisão social do trabalho intelectual de Lévi-Strauss implicava precisamente que Braudel abrisse mão da noção de estrutura que embasava seu ambicioso projeto intelectual. Observe:

[Segundo Lévi-Strauss, a "estrutura" é só dos antropólogos:]

Foi preciso esperar os antropólogos para descobrir que os fenômenos sociais obedeciam a ordens estruturais. A razão é simples: as estruturas apenas se mostram a uma observação feita de fora. [...] os historiadores trabalham na base de documentos fornecidos por testemunhas, às vezes membros do grupo estudado; ao passo que o etnólogo é sua única testemunha, e uma testemunha, por hipótese, estranha ao grupo. Portanto, para um [os historiadores], a mudança, para outro [os antropólogos], as estruturas [...]. (Lévi-Strauss, 1971 [1959], p. 38-39)

Em numerosas passagens, Fernand Braudel sequer evoca os dois autores – Gurvitch e Lévi-Strauss – visto que a controvérsia entre os três fosse sobejamente conhecida.

É assim ao afirmar que a "fórmula de Marx" "esclarece mas não explica o problema" (Braudel, 1978c [1960], p. 60). Braudel remetia-se, sem citar, a uma passagem em que Lévi-Strauss usa tal fórmula no texto "História e etnologia" em sentido deliberativo: "a célebre fórmula de Marx, 'os homens fazem sua própria história, mas não sabem que a fazem', justifica, em seu primeiro termo, a história e, no segundo, a etnologia. Mostra, ao mesmo tempo, que os dois procedimentos são indissociáveis" (Lévi-Strauss, 2008 [1949; 1958], p. 38).

É assim, também, que Braudel emparelha os dois interlocutores, por meio de um problema idêntico – a recusa da explicação histórica – ainda que com contornos opostos:

[Interlocutores subentendidos, a fuga da explicação histórica por meio do presente e por meio da intemporalidade:]

*é preciso convir que as ciências sociais [...] tendem a escapar sempre à explicação histórica: escapam-lhe por dois procedimentos quase opostos: uma "factualiza", ou se quisermos "atualiza" em excesso os estudos sociais, graças a uma **sociologia empírica, desdenhosa de toda história, limitada aos dados do tempo curto**, da investigação sobre o vivo; a outra ultrapassa pura e simplesmente o tempo, imaginando ao termo de uma "ciência da comunicação" uma **formulação matemática de estruturas quase intemporais**.* (Braudel, 1978c [1960], p. 55)

Como você pode perceber, o desacordo estabelece-se com relação tanto ao que os interlocutores de Braudel afirmam ser o papel do historiador quanto ao que afirmam ser o projeto de suas próprias disciplinas. Trata-se de atacá-los também em seus domínios – do mesmo modo que fizeram com o *métier* historiográfico. Daí Braudel reprová-los por conta de seu menoscabo pelo passado, em favor exclusivo das transformações presentes, como na Sociologia de Gurvitch, e por seu privilégio a estruturas intemporais em detrimento das transformações, ainda que lentíssimas, observadas em uma escala alargada de duração, como na Antropologia estrutural de Lévi-Strauss.

No projeto do último, a História permaneceria acantonada, presa ao estilo historicizante do século XIX. No do primeiro, ela seria interditada de explicar as grandes transformações. Nos dois casos, retira-se do historiador o domínio da duração – isto é, tanto "continuidades" quanto "descontinuidades". Ao mantê-la rente ao consciente, Lévi-Strauss a isola no estado em que ela se encontrava na virada do século, situação que Braudel designaria como pré-*Annales*.

E, finalmente, algo substancial: ao se propor o estabelecimento de "matemáticas quase intemporais", o antropólogo nega a historicidade de determinadas experiências humanas. Do ponto de vista do historiador, tal como o concebe Braudel, essa é a negação mesma do sentido da disciplina de História. Ao passo que a intemporalidade das assertivas de Lévi-Strauss são rejeitadas, o "presentismo" de Gurvitch leva à divisa: "o tempo dos sociólogos não pode ser o nosso; repugna à estrutura profunda de nossa profissão. Nosso tempo é medida, como o dos economistas" (Braudel, 1978c [1960], p. 73).

[O tempo e as disciplinas:]

[Os sociólogos evadem-se no] instante, sempre atual, como que suspenso acima do tempo, ou nos fenômenos de repetição que não são de nenhuma idade, portanto, por uma marcha oposta do espírito, que os acantona, seja no factual mais estrito, seja na duração mais longa. Essa evasão é lícita? Aí reside o verdadeiro debate entre historiadores e sociólogos, inclusive entre historiadores de opiniões diferentes! (Braudel, 1978c [1960], p. 74)

Diante disso, o redesenho das fronteiras, as condições de supressão delas e o espaço de acordo é construído, por Braudel, no terreno do que seria distintivo do trabalho historiográfico: o tempo – pois "tudo começa e termina por ele" (Braudel, 1978c [1960], p. 72) – que serviria de base para a unificação das ciências sociais, sob a tutela da História, porque a "longa duração" articula temporalidade e estrutura.

Na avaliação de Jacques Revel, trata-se de uma "atitude de abertura programática", que tem dupla estratégia: reivindicar o "caráter central da dimensão temporal na análise e compreensão dos fatos sociais" (Revel, 1998, p. 85) – tornando irredutível o lugar da História no conjunto das ciências sociais; e defender uma posição ecumênica para a prática da interdisciplinaridade. Fernand Braudel conclui e esclarece sua proposta:

[Condições da integração disciplinar braudeliana:]

a longa duração é apenas uma das possibilidades de linguagem comum em vista de uma confrontação das ciências sociais. Existem outras. Assinalei, bem ou mal, as tentativas das novas matemáticas sociais. As novas me seduzem, mas as antigas, cujo triunfo é patente em economia – talvez a mais avançada das ciências do homem – não merecem esta ou aquela reflexão desabusada. Imensos cálculos nos esperam nesse domínio clássico [...] Creio na utilidade das longas estatísticas, no necessário remontar, a partir desses cálculos e pesquisas, a um passado cada dia mais recuado. [...] Sem dúvida, a estatística simplifica para melhor conhecer. Mas toda ciência vai assim do complicado ao simples. [...] que não se esqueça uma última linguagem [...] a redução necessária de toda realidade social ao espaço que ela ocupa. Digamos, a geografia, a ecologia [...] Os modelos espaciais são esses mapas onde a realidade social se projeta e parcialmente se explica, modelos, na verdade, para todos os movimentos da duração e sobretudo da longa duração, para todas as categorias do social. Mas a ciência social os ignora de maneira espantosa. [...] Na prática – pois este artigo tem um fim prático – desejaria que as ciências sociais, provisoriamente, cessassem de tanto discutir sobre suas fronteiras recíprocas, sobre o que é ou não é ciência social, o que é ou não é estrutura [...] que procurem [...] as linhas [...] que orientariam uma pesquisa coletiva, bem como os temas que permitiriam atingir uma primeira convergência. Essas linhas, chamo-as, pessoalmente: matematização, redução ao espaço, longa duração. (Braudel, 1978c [1960], p. 76-77)

A terceira geração dos *Annales* viu-se diante de um duplo desafio: de um lado, opor-se à figura dirigente e agigantada, intelectual e institucionalmente, de Fernand Braudel; e, de outro, enfrentar a chamada *"ofensiva estruturalista"* (Revel, 1998, p. 85), que sucede à crítica de Lévi-Strauss aqui já apresentada. O espaço disciplinar em que se processou sua resposta a essa condição pode ser designado de *antropologia histórica*. Para opor-se a Braudel, o deslocamento do diálogo com economistas e geógrafos em favor dos antropólogos prestou-lhes um serviço. A Geografia e a Economia, por ocasião da reverência que ganhou a tese de doutorado de Braudel, transformaram-se em áreas voltadas aos mecanismos densos que conduzem o destino das sociedades (Revel, 1998). Em contrapartida, segmentos da Sociologia, da Antropologia e da História têm em comum uma "indeterminação de objeto" (Revel, 1998, p. 87), condição largamente explorada a partir de meados dos anos 1970 (Burguière, 2011). A imagem mais corriqueira dessa reorientação, condicionada pela dupla competição indicada, foi disseminada por Peter Burke, curiosamente associando Fernand Braudel ao marxismo, ao empregar o léxico do último: o interesse deslocou-se da "base econômica para a 'superestrutura' cultural, 'do porão ao sótão'" (Burke, 1992, p. 82).

Se essas oposições internas ao campo intelectual elucidam os rearranjos das alianças entre as disciplinas, destacam-se, também, suas **dimensões externas e políticas**. Como assinalou François Hartog, posteriormente ao debate apresentado, Lévi-Strauss não cessou de teorizar a respeito da História. E, do mesmo modo que ele descentrou os pré-requisitos civilizacionais da razão ocidental, em *O pensamento selvagem* (Lévi-Strauss, 1997 [1962]), ele colocou em dúvida o regime de historicidade moderno e ocidental. Dito de modo simples, do ponto de vista de uma antropologia histórica, a historicidade reivindicada por Braudel consistiria na generalização de uma categoria ocidental cristã, pois, se for verdade que todas as sociedades estão na História, o tempo não é o mesmo para todas elas (Hartog, 2011). A sensibilidade para essa concepção é indissociável da emergência do terceiro-mundismo no último quartel do século passado. À medida que se avolumavam as independências africanas, cuja colonização era caudatária do processo histórico de expansão da Europa, ao longo do século XIX, esse continente era deslocado da posição geopolítica central que ocupava, e o contexto se tornava mais propício para o questionamento de suas referências. *Grosso modo*, o saldo dessas reviravoltas, do ponto de vista da historiografia, não pode ser desprezado, uma vez que "assegurou a presença dos historiadores na maior parte dos terrenos ocupados pelas ciências sociais". A partir daí, "tudo parece poder – logo dever – tornar-se objeto da história" (Revel, 1998, p. 86).

Você se lembrará desse novo rumo das alianças disciplinares da historiografia quando tratarmos, no próximo capítulo, das condições que favorecerem a aproximação dela à obra de Michel Foucault.

Síntese

Neste capítulo, apresentamos os principais autores do debate entre História e Sociologia no imediato pós-Segunda Guerra Mundial. Esses debates foram marcados pelas transformações históricas do período, notadamente, a partir dos anos 1960, a descolonização afro-asiática e a emergência do terceiro-mundismo. O historiador Fernand Braudel (1902-1985) esteve no centro deste capítulo, pois protagonizou debates com a Sociologia, com a Antropologia e com as novas gerações de historiadores que com ele rivalizaram. Ele procurou manter-se na tradição da chamada *escola dos Annales*, ampliando as disciplinas com as quais a História estabeleceu diálogo, sendo a Economia, a Geografia e a Sociologia as áreas que mais valorizou. As novas gerações de historiadores, situadas em torno de Jacques Le Goff, em contrapartida, foram críticas da ideia de "história total", de Braudel. Elas preferiam incorporar perspectivas da Antropologia, adotando a delimitação de objetos e valorizando a história das mentalidades e a história cultural.

Atividades de autoavaliação

1. Leia atentamente as afirmações a seguir e assinale a resposta correta:
   I) Fernand Braudel defende o fim da distinção entre História e ciências sociais.
   II) Claude Lévi-Strauss defende o fim da distinção entre História e Filosofia.
   III) Fernand Braudel se opõe ao excesso de atenção dos sociólogos ao presente e ao instantâneo, chamando atenção para a "longa duração" e para as "permanências".
   IV) Fernand Braudel não aprovou o tipo de trabalho realizado por Michel Foucault.

   a) Somente as afirmações I e II são corretas.
   b) Somente as afirmações II e III são corretas.
   c) Somente a afirmação III é correta.
   d) Somente a afirmação IV é correta.
   e) Todas as afirmações são corretas.

2. Assinale a alternativa que indica os autores mais importantes do debate entre Sociologia e História no imediato pós-Segunda Guerra Mundial:
   a) Fernand Braudel, Georges Gurvitch, Karl Marx.
   b) Leopold von Ranke, Max Weber, Karl Marx.
   c) Charles-Victor Langlois, Max Weber, Karl Marx.
   d) Fernand Braudel, Claude Lévi-Strauss, Georges Gurvitch.
   e) Nenhuma das anteriores.

3. A História, após a Segunda Guerra Mundial, dialogou simultaneamente com a Sociologia e a Antropologia. Assinale a alternativa que indica um dos fatores históricos responsáveis por estabelecer esse novo padrão de discussão:
   a) A descolonização afro-asiática.
   b) O estabelecimento do comunismo no Afeganistão e na América Latina.
   c) A queda do Muro de Berlim.
   d) A Guerra do Vietnã.
   e) Nenhuma das anteriores.

4. Fernand Braudel prosseguiu a tradição da chamada *escola dos Annales*, privilegiando o diálogo com muitas disciplinas. Entre elas, destacam-se:
   a) Paleografia, Informática, Nutrição.
   b) Economia, Geografia, Sociologia.
   c) Matemática, Medicina, Informática.
   d) Medicina, Informática, Paleografia.
   e) Nenhuma das anteriores.

5. A chamada *terceira geração dos Annales*:
   a) Seguiu à rica o projeto historiográfico de Fernand Braudel.
   b) Seguiu à risca o projeto historiográfico de Langlois e Seignobos.
   c) Privilegiou o diálogo com a Antropologia.
   d) Privilegiou o diálogo com a Paleografia
   e) Nenhuma das anteriores.

Atividades de aprendizagem

Questões para reflexão

1. As visões que os historiadores têm de Fernand Braudel são díspares: para alguns, faltou-lhe teoria, para outros, sobrou-lhe poder institucional. Indague seus professores de História a respeito da visão que têm de Braudel e de sua defesa da História contra as ciências sociais. Elabore um texto sobre essas diferentes visões, destacando os critérios que levam alguns a apreciarem e outros a não apreciarem a obra do historiador.

2. Neste capítulo, você se familiarizou com uma profunda discussão a respeito do tempo. Sendo ele uma construção social, conta também com uma história, e as sociedades vivem-no de modos diferenciados. Reúna-se com seus amigos e elabore cinco perguntas abertas a respeito do modo como as pessoas organizam o tempo delas na vida cotidiana. Depois, apliquem esse questionário a um grupo que vocês considerem interessante, organizem as respostas dos indivíduos e comparem-nas. Após discutirem, elaborem um texto reflexivo a respeito da historicidade e do condicionamento social dos usos e das concepções do tempo.

Atividade aplicada: prática

1. Durante a Guerra Fria, o cinema tornou-se um recurso muito utilizado na disputa global entre Estados Unidos e URSS. Na qualidade de documentos de época, os filmes registram tanto os esforços da "guerra cultural" quanto os medos, os sentimentos e as aflições das pessoas durante aqueles anos. Escolha um entre os seguintes filmes, para discutir com seu

(sua) professor(a) e seus colegas: *007* (trata-se de uma série com uma dezena de aventuras de um espião inglês com essa alcunha); *Doutor Fantástico* (Stanley Kubrick, 1964); *Adeus Lenin* (Wolfgang Becker, 2003); *Boa noite, boa sorte* (George Clooney, 2005). Redija, em seguida, um texto destacando qual episódio do filme lhe chamou mais atenção e reflita sobre as contradições vividas pelo mundo durante a Guerra Fria.

Indicações culturais

007. 1962-2015. Série de filmes.

James Bond, o 007, é um agente secreto britânico, interpretado por vários atores. A trama de cada filme se liga à espionagem durante a Guerra Fria.

DOUTOR Fantástico. Direção: Stanley Kubrick. Reino Unido/EUA: Columbia Pictures do Brasil, 1964. 95 min.

Nesse filme, um general estadunidense acredita que os comunistas quebraram os acordos da Guerra Fria e dá ordens para bomabrdear a URSS. Trata-se de imaginar como seriam os dias que antecederiam o provável fim do mundo, caso as duas potências (Estados Unidos e URSS) se enfrentassem militarmente.

ADEUS Lênin. Direção: Wolfgang Becker. Alemanha, 2003. 118 min.

Nesse filme, o filho de uma comunista que entrou em coma antes da queda do Muro de Berlim empenha-se para montar um mundo fictício, no qual o comunismo não acabou. Ele faz isso para evitar que a mãe sofra com o desfecho histórico do socialismo real.

BOA NOITE e boa sorte. Direção: George Clooney. EUA, 2005. 93 min.

O filme retrata os conflitos entre jornalistas e o senador Joseph McCarthy, que liderava a perseguição a supostos comunistas no mundo artístico estadunidense.

Capítulo 4

A historiografia e os clássicos da Sociologia contemporânea

Neste capítulo, trataremos dos desdobramentos contemporâneos dos diálogos entre História e Sociologia estabelecidos pelos clássicos, abordados nos capítulos anteriores (1, 2 e 3), e suscetível de despertar o interesse dos estudantes brasileiros em virtude de nosso campo intelectual nacional, analisado nos capítulos seguintes (5 e 6).

A seguir, são contemplados, de um lado, os sociólogos mais citados e referenciados pelos historiadores e, de outro, os autores tratados como "clássicos contemporâneos" pelos currículos dos cursos de ciências sociais brasileiros. Por fim, há a apresentação e a discussão de um segmento disciplinar da Sociologia, nascido daqueles diálogos entre os clássicos: a Sociologia Histórica. Como nos demais capítulos, os eventos macro-históricos e políticos são destacados na medida em que tornam mais inteligíveis os cenários de lutas e alianças em que os autores se situavam para a elaboração de seus sistemas teóricos ou de suas proposições disciplinares.

Esses parâmetros são suficientes para você se situar no cenário mais recente dos debates que interessam a esta obra, devendo funcionar como pontos de referência a partir dos quais poderá ir além. Para isso, é importante que você esteja ciente de que o espraiamento das duas disciplinas, História e Sociologia, ultrapassa largamente essa circunscrição. Por exemplo, no reputado *World Social Science Report* (Unesco, 2010), produzido por cientistas sociais reunidos na Organização das Nações Unidas para a Educação, a Ciência e a Cultura (Unesco), disponível em inglês, francês e espanhol, como domínio público, informa-se que elas não apenas constam em sistemas nacionais de ensino e pesquisa por praticamente todo o globo, mas também fazem parte da construção lenta e gradativa, desde os anos 1950, de um espaço transnacional da prática científica nos domínios das ciências humanas e sociais. Em contrapartida, como apresentam uma densidade de produção que lhes imprime dinâmica própria, cada disciplina e país têm graus variados e maneiras distintas de interação em nível internacional (Rodrigues, 2018b). Retenha essa reflexão, pois voltaremos a ela quando tratarmos da experiência brasileira, nos dois capítulos finais.

(4.1)
Os historiadores e Michel Foucault
(1926-1984)

Diferentemente dos demais casos de intercâmbio disciplinar abordados nesta obra, o que se observa ao tratar das relações entre a historiografia e Michel Foucault, sobretudo na França, consiste em trocas amistosas, destituídas das tensões de fronteiras e de tentações imperialistas. Essa diferença envolve dois fatores. Por um lado, a historiografia prestou serviços ao projeto criador de Michel Foucault, algo que se compreende em razão das práticas de sua disciplina de origem, a Filosofia. Por outro lado, ele também foi útil para segmentos da historiografia, para os quais suas formulações se revelaram intelectualmente poderosas em face da concorrência estabelecida entre os historiadores (notadamente, os da terceira geração dos *Annales* contra a herança da chamada *Era Braudel*) (Burke, 1992; Dosse, 1994; Vainfas, 2009). Portanto, considerando a dinâmica interna das respectivas áreas, o conjunto complexo e multifacetado de trocas intelectuais entre a obra de Michel Foucault e a História revelou-se vantajoso para ambas. Esses dois vetores de tal consórcio amigável – isto é, as considerações de um a respeito do outro e vice-versa – consiste no fio condutor do que se apresenta a seguir. Contudo, requerem a formulação do seguinte problema: Considerando que o cerne da presente obra consista no diálogo entre História e Sociologia, por que tratar de Michel Foucault, autor oriundo da Filosofia? Há alguma outra motivação, para além do fato de sua recepção brasileira ser muito densa nas disciplinas de História e de Sociologia?

Convém esclarecer que seu reconhecimento – mesmo na França e imediatamente após a publicação de seus primeiros livros – como um pródigo praticante de *expertises* disciplinares díspares dificulta sua classificação e permite entendê-lo como "um espírito capaz de ser ao mesmo tempo e não exclusivamente historiador, filósofo, psicólogo" (Braudel, 1962, p. 772), ou, ainda, como "filósofo, psicólogo e historiador" (Mandrou, 1962, p. 761). Sublinha-se que, longe de essa característica ser vista como problemática, ela foi saudada por seus contemporâneos: "não se pode propor este método como exemplo. Ele não está ao alcance de qualquer um: é preciso mais do que talento" (Braudel, 1962, p. 772). Para Le Goff (2003, p. 198), ele era filósofo e historiador, "o que é raro". Já nos Estados Unidos, por exemplo, a presença de Foucault foi marcada pela recepção na área de estudos literários – multiplicando as possíveis filiações disciplinares de um autor que costumava pedir para não lhe perguntarem o que ele era e gastar boa parte de seu tempo explicando o que ele não era (Fabiani, 2007). Quanto à sua relação com a Sociologia, Jean-Louis Fabiani não hesita em afirmar que ele não a praticava, a despeito das apropriações difusas e das associações fortuitas, sempre passíveis de elaboração por parte dos sociólogos (Fabiani, 2007).

Em razão do que representou seu diálogo com a historiografia, há interesse, contudo, em abordá-lo para discutir as relações da disciplina com a Sociologia. A fração da historiografia da qual se trata a seguir consiste naquela que, precisamente, distanciando-se da segunda geração dos *Annales*, afastava-se, a seu modo, de alguns elementos das matrizes sociológicas e econômicas que pontilhavam os trabalhos a eles relacionados. Como você deve se lembrar, no Capítulo 3, tratamos das alianças disciplinares preferenciais, gradativamente orientadas na direção da Antropologia. E, dessa rotação, como assinalou André Burguière (1999, p. 2), fez parte o diálogo com a obra de Michel Foucault, posto que tanto ela quanto a Antropologia fizeram da "crítica da razão histórica" um exercício obrigatório.

Vale também assinalar que, de meados dos anos 1970 em diante, a obra de Michel Foucault contribui mais fortemente para as rotações internas à dinâmica da História. Tanto é assim que ninguém mais e ninguém menos do que Fernand Braudel afirma, em enxuto comentário, inserido ao final da resenha crítica de Robert Mandrou, por ocasião da publicação, na França, do livro *História da loucura*: trata-se de uma obra destacada pela "originalidade e caráter pioneiro", que vai "além do que se chama, desde Lucien Febvre, de psicologia coletiva" (Braudel, 1962, p. 771). Está além pois implica uma "atitude singular abordando um problema por meio de três ou quatro vieses diferentes, numa ambiguidade [...] que é a ambiguidade de todo fenômeno coletivo: uma verdade de civilização mergulha na obscuridade de motivações contraditórias, conscientes e inconscientes" (Braudel, 1962, p. 771). A loucura é um "tema para pensar os caminhos misteriosos das estruturas mentais de uma civilização" (Braudel, 1962, p. 771). A despeito desse reconhecimento pelo historiador que representava todos os princípios contra os quais a terceira geração dos *Annales* se oporia, a obra de Foucault seria apropriada por esta, e não por aquele. De todo modo, sagazmente, Robert Mandrou destacou os elementos que distanciavam Foucault da geração em que a história social e econômica foi predominante:

[Michel Foucault, o reconhecimento da segunda geração dos Annales e a aproximação temática e de abordagem da terceira:]

Em que medida esses séculos modernos comportam – em relação à idade medieval – uma pauperização ligada às transformações econômicas e *sociais, o autor de* História da loucura *não fez a pergunta: de resto suas incursões no domínio socioeconômico são raras e intervém como argumentos menores de sua demonstração. Contentemo-nos em indicar esse grave problema. É preciso sublinhar aqui, sem insistir, o afluxo de pobres em direção às cidades [...]: a todo o tempo, as autoridades lamentam: "o grande número de pobres que chegam..."; depois da criação dos hospitais gerais e durante todo o século XVIII, elas se esforçam por impedir que os pobres de zonas rurais não se congestionem as instituições de caridade da cidade. Esses elementos importantes de uma história da pobreza não entram na consideração de Foucault que se interessa pelos pobres na medida em que eles se tornam loucos.* (Mandrou, 1962, p. 766)

Foram variadas as relações que Michel Foucault estabeleceu com os historiadores, alguns deles colaborando diretamente em suas iniciativas intelectuais e militantes: Michelle Perrot participou, por exemplo, do Groupe d'Information sur les prisons (GIP), fundado por ele com Pierre Vidal-Naquet e Jean-Marie Domenach, em 1971. Com Arlette Farge, Foucault publicou *Le désordre des familles (A desordem das famílias)*, em 1982 (Foucault; Farge, 1982). Já no Collège de France, Foucault coordenou um trabalho de equipe com historiadores junto a arquivos do século XIX, que resultou no livro *Eu, Pierre Rivière que degolei minha mãe, minha irmã e meu irmão* (Foucault, 2010).

Uma das contraposições de Michel Foucault, no interior da tradição da disciplina filosófica, consiste na denegação das categorias e dos princípios da "história das ideias" – isto é, o postulado da unidade e da coerência de uma obra, o acento na originalidade do sujeito-autor criador. A abordagem que propõe implica recorrer a "princípios de inteligibilidade que rejeitam [essas] velhas noções" (Chartier, 2002, p. 125). Michel Foucault explica sua **contraposição à história das ideias** nos seguintes termos:

Ela [a história das ideias] é a análise dos nascimentos surdos, das correspondências longínquas, das permanências que se obstinam sob mudanças aparentes, das lentas formações que se beneficiam de um sem-número de cumplicidades cegas, dessas figuras globais que se ligam pouco a pouco e, de repente, se condensam na agudeza da obra. Gênese, continuidade, totalização: eis os grandes temas da história das ideias, através dos quais ela se liga a uma certa forma, hoje tradicional, de análise histórica. É normal, nessas condições, que qualquer pessoa que ainda tem da história, de seus métodos, de suas exigências e de suas possibilidades, essa ideia de agora em diante um pouco enfraquecida, não possa conceber que se abandone uma disciplina como a história das ideias; ao contrário, considera que qualquer outra forma de análises dos discursos é uma traição à própria história. Ora, a descrição arqueológica é precisamente abandono da história das ideias, recusa sistemática de seus postulados e de seus procedimentos, tentativa de fazer uma história inteiramente diferente daquilo que os homens disseram.

[...]

A arqueologia fala – bem mais à vontade do que a história das ideias – de cortes, falhas, aberturas, formas inteiramente novas de positividade e redistribuições súbitas. Fazer a história da economia política era, tradicionalmente, procurar tudo que poderia ter precedido Ricardo, tudo que poderia ter delineado antecipadamente suas análises, seus métodos e suas noções principais, tudo que poderia ter tornado suas descobertas mais prováveis; fazer a história da gramática comparativa era reencontrar o rastro [...] das pesquisas prévias sobre a filiação e o parentesco das línguas [...]; era revelar, mais uma vez, a primeira comparação, feita em 1769, entre as conjugações sânscrita e latina [...]. A arqueologia procede inversamente; procura soltar todos os fios ligados pela paciência dos historiadores; multiplica as diferenças, baralha as linhas de comunicação e se esforça para tornar as passagens mais difíceis; não tenta mostrar que a análise fisiocrática da produção preparava a de Ricardo; não considera pertinente, a suas próprias análises, dizer que Coeurdoux havia preparado Bopp. A que corresponde essa insistência sobre as descontinuidades? Na verdade, ela só é paradoxal em relação ao hábito dos historiadores. É esse hábito – e sua preocupação com as continuidades, passagens, antecipações, esboços prévios – que, muito frequentemente, representa o paradoxo. De Daubenton a Cuvier, de Anquetil a Bopp, de Graslin, Turgot ou Forbonnais a Ricardo, apesar de uma distância cronológica tão reduzida, as diferenças são inumeráveis e de naturezas muito diversas [...]. (Foucault, 2007, p. 159, 191-192).

Articulando essa reflexão, a respeito da descontinuidade em lugar da busca por liames de continuidades entre as "cadeias das ideias", à crítica da radicalidade do *"linguistic turn"*, alguns historiadores se apropriam da obra de Foucault. Na avaliação de Roger Chartier, ao passo que as correntes, em voga crescente no fim dos anos 1970, inspiradas pelo *"linguistic turn"* consideram "que existem apenas jogos de linguagem e que não há realidade fora dos discursos", Foucault articula "a construção discursiva do mundo social à construção social dos discursos" e inscreve "a compreensão dos diversos enunciados que modelam as realidades no seio das restrições objetivas que limitam e tornam possível, ao mesmo tempo, sua enunciação" (Chartier, 2002, p. 119). Além disso, Chartier ressalta o modo como, ao colocar esse programa de pesquisa em prática, Foucault impacta alguns procedimentos correntes entre os historiadores.

Ao tratar os "discursos como séries regulares e descontínuas de acontecimentos", "Foucault historiador" ambiciona romper com a busca sem fim dos começos – a chamada "quimérica busca das origens", que remonta, novamente, embora por motivos distintos, a um dos "ídolos" dos historiadores, tal como criticou Simiand em 1903. Essa busca pode mesmo anular a originalidade dos acontecimentos, tornando impossível reconhecer a "descontinuidade radical das emergências" (Chartier, 2002, p. 126-127) – e a ela, Foucault contrapõe a noção de *genealogia*, que parte do presente ao passado (Le Goff, 2003). Por conseguinte, trata-se de superar a noção de que o devir histórico é uma sucessão necessária de fatos encadeados e de que existam "totalidades homogêneas" (Dosse, 1994, p. 183-184) – cujo encadeamento, reaceavam Foucault e os historiadores, poderia redundar em uma implícita "filosofia da história" (Le Goff, 2003, p. 208).

Essa perspectiva dá sustentação a uma recusa do estabelecimento de **causalidades**, que foi saudada por Paul Veyne (1987) em suas implicações narrativas: em substituição a elas, a atenção às "séries", segmentadas segundo sua lógica particular própria. Essas proposições remetem à questão a propósito de uma racionalidade do sentido histórico candente à área de Filosofia, visto que a descontinuidade para análise de séries temporais se contrapõe à "narrativa das continuidades e afirmação da soberania da consciência" (Chartier, 2002, p. 128). Roger Chartier propõe um exemplo palpável para inteligibilidade desse ponto. Observa ele que a revolução francesa encontra-se nos trabalhos de mais fôlego de Foucault, "mas em nenhum deles ela é considerada como o tempo de uma ruptura total e global reorganizando todos os saberes, discursos e práticas" (Chartier, 2002, p. 136). Ao contrário do que é recorrente na historiografia da revolução francesa – associar o discurso iluminista com uma de suas causas, ou atribuir aos jacobinos a gênese do que mais tarde seria o "Terror", em um moto causal contínuo –, Foucault propõe reconhecer "a contradição entre a filosofia emancipadora do iluminismo e os dispositivos que, apoiando-se nele, multiplicam as imposições e os controles" (Chartier, 2002, p. 135) – sem que a ideologia racional iluminista seja a causa dessa história. Assim segundo Chartier, sobretudo em *Vigiar e punir* (Foucault, 2009), a revolução francesa é "transposta pela análise" do autor:

[*Foucault e a revolução sem ruptura:*]

Da mesma forma, a ruptura não é, para a arqueologia, o ponto de apoio de suas análises, o limite que ela mostra de longe, sem poder determiná-lo nem dar-lhe uma especificidade: a ruptura é o nome dado às transformações que se referem ao regime geral de uma ou várias formações discursivas. Assim, a Revolução Francesa – já que foi em torno dela que se centraram até aqui todas as análises arqueológicas – não representa o papel de um acontecimento exterior aos discursos, cujo efeito de divisão, para pensarmos como se deve, teria de ser reencontrado em todos os discursos; ela funciona como um conjunto complexo, articulado, descritível, de transformações que deixaram intactas um certo número de positividades, fixaram, para outras, regras que ainda são as nossas e, igualmente, estabeleceram positividades que acabam de se desfazer ou se desfazem ainda sob nossos olhos. (Foucault, 2007, p. 198)

[*A revolução diminuída enquanto "causalidade", a distinção entre prática discursiva e outras práticas:*]

"Como o modelo coercitivo, corporal, solitário, secreto do poder de punir substituiu o modelo representativo, cênico, significante, público, coletivo? Por que o exercício físico da punição (e que não é o suplício) substituiu, com a prisão, que é o seu suporte institucional, os jogos sociais dos sinais de castigo, e da festa fecunda que os fazia circular?" Compreender por que a encarceração é colocada no centro do sistema punitivo moderno – esta é a questão de Vigiar e punir *– leva a determinar um domínio específico de objetos e a construir uma temporalidade própria que nada deve às periodizações clássicas – por isso, da Idade clássica ao século XIX – tecnologias*

de assujeitamento e dispositivos de vigilância dos quais a prisão é herdeira e exemplar. (Chartier, 2002, p. 138)

Contra a certeza de um advento radical, de uma inauguração absoluta, que habita as palavras e as decisões dos atores do acontecimento, a insistência nas discordâncias que separam as diferentes séries discursivas (que são inventadas ou transformadas com a Revolução ou que, ao contrário, não são absolutamente afetadas por ela), lembra com vigor que a parte refletida e voluntária da ação humana não fornece necessariamente a significação dos processos históricos. (Foucault, 2007, p. 137)

Além dessas afinidades com a terceira geração dos *Annales*, pelo menos mais duas poderiam ser assinaladas: o tratamento dos **arquivos** e dos **documentos** à luz da "crítica da razão historiográfica" e as inclinações temáticas. Ambas são assinaladas por Jacques Le Goff, um de seus leitores favoritos. Tanto Foucault quanto ele teorizaram a respeito dos "documentos enquanto monumentos": os vestígios deixados pelo passado resultam, também, de relações de poder cristalizadas nas instituições de Estado, como os arquivos (Foucault, 2008, p. 143-151). Paralelamente, havia uma retomada história das sensibilidades – elegendo Lucien Febvre como um antecessor. Daí apreciarem a historicização seja do medo, seja da dor, seja das práticas sociais em torno do tempo (Le Goff, 2003, p. 204).

A multiplicação contínua e não controlada dos diálogos entre a História, o conjunto das ciências sociais e a Filosofia – para além da zona circunscrita da Sociologia, que interessa mais particularmente ao presente livro –, conduziu a um cenário de implosão das fronteiras disciplinares, não mais passíveis de delimitação por meio de períodos, objetos, métodos ou materiais empíricos. Os desdobramentos dessa condição estiveram na base das últimas reflexões metadisciplinares dos *Annales* (Les Annales, 1988, 1989).

(4.2)
Pierre Bourdieu (1930-2002):
História feita corpo da Sociologia

São raros os sociólogos cujo sistema teórico e metodológico pressupõe intrinsecamente um raciocínio dinâmico, como é o caso de Pierre Bourdieu. A variável *tempo* encontra-se interiorizada em conceitos fundamentais, assim como na operacionalização técnica de suas pesquisas. Destacam-se dois conceitos-chave para colocar em relevo essa característica: **campo** e *habitus* (Steinmetz, 2018) – que remontam a seu percurso de transição disciplinar, da Filosofia à Etnografia e desta à Sociologia. Essa trilha, obviamente, é indissociável do cenário histórico de caráter político e institucional que, simultaneamente, limitou, em alguns momentos, e fomentou, em outros, seu trabalho.

A sensibilidade de Pierre Bourdieu para a temporalidade e para a abordagem histórica é identificável nos anos finais de sua formação em Filosofia e, ainda, no giro que sofrem seus planos de estudos, depois de cumprir o serviço militar na Guerra da Argélia (1964-1962) – conflito que você deve localizar no interior do processo de emergência do terceiro mundismo, do qual tratamos no capítulo anterior.

Dotado de sua "agregação" em Filosofia, ele inscreveu-se no doutorado, sob direção de Georges Canguilhem (1904-1995). Nessa ocasião, seu plano era elaborar uma tese sobre *"L'émotion comme stucture temporelle: essai d'interprétation des données physiologiques"* ("A emoção como estrutura temporal: ensaio de interpretação de dados fisiológicos"). Porém, ao ser recrutado para a Guerra da Argélia como soldado (1955) e, em seguida, passar a trabalhar como assistente de Filosofia (1957-1961), iniciou-se na prática da Etnografia, caminho que o conduziu, entre outros fatores, no retorno à França, à Sociologia. Durante sua estada no país africano, ele tratou dos "efeitos sociais do desenraizamento das sociedades tradicionais e da confrontação dos indivíduos com a lógica da economia de mercado" (Garcia-Parpet, 2006, p. 335).

Nesses anos iniciáticos, ressalta-se, portanto, no âmbito da Filosofia, a atenção à temporalidade das emoções e, no âmbito dos estudos de campo desenvolvidos na Argélia, esboça-se a noção, ainda que de modo rudimentar, de *habitus* e de *hysteresis*. Ele identifica uma disjunção entre as estruturas temporais objetivas – isto é, da vida material e da vida social externa aos indivíduos, determinadas pelo advento do capitalismo e da guerra – e as estruturas temporais subjetivas – isto é, a estrutura social, tal como incorporada pelos indivíduos, correspondente a uma fase pretérita da história coletiva. Desse modo, entre a **estrutura estruturada** – objetiva e presente – e a **estrutura incorporada** – subjetiva e pretérita, que, posteriormente, qualificaria como *habitus* –, há uma decalagem (*hysteresis*). Em fases de transformações aceleradas, a desorientação da ação se deve parcialmente a essa bifurcação (Steinmetz, 2018).

Em seu retorno à França, Bourdieu situou-se sob a égide de um autor também sensível ao raciocínio histórico, Raymond Aron – embora ambos estivessem imersos no cenário da reconstrução da sociologia francesa do pós-Segunda Guerra, cuja tendência era, como destacamos no capítulo anterior, preferencialmente, anti-histórica. Deve ser adicionada a essa polarização anti-histórica, a oposição de Pierre Bourdieu ao estruturalismo e ao formalismo de Lévi-Strauss. A ele tentava opor-se, no plano da teoria social, desbancando a ideia de *regras de parentesco* em favor da noção de *estratégia*, noção com a qual intencionava atribuir aos agentes mais reflexividade e às estruturas, menos rigidez. Além disso, tratava-se de opor-se a Lévi-Strauss também no que tangia à dinâmica social, visto que fora a observação daquelas populações ou mal adaptadas ou em adaptação à economia capitalista mercantil que lhe possibilitou a contraposição ao inflexível esquema das "regras".

No entanto, outro filão de suas pesquisas – aquelas realizadas, em geral coletivamente, no Centro de Sociologia Europeia – não incorporaram, tão rapidamente, a dimensão processual e histórica. Suas abordagens do sistema escolar, da frequentação aos museus e da prática da fotografia apresentavam recortes mais sincrônicos e privilegiavam as determinações estruturais (Steinmetz, 2018). A dinâmica da construção teórico-metodológica do autor, *pari passu* a essas investigações empíricas, articuladas a um recuo no tempo e a uma rotação temática, colaborou para aquela incorporação. Ao voltar-se à análise da literatura e das artes plásticas, as noções de campo e de *habitus*, apenas esboçadas na fase de seus estudos argelinos, foram retomadas e desenvolvidas. Apenas nos trabalhos monumentais sobre o projeto criador do escritor Gustave Flaubert (1821-1880) (Bourdieu, 1996) e do pintor Édouard Manet (1832-1883) (Bourdieu, 2013), esses conceitos apareceriam de modo acabado e em operação analítica. Posteriormente, para além de uma abordagem histórica de períodos mais longínquos, ele realizaria uma rara articulação de análise diacrônica em um recorte sincrônico – no livro *A distinção* (Bourdieu, 2013). No caso desse autor, nada poderia ser melhor do que suas próprias palavras para definir a abordagem em termos de campo e de *habitus*:

[Pierre Bourdieu e a renovação da sociologia contemporânea por meio das noções de campo e de habitus:*]*

Irredutível a um simples agregado de agentes isolados, a um conjunto aditivo de elementos simplesmente justapostos, o **campo intelectual**, *da mesma maneira que o campo magnético, constitui um sistema de linhas de força: isto é, os agentes ou sistemas de agentes que o compõem podem ser descritos como forças que se dispondo, opondo e compondo, lhe* *conferem sua estrutura específica num dado momento do tempo. Por outro lado, cada um deles é determinado pelo fato de fazer parte desse campo: à posição particular que ele aí ocupa deve com efeito,* **propriedades de posição, irredutíveis** *às propriedades intrínsecas, e, particularmente, um tipo determinado de participação no campo cultural enquanto sistema de relações entre temas e problemas e, por isso mesmo, um tipo determinado de inconsciente cultural, ao mesmo tempo que é, intrinsecamente, dotado daquilo que chamaremos* **peso funcional***, porque sua "massa" própria, isto é, seu poder (ou melhor, sua autoridade) dentro do campo, não pode ser definido independentemente da posição que ocupa no campo.*

[...] Ora, a história da vida intelectual e artística no Ocidente permite ver como o campo intelectual (e, ao mesmo tempo, o intelectual em oposição, por exemplo, ao letrado) se constituiu, progressivamente, dentro de um tipo particular de sociedades históricas. Na medida em que os domínios da atividade humana se diferenciavam, uma ordem propriamente intelectual, dominada por um tipo particular de legitimidade, se definia por oposição ao poder econômico, ao poder político e ao poder religioso, isto é, a todas as instâncias que possam pretender legislar em matéria de cultura, em nome de um poder ou de uma autoridade que não seja propriamente intelectual. Dominada por uma instancia de legitimidade **exterior** *durante toda a Idade Média, uma parte da Renascença e, na França, com a vida de corte, durante todo o período clássico, a vida intelectual se organizou, progressivamente, em um campo intelectual na medida em que os artistas se libertavam, econômica e socialmente, da tutela da aristocrática e da Igreja, de seus valores éticos e estéticos, e, também, na medida em que apareciam* **instâncias específicas de seleção e de consagração** *propriamente intelectuais [...] e colocadas em situação de concorrência pela legitimidade cultural.*

[...]

Lembrar que o campo intelectual como sistema autônomo ou pretendente à autonomia é o produto de um processo histórico de autonomização e de diferenciação interna é legitimar a autonomização metodológica, autorizando a pesquisa da lógica específica das relações que se instauram no interior desse sistema e o constituem enquanto tal. É também dissipar as ilusões nascidas da familiaridade mostrando que, produto de uma história, esse sistema não pode ser dissociado das condições históricas e sociais de sua constituição e, com isso, condenar, toda tentativa de considerar as proposições depreendidas do estudo sincrônico de um estado do campo como verdades essenciais, trans-históricas e transculturais. Sendo conhecidas as condições históricas e sociais que tornam possível a existência de um campo intelectual – e definidos, ao mesmo tempo, os limites da validade de um estudo de um estado desse campo – esse estudo adquire então todo seu sentido, porque pode apreender em ação a totalidade concreta das relações que constituem o campo intelectual como sistema. (Bourdieu, 1968, p. 105-106, 113, grifo do original)

Além disso, empregando para designar a cultura inculcada pela escola o conceito escolástico de habitus, *Erwin Panofsky faz ver que a cultura não é somente um código comum, nem mesmo um repertório comum de respostas aos problemas, ou um conjunto de esquemas de pensamentos particulares e particularizados, mas sobretudo um conjunto de esquemas fundamentais, previamente assimilados, a partir dos quais se engendram, segundo uma arte de invenção análoga àquela da escritura musical, uma infinidade de esquemas particulares, diretamente aplicados a situações particulares* (Bourdieu, 1967, p. 151-152, tradução nossa)

Na avaliação de Georges Steinmetz (2018), esses conceitos são históricos em três sentidos:

1) Eles designam práticas circunscritas no tempo e no espaço – não são atemporais, tampouco universais.
2) A historicidade é intrínseca a esses conceitos – de um lado, *habitus* é uma história coletiva incorporada individualmente; de outro, os campos (da ciência, da arte, da política, da economia) resultam da cristalização em estruturas de longos processos de constituição própria e de segmentação de uns em relação aos outros.
3) As categorias de *habitus* e campo, quando operacionalizadas nas análises, revelam uma conduta historicista, pois, ao examinar o ingresso do agente no campo e sua constituição pelo *habitus*, ele recusa dois tipos extremos de raciocínio.

Trata-se de rechaçar a aleatoriedade do "tudo é possível", assim como a rigidez do "tudo está determinado". Entre um e outro, há um espaço de possibilidades para variações individuais de um mesmo *habitus* (ajustes, improvisações e inovações), assim como as lutas que constituem o campo e motivam a ação de seus agentes alteram sua estrutura – seja mantendo-a autônoma em relação a outros campos, seja revertendo o próprio processo de autonomização. Em uma direção ou noutra, "assim se supera a oposição, frequentemente descrita como uma antinomia inultrapassável, entre estrutura sincronicamente apreendida e a história" (Bourdieu, 1996, p. 239).

De modo geral, a direção assumida por sua obra é a de caracterizar a "complexidade das transformações e das reproduções, ambas parciais" (Calhoun, 2013, p. 64, tradução nossa). Como se conclui desses excertos, o autor está empenhado em ultrapassar a alternativa irredutível entre liberdade e determinação do indivíduo – uma vez que os conceitos orientam o pesquisador (seja historiador, seja sociólogo) para reter as ações humanas como parcialmente determinadas e parcialmente livres. Além disso, no lugar de uma abordagem causal, o par campo/*habitus* evoca uma **análise relacional**: é atuando em um espaço específico (o campo, autônomo ou não), segmentado em posições mais e menos dominantes, regidas segundo uma lógica própria ou o entrelaçamento de múltiplas lógicas sociais, que os agentes concorrem ou se aliam.

É imperativo adicionar uma observação a respeito da sensibilidade histórica do autor. Nos trabalhos sobre Manet e Flaubert (Bourdieu, 2013, 1996), acompanha-se, em detalhe, a vagarosa passagem da **indiferenciação** entre os espaços ao estado de autonomia relativa deles – processo marcado por etapas em que os artistas expulsam a jurisprudência da Igreja, do Estado e do mercado e conquistam para si próprios a autoridade a respeito do que é bom e do que é ruim, do que deve ser feito e do que ainda falta ser feito, em seus domínios práticos (música, pintura, literatura, teatro etc.). Uma vez relativamente autonomizados, dotados de móveis próprios na determinação da ação dos agentes e de critérios internos de regramento das disputas entre eles, os campos não estão protegidos do que denomina "perigo da heteronomização" (Bourdieu, 2013, p. 171). Ao contrário, a **manutenção da autonomia** é também movida por disputas internas e externas às práticas.

Sobretudo na fase mais madura de sua produção, ele investigou processos inversos ao da autonomização. Assim, no artigo que resulta de uma pesquisa de duas décadas, a respeito do campo editorial francês, "Uma revolução conservadora na edição" (Bourdieu, 1999), o argumento central se desenvolve em torno da acachapante heteronomização do campo relativamente autônomo das edições literárias pelas determinações do campo econômico. Novamente a decalagem entre as estruturas **objetivas** (sobredeterminadas pelos princípios mercantis) e as **subjetivas** (que se autorrepresentam com a nobreza das rupturas artísticas vanguardistas) está no centro da análise. Ele detecta seu significado efetivo na nova configuração do espaço, submetido crescentemente à lógica e ao ritmo da produção e circulação do capital econômico, notadamente, o financeiro[1]. Em suma, a antítese da revolução simbólica é a revolução conservadora: aquela que estabelece a heteronomia *objetiva* a despeito da aparência de autonomia e da autorrepresentação dos agentes, vivendo em estado de "quase esquizofrenia" (Bourdieu, 1999, p. 4).

> *Da mesma maneira, o que devemos compreender é uma forma de necessidade na contingência ou de contingência na necessidade dos atos sociais realizados sob necessidades estruturais, sob a pressão dos produtos da história anterior, sob necessidades estruturais incorporadas na forma das disposições permanentes, o que chamo de* habitus. *O* **sociólogo ou o historiador** *que se apodera do mundo social faria mais completamente o que faz se soubesse que tem por objeto um estado provisório,* **não aleatório e não necessário**, *de uma relação entre uma estrutura que é o produto da história, um campo, e uma estrutura incorporada que é também o produto da história. Quando o historiador estuda uma declaração de Guizot na Câmara dos Deputados, lida com algo conjuntural, acidental, um* happening *que, no fundo, não tem o menor interesse. A mesma coisa para o sociólogo que estuda uma declaração de Cohn-Bendit em 1968, ou a atitude de tal professor em 1968, ou a de Flaubert no momento do processo instaurado contra seu romance Madame Bovary. Quando ele estuda um* happening, *na verdade estuda* **o encontro entre o** **habitus** — *produto de uma ontogênese, da incorporação, sob certas condições, do estado de*

---

1   Para um comentário mais extenso desse ponto em particular da teoria em apresentação, remetemos você ao sítio: *https://ufscar-br.academia.edu/LidianeRodrigues/Teaching-Documents.*

> *certa estrutura, a estrutura de um espaço social global e de um campo no interior desse espaço* — **e uma estrutura objetivada** — *a de um espaço social em seu conjunto, ou, no mais das vezes, a de um subuniverso, o campo da história, o campo literário, o campo estatal.* **O sociólogo faz história comparada quando toma como objeto o presente: quando eu estudo uma reforma da política de habitação em 1975, faço exatamente a mesma coisa que alguém que estuda um debate no Parlamento ou na Câmara dos Lordes em 1215: trato do encontro entre duas histórias, num momento que é, por sua vez, história do lado dos indivíduos e das estruturas.** (Bourdieu, 2014, p. 186, grifo nosso)

Você pode perceber, certamente, que se retoma, assim, o problema com o qual se abriu esta obra, isto é: o diálogo de Bloch com a obra de Durkheim; mas também o procedimento que levava Max Weber a uma conciliação com os historiadores, ou seja, a história comparada e o comparativismo como parâmetros incontornáveis na definição mesma da disciplina da Sociologia.

Por meio dos complexos caminhos e injunções que movem a história das disciplinas, as questões metodológicas e os propósitos da história comparada e do comparativismo desaguaram em um segmento disciplinar híbrido, denominado *Sociologia Histórica*, da qual se tratará na seção final.

É importante informá-lo: assim como Michel Foucault, no âmbito das relações práticas de trabalho, Pierre Bourdieu também se abriu às trocas com os historiadores. Na revista que fundou, em meados dos anos 1970, intitulada *Actes de la recherche em sciences sociais* (*ARSS*), foi constante a participação de historiadores, alguns da chamada, não sem controvérsia, *quarta geração dos Annales*. Em contrapartida, Jacques Revel e Lynn Hunt, para citar apenas os mais conhecidos entre nós, não hesitaram em recenseá-lo nos grandes balanços sobre história social (Steinmetz, 2018). Destaca-se, ainda, nesse sentido, o "Diálogo a propósito da história cultural", publicado na *ARSS*, no qual o sociólogo figurou com dois historiadores: Robert Darnton e Roger Chartier (Bourdieu; Chartier; Darnton, 1985). Com este último, realizou um conjunto de entrevistas, emitidas por rádio, em 1988 – publicadas posteriormente (Bourdieu; Chartier, 2011).

(4.3) Sociologia Histórica: emergência, agenda e problemas de pesquisa

O objetivo desta seção é abordar uma subdisciplina, resultante do diálogo entre História e Sociologia, chamada de *Sociologia Histórica*. Trata-se, primeiramente, de apresentar o conjunto de fatores externos e internos à Sociologia como disciplina que favoreceram a emergência desse segmento e, em seguida, introduzir seus autores principais e sua agenda de pesquisa.

Talvez você imagine que uma "Sociologia Histórica" poderia ser encontrada nos clássicos das ciências sociais já apresentados – especialmente, em Karl Marx e Max Weber. E você está inteiramente correto, caso tenha pensado nisso. Contudo, o termo *Sociologia Histórica* entrou em circulação, até mesmo para designar frações da obra daqueles clássicos, somente nos anos de 1960 e 1970. Nessas décadas, um conjunto de sociólogos, notadamente estadunidenses, empenhou-se em elaborar uma nova abordagem, contraposta à tendência então dominante – isto é, o estrutural-funcionalismo, que consistia em uma mescla entre o estruturalismo francês e o funcionalismo de Talcott Parsons (1902-1979), cuja teoria analisava a sincronia do sistema social e o encaixe nele das funções desempenhadas pelos atores. A fim de se oporem ao desprezo pela diacronia e ao estilo anti-histórico dessa vertente, alguns voltaram-se para dimensões das obras dos clássicos da tradição europeia, reconhecendo nelas o projeto de uma "sociologia histórica", ponto de partida para levarem adiante a própria agenda de pesquisa e abordagem.

Desse modo, fontes intelectuais diversificadas alimentaram essa área em emergência. Ela se empenhou no retorno aos clássicos e no diálogo com os desdobramentos seculares de suas obras. Uma fórmula simples e rotineira consiste em afirmar que a motivação última dos autores canônicos consistiu na explicação da sociedade nascida da Revolução Francesa (Durkheim), na burocracia alemã (Weber) e na Revolução inglesa (Marx). Tratou-se, para a Sociologia Histórica, de partir de preocupações similares. Entretanto, avaliando criticamente o eurocentrismo dessa tradição, incorporaram ideias, conceitos e métodos, dedicando-se ao estudo de vias alternativas de modernização. Nessa revisão do cânone, inspiraram-se também nos *Annales*, vistos como pioneiros do diálogo, não apenas entre Sociologia e História, porém também com a Geografia e a Economia (Adams; Clemens; Orloff, 2005, p. 7). Mesmo que com menor peso na definição dos rumos dessa nova especialização, não se pode ignorar os efeitos da difusão da obra do sociólogo alemão, radicado na Inglaterra e na Holanda, por ocasião da fuga do nazismo, Norbert Elias (1897-1990) (Cuin; Gresle, 2017, p. 115-117).

No que se refere a fatores externos ao mundo científico, faz-se importante recordar o cenário mais amplo, que encorajou jovens sociólogos a se contraporem à hegemonia de Talcott Parsons, à leitura que ele realizava dos clássicos europeus, ao seu positivismo e à tendência presentista das ciências sociais. Do final da Segunda Guerra Mundial ao início dos anos 1960, a extraordinária recuperação econômica da Europa e o enriquecimento dos Estados Unidos ensejaram uma confiança sem precedentes na chamada *sociedade moderna* como destino global – assim como no papel deste país como acelerador desse processo, dada sua predominância geopolítica. Isso ocorreu sobretudo nos espaços dominados por duas disciplinas, cuja força as capacitava para exportar sua visão da história e da modernidade: a Economia e a Ciência Política. Nelas, a principal orientação analítica consistia em variantes de uma linhagem denominada **teoria da modernização** cujo representante de maior destaque talvez seja o economista estadunidense Walt Whitman Rostow (1916-2003).

Esse autor publicou um livro de extraordinária repercussão, *Etapas do desenvolvimento econômico: um manifesto não comunista* (Rostow, 1979). Segundo ele, era preciso substituir os conceitos de *capitalismo* e de *modo de produção*, e adotar o de *industrialização*. Assim, Rostow estabeleceu cinco etapas pelas quais as sociedades passariam, convergindo para a fase avançada da industrialização: "sociedade tradicional", "precondições para o arranco", "arranco", "marcha para a maturidade", "era do consumo em massa". Do ponto de vista da discussão historiográfica, trata-se de uma perspectiva a-histórica, já que se o capitalismo sempre existiu, não há razão para reconstruir sua história; teleológica, visto que sugere que a passagem do tempo conduz ao cenário ao qual chegamos, necessariamente, isto é, outras histórias não eram possíveis no percurso e, quando ocorriam, representavam desvios de um sentido que seria retomado mais cedo ou mais tarde; anacrônica, uma vez que os indivíduos são, nessa perspectiva, **naturalmente** inclinados à busca de ganho, assim como o modo de organização de sua produção é sempre voltado aos princípios de mercado; e etnocêntrica, pois consiste na projeção, no tempo pretérito, das práticas, das estruturas e das sensibilidades de nosso tempo, recusando-se a compreendê-lo em sua diferença relativa ao presente.

Segundo Theda Skocpol (1947-) – uma das autoras pioneiras na elaboração da Sociologia Histórica – essas teorias consistiam em formalizações a-históricas de etapas substancializadas e justapostas que tratavam de modo estático as noções de *moderno, modernidade* e *modernização* (Skocpol, 2004). De modo mais ou menos irrefletido, a sociedade industrial, competitiva, aberta ao mérito e a suas contrapartidas políticas, notadamente, a democracia liberal – que se acreditava corresponder à ordem social vigente na Europa e nos Estados Unidos – foi erguida como um modelo para qual tendiam todos os outros modelos sociais.

Por outro lado, uma visão não menos evolucionista e padronizadora do percurso histórico mundial vicejava também no lado oposto, no bloco comunista da Guerra Fria. Você possivelmente lembra do que explicamos no Capítulo 2, ao tratarmos dos múltiplos sentidos assumidos pela obra de Marx e, particularmente, pelo conceito de modo de produção. Nos anos 1930, o estalinismo havia produzido um "espelho invertido" da perspectiva que, nas décadas seguintes, seria formulada pela teoria da modernização. Na versão soviética do marxismo, os períodos históricos correspondiam a um "modo de produção com seu nível tecnológico característico e padrões associados de dominação e conflito de classe. As nações passariam por estágios sucessivos em direção a uma ordem 'socialista' sem classes e chegaria, por fim, a uma utopia 'comunista' livre de conflitos" (Skocpol, 2004, p. 11). Dito de outro modo, as etapas não eram as mesmas que as de Rostow, exímio representante do bloco capitalista na Guerra Fria, contudo, a história, no pensamento oficial do bloco comunista, também era pensada segundo etapas sucessivas e necessárias.

A partir dos anos 1960 e 1970, os autores que conceberam a agenda da Sociologia Histórica trabalharam para expor, enfática e cientificamente, as evidências dos equívocos dessas assertivas – oriundas tanto dos esquemas mecânicos do marxismo soviético quanto dos etnocêntricos estadunidenses. Importa lembrar que também a política interna e externa dos Estados Unidos colaborava para a dúvida a respeito da cientificidade daquelas teorias. No plano da **política interna**, o movimento dos direitos civis dos negros (1955-1968) e as rebeliões estudantis (1968) bastavam para pôr em xeque a imagem pacificada da "democracia liberal e plural" estadunidense. No plano da **política externa**, o curso histórico da Ásia, da África e da América Latina também arranhava as certezas evolucionistas das teorias da modernização. Tomando impulso desde os anos 1950, com as Conferências de Solidariedade Afro-Asiáticos, realizadas em Bandung (Indonésia, 1955) e no Cairo (Egito, 1957), a luta anti-imperialista do movimento "terceiro mundista" fortificava-se. Além disso, pipocavam os movimentos de libertação nacional, engendrando conflitos por todo o continente africano. E não era de se subestimar, também, o abalo na confiança no próprio desenvolvimento estadunidense, provocado pela violência e pelo prolongamento da Guerra do Vietnã (1959-1975). Na América Latina, eclodiam ditaduras militares: na Guatemala e no Paraguai (1954), na Argentina (1962), no Brasil e na Bolívia (1964), na República Dominicana (1965), no Peru (1968), no Uruguai e no Chile (1973). À época, a nebulosa participação dos Estados Unidos no estabelecimento de ditaduras e de democracias concorria para o descrédito daquelas teorias da modernização: o país parecia, até mesmo para seus acadêmicos, atuar como remédio de males que ele próprio instaurava (Guilhot; 2005; Iber, 2015).

 A emergência da Sociologia Histórica é inseparável tanto da tradição dialógica tratada neste livro – isto é, os intercâmbios entre Sociologia e História – quanto do contexto intelectual e político do último quartel do século, tendo por epicentro os Estados Unidos. Não surpreende, desse modo, que, ao reagirem contra o estrutural-funcionalismo e contra as teorias da modernização, terminassem por adotar uma agenda de pesquisa que dialogava com temas do marxismo. Isso não quer dizer que a área fosse marxista, mas que seus autores debateram com teses marxistas (Adams; Clemens; Orloff, 2005), visto que tratavam fundamentalmente de três temas principais: revoluções, construção do Estado e formação de classes sociais.

São representativos disso os primeiros trabalhos de Barrington Moore (1913-2005), Charles Tilly (1928-2009) e Theda Skocpol (1947). Moore tornou-se célebre pelo estudo comparado dos processos de modernização na Grã-Bretanha, na França, nos Estados Unidos, na China, no Japão e na Índia – apresentado em *As origens sociais da ditadura e da democracia: senhores e camponeses na construção do mundo moderno* (Moore, 2010). Já Tilly, entre historiadores brasileiros, é conhecido pelo estudo comparativo sobre a formação dos Estados europeus (Tilly, 1996) e, entre os sociólogos, como um teórico dos movimentos sociais, sendo utilizado em uma perspectiva presentista (Monsma; Teixeira; Salla, 2018, p. 70-71). A despeito disso, sua estreia na sociologia histórica ocorreu com um típico tema desta corrente, à época: *A Vendeia: análise sociológica da contra-revolução de 1793 (The Vendée: a sociological analysis of the counterrevolution of 1793)* (Tilly, 1964) – jamais traduzido para a língua portuguesa. Finalmente, Skocpol, em uma problemática rente à de Moore, procurou explicar as causas das revoluções no seminal *Estados e revoluções sociais: análise comparativa da França, Rússia e China* (Skocpol, 1985).

A temática, o escopo espacial e temporal, além do comparativismo, opondo as experiências consideradas "clássicas" – isto é, europeias e estadunidenses – às experiências de países que hoje designaríamos pertencentes ao "sul global" são as principais características dessa "primeira onda" da Sociologia Histórica (Adams; Clemens; Orloff, 2005). Ela abriu o caminho para vertentes que posteriormente se desenvolveriam em torno da caracterização, da análise e da explicação das modernidades múltiplas, enfatizando outras dimensões, notadamente culturais, em detrimento da formação das classes e dos Estados.

Na avaliação de Craig Calhoun, a Sociologia Histórica, em contraposição a estudos presentistas, é capaz de evidenciar a arbitrariedade do que se supõe ser necessidades sociais que cumprem suas "funções" racionalmente deliberadas. Só o recuo histórico pode evidenciar, empiricamente, a contingência e a arbitrariedade do que se supõe necessário, natural e racional no presente. Esse ganho, importa esclarecer, diz respeito tanto às diversas vias de modernização e de resistência à ela, porém também é válido para nossas "categorias de pensamento" – modos de ser, pensar e agir que nos agrilhoam impedindo o entendimento da vida social. Por fim, ele assinala, ao exigir a consideração simultânea do geral e do específico, da teoria e da empiria, da estrutura e do devir, que a Sociologia Histórica dispõe-se a ultrapassar dicotomias, conduzindo a problemas teóricos que o estudo de sistemas sincrônicos não abordaria (Calhoun, 2003).

Segundo a avaliação de especialistas, no que tange ao espaço intelectual brasileiro, vale ressaltar que a Sociologia Histórica foi praticada pelas primeiras gerações. Pontua-se que os trabalhos de Florestan Fernandes (2008), Octavio Ianni (1962), Fernando Henrique Cardoso (1997) e Maria Sylvia de Carvalho Franco (1969) adotavam essa perspectiva, ainda que não ostentassem essa etiqueta classificatória (Adams; Clemens; Orloff, 2005). Se essa avaliação for precisa, o fato de termos uma Sociologia Histórica que antecipou, em certa medida, o movimento internacional nessa direção, correndo por trilhos temáticos e problemática própria, liga-se a fatores específicos da nossa vida intelectual. Deles trataremos nos dois últimos capítulos deste livro.

Síntese

Neste capítulo, você se familiarizou com os diálogos contemporâneos estabelecidos entre os historiadores e os sociólogos e com o surgimento de um ramo específico: a Sociologia Histórica. No centro deles estiveram Michel Foucault (1926-1984) e Pierre Bourdieu (1930-2002). O primeiro foi fundamental para uma renovação na abordagem do tempo e da narrativa, entre os historiadores. Além disso, exerceu influências sobre suas predileções temáticas, notadamente em torno da sexualidade e da violência. Em contrapartida, a Sociologia Histórica resgatou o tema clássico da sociologia alemã, as origens do capitalismo e retornou ao comparatismo sistemático para as análises diacrônicas.

Atividades de autoavaliação

1. Leia atentamente as afirmações a seguir e assinale a resposta correta:
   I) Michel Foucault revolucionou a narrativa histórica ao suspender a continuidade e a noção de causalidade.
   II) Michel Foucault defende o fim da distinção entre História e Filosofia.
   III) Michel Foucault foi um historiador convencional.

   a) Somente as afirmações I e II são corretas.
   b) Somente as afirmações II e III são corretas.
   c) Somente a afirmação III é correta.
   d) Somente a afirmação I é correta.
   e) Todas as afirmações são corretas.

2. Assinale a alternativa que indica um sociólogo contemporâneo que impactou profundamente os historiadores, especialmente os brasileiros:
   a) Georges Gurvitch.
   b) Max Weber.
   c) Karl Marx.
   d) Michel Foucault.
   e) Nenhuma das anteriores.

3. Diferentemente de outros diálogos apresentados neste livro, entre os historiadores e a sociologia de Michel Foucault:
   a) não se estabeleceram intercâmbios.
   b) só se estabeleceram diálogos hostis.
   c) estabeleceram-se relações amistosas e de fertilização recíproca.
   d) esabeleceram-se intercâmbios em torno da história do modo de produção asiático.
   e) Nenhuma das anteriores.

4. Qual foi a postura adotada por Braudel com relação à obra de Michel Foucault?
   a) Adotou a conduta de reprovação absoluta.
   b) Ele não se manifestou a respeito da obra de Michel Foucault.
   c) Ele recomendou que os historiadores não a lessem.
   d) Ele destacou seu caráter pioneiro.
   e) Nenhuma das anteriores.

5. A chamada *terceira geração dos Annales*:
   a) tanto foi apreciada por Michel Foucault quanto apreciava sua obra.
   b) seguiu à risca o projeto historiográfico de Fernand Braudel e de Langlois e Seignobos.
   c) recusou-se a dialogar com a Antropologia.
   d) privilegiou o diálogo com a Economia.
   e) Nenhuma das anteriores.

Atividades de aprendizagem

Questões para reflexão

1. Volte às seções dedicadas às obras de Karl Marx e de Max Weber e identifique alguns princípios que são similares ao projeto da Sociologia Histórica tal como apresenta neste capítulo.

2. Elabore esta questão de modo escrito, para posterior discussão em grupos. Pierre Bourdieu tem uma obra pontilhada por diálogos com a problemática da historiografia francesa e não francesa. Em sua obra *A distinção: crítica social do julgamento* (Bourdieu, 2007), ele afirma explicitamente em diálogo com a historiografia marxista, à qual se opõe:

> *Essa forma particular de luta de classes, que é a luta da concorrência, é aquela que os membros das classes dominadas deixam-se impor quando aceitam os desafios que lhes são propostos pelos dominantes, luta* **integradora** *e, pelo fato da deficiência inicial,* **reprodutora** *já que aqueles que entram nessa espécie de corrida de perseguição – em que, desde a partida, estão necessariamente vencidos, como é testemunhado pela constância das distâncias – reconhecem implicitamente, pelo simples fato de concorrerem, a legitimidade dos objetivos perseguidos por aqueles que o perseguem.*

> *Tendo estabelecido a lógica dos processos de concorrência e debandada – que condenam cada agente a reagir isoladamente ao efeito de numerosas reações dos outros agentes, e que reduzem a classe ao estado de massa dominada por seu próprio número e sua própria massa, temos motivos suficientes para formular a questão, atualmente bastante debatida entre os historiadores, relacionada com as condições [...] nas quais acaba por se interromper a dialética das oportunidades objetivas e das esperanças subjetivas, reproduzindo-se mutuamente [...] [de modo a determinar] uma ruptura da adesão que as classes dominadas [...] atribuem aos objetivos dominantes [...] e, por conseguinte, tornar possível uma verdadeira reviravolta da tabela dos valores.* (Bourdieu, 2007, p. 159, grifo nosso)

Na teoria marxista, a luta de classes é, por excelência, um dos motores da transformação histórica. Na passagem ora transcrita, Pierre Bourdieu chama a atenção para o fato de que ela pode ser, por excelência, um mecanismo complexo de reprodução estrutural, sob a aparência de transformação histórica. Reflita a respeito desse problema valendo-se de algum exemplo empírico tangível de uma configuração social contemporânea que você conheça bem. Argumente em favor de uma ou de outra perspectiva. Compare sua reflexão com a de seus colegas.

Atividade aplicada: prática

1. Há pelo menos três obras cinematográficas que registraram um clima de época que foi tratado neste capítulo. Recomendamos que você assista aos filmes indicados e, posteriormente, discuta-os com seu (sua) professor (a) e seus colegas. Para o cenário europeu, assista a *La Chinoise* (Jean-Luc Godard, 1967); para o cenário estadunidense, você pode assistir a *Bom dia,*

Vietnã (Barry Levinson, 1987); para o cenário latino-americano e brasileiro, você pode assistir a *Memórias do subdesenvolvimento* (Tomás Gutiérrez Alea, 1968) e ao documentário *Brazil – The trouble land* (Helen Rogers, 1964). Elabore um plano de aula que tenha como tema as diferenças entre o modo como um grande conflito global (a Guerra Fria) atingiu os países europeus e não europeus, segundo a representação que os filmes lhe deram.

Indicações culturais

LA CHINOISE. Direção: Jean-Luc Godard. França, 1967. 96 min.

O filme retrata as contradições da esquerda radical francesa por meio das discussões políticas de quatro jovens que passam as férias de verão em um apartamento e se preparam para a "luta armada" contra o capitalismo.

BOM DIA, Vietnã. Direção: Barry Levinson. EUA, 1988. 121 min.

O filme retrata os conflitos entre um radialista bem-humorado, que trata a Guerra do Vietnã com ironia, e o Sargento Major Dickerson.

MEMÓRIAS do subdesenvolvimento. Direção: Tomás Gutiérrez Alea. Cuba, 1968. 110 min.

O filme retrata a escolha do escritor Sergio, que diverge de seus amigos: enquanto estes vão para Miami, ele decide ficar em Cuba e vivenciar os dramas da revolução em curso.

BRAZIL – The Trouble Land. Direção: Helen Rogers. 1964. 25 min.

O documentário registra a luta pela terra em Pernambuco, e um de seus protagonistas é o economista Celso Furtado (1920-2004).

Capítulo 5
Experiência brasileira:
especificidades institucionais
e intelectuais

O debate entre historiadores e sociólogos pode ser encontrado em diversas experiências, tais como no mundo anglo-saxão, na Itália, na Alemanha. Além disso, conforme a avaliação de Jacques Revel, as questões mais importantes desse diálogo, em cada tradição nacional, são muito diversificadas e, *grosso modo*, os interlocutores de cada uma delas não se comunicam senão com seus compatriotas (Revel, 1998). O caso brasileiro confirma parcialmente essa observação, pois, se é marcado por sua configuração nacional, não é inteiramente alheio ao que ocorreu em outros países.

    Na primeira seção deste capítulo, propomos uma reflexão a respeito de algumas particularidades do caso brasileiro em relação às experiências anteriormente apresentadas. Na segunda seção, você vai conhecer uma experiência interdisciplinar situada no início da profissionalização universitária, ocorrida por meio de um objetivo singelo: ler, em grupo, o livro *O capital* de Karl Marx. Nesse círculo, ocorreu um consórcio de várias disciplinas, pois seus membros mobilizam os recursos intelectuais de suas áreas para o objetivo da leitura conjunta. Assim, dialogaram Filosofia, História, Sociologia, Economia e Crítica Literária. Ganhará destaque, nesta apresentação, o intercâmbio entre a Sociologia e a História. Ele aconteceu, prioritariamente, por meio de uma problemática comum: a tentativa de explicar as relações complexas entre a emergência do capitalismo industrial e o escravismo colonial moderno. Finalmente, como desdobramento das discussões interdisciplinares expostas e das particularidades nacionais, surgem tentativas de formulação das diferenças e das aproximações possíveis entre as duas áreas. Esse ponto será tratado na última seção.

(5.1)
Instituições e disciplinas científicas: algumas especificidades brasileiras

Como você está apreendendo da exposição presente neste livro, os diálogos entre as disciplinas são inseparáveis dos caminhos pelos quais elas se institucionalizaram, particularmente em universidades e centros de pesquisa. Com uma história institucional própria, a experiência disciplinar brasileira não poderia corresponder ao mesmo percurso das tradições nacionais apresentadas anteriormente.

Sobretudo, a fase inicial do diálogo entre historiadores e sociólogos brasileiros ocorreu de maneira distinta, em um sentido bastante preciso: não se observam as rivalidades e tampouco os esforços de integração, típicos do caso francês, em função da emergência abrupta da Sociologia, contra a antiguidade da Filosofia e da História. Também não se observa a contaminação do caso alemão, em razão da força da historiografia econômica, da centralidade da Filosofia ou da indiferenciação entre as áreas. Duas ordens de fatores tornam inteligível essa especificidade: fatores internos e externos **à dinâmica das instituições científicas.**

Dentro dos nossos limites expositivos, interessa ressaltar, no que tange aos **fatores internos** às instituições, que as áreas se institucionalizaram no formato universitário, concomitantemente. Por isso, emergiram formalmente diferenciadas e sem a necessidade de concorrer entre si por espaço e postos de ensino.

Nos anos de 1930, a chamada *Era Vargas* reconstruiu o aparato estatal brasileiro, dotando-o de uma nova configuração ministerial e de quadros competentes, com *expertises* apropriadas à tarefa demiúrgica de promover o desenvolvimento econômico e controlar os conflitos sociais em torno das relações industriais de trabalho.

Tornaram-se centrais, nesse redesenho institucional, o Ministério do Trabalho, Indústria e Comércio e o Ministério da Educação e Saúde Pública – ambos criados já em 1930 e comandados, respectivamente, por Lindolfo Collor e Francisco Campos. Ao longo das décadas de 1940 e 1950, o conjunto das escolas de ensino superior dispersas pelo território sofreu um processo de federalização – como parte do esforço centralizador do Estado, que, em certa medida, ultrapassou a própria Era Vargas (1930-1945) e pontilhou os governos seguintes, da república democrática (1945-1964).

Além da dimensão estatal na condução do processo de construção do sistema escolar, do nível básico ao superior, observa-se, nessas mesmas décadas, uma alavancagem do mercado editorial – em seus setores tanto ficcionais quanto didáticos, dando suporte à atividade profissional de ensaístas, romancistas e jornalistas. Estes profissionais, em geral denominados *polígrafos*, por conta da polivalência de suas atividades, originavam-se dos cursos de Direito, Medicina e Engenharia – existentes desde o século XIX –, nos quais disciplinas humanísticas eram ancilares. Com o estabelecimento de instituições de ensino superior, nas quais as Faculdades de Filosofia tiveram alguma centralidade, essas disciplinas ganharam espaço próprio e passaram a conferir diplomas e títulos. Apesar das dissidências entre o governo federal (sobretudo durante a Era Vargas) e as elites paulistas, o caso da fundação da Universidade de São Paulo é exemplar nesse sentido – e será retomado a seguir (Miceli, 2001).

No que tange a **fatores externos** às instituições científicas, vamos retomar de modo esquemático os influxos da política interna e da política externa sobre os papeis destinados à disciplina de História – raciocínio que você acompanhou nos capítulos anteriores.

No que se refere à política interna, observamos que a História foi central no que tange à formação do cidadão letrado e patriota, por isso alguns governos financiaram as atividades de seus historiadores e estribaram-se em seu trabalho. Quanto à política externa e à geopolítica global, observamos que as rotações de vitória e derrota nas Guerras Franco-Alemãs (1871, 1918) e a predominância estadunidense (1945) nos quadros da Guerra Fria (1945-1989) foram fatores decisivos para um tipo de troca internacional de ideias marcado pela afanosa disputa entre potências mundiais. Não se deve negligenciar que os países aqui tratados foram impérios coloniais, desde o século XIX – condição indissociável do desenvolvimento de suas ciências sociais como recursos para controle das populações nacionais e colonizadas (L'Estoile; Sigaud; Neiburg, 2002).

No caso brasileiro, no âmbito da política interna, foram previstos, aos primeiros historiadores, papéis similares no que tange à prestação de serviços simbólicos ao Estado, mas diversos no que dizia respeito às populações governadas. Já no âmbito da política externa, as relações de importação de ideias, de práticas e de pessoal profissionalizado foram mediadas por espírito amistoso e não bélico, como na experiência franco-alemã. Ocorre que, na qualidade de antiga colônia da metrópole portuguesa e de país dependente e diminuído no cenário das potências que conduzem a política mundial, o Brasil não rivalizou com as orientações estrangeiras, pois não se colocava em disputa com elas (Rodrigues, 2018b).

Portanto, esses dois eixos indicam particularidades indissociáveis do perfil de nossas elites e da ambiguidade de seus projetos de superação, sempre parcial, de nosso passado colonial tanto no plano simbólico (daí o papel atribuído aos historiadores) quanto no plano prático (daí a importação de professores franceses para inaugurar os experimentos universitários). Vamos desenvolver esses dois pontos a seguir.

A historiografia brasileira do século XIX esteve, para parafrasear o título de trabalho clássico da historiadora Lúcia Maria Paschoal Guimarães, "Debaixo da imediata proteção de sua majestade imperial" (Guimarães, 1997). Tratou-se – sob a égide do Instituto Histórico-Geográfico Brasileiro (IHGB), fundado em 1838, em meio à passagem da Regência (1831-1840) ao longo Segundo Império (1840-1889) – de atender à demanda do Estado pela produção simbólica de um passado que subsidiasse a construção de uma **identidade nacional**. Os historiadores ditos *oficiais* operaram princípios seletivos sobre o passado brasileiro, selecionando e ressaltando alguns episódios e heróis em detrimento de outros, a fim de desenhar a imagem unificada da história, do território e da população (Schwarcz, 1989). Na condição de setor de uma elite empenhada na construção do Estado imperial, conceberam uma história que evitou rupturas culturais bruscas com Portugal e minimizou o papel histórico das populações nativas e da escravidão. Como temos sublinhado, sempre é possível atribuir um papel político ao trabalho dos intelectuais, nesse caso, contudo, os serviços prestados por eles ao Imperador D. Pedro II são estreitíssimos, e a autonomia de sua historiografia é mínima – ainda que as discussões sobre as teorias científicas que poderiam embasá-la, tais como as de Comte ou Spencer, autores, à época, tidos na insígnia de "Sociologia", não fossem de todo ausentes (Oliveira, 2010, p. 49).

Lentamente e sem rompimentos abruptos, outra fase de nossa historiografia inaugurou-se – entre a proclamação da República e a emergência daquele novo dinamismo da vida cultural a partir da década de 1930, já assinalado –, tendo vez uma figura que se poderia chamar, como sugere a historiadora Karina Anhezini, de "metódico à brasileira" (Anhezini, 2011). Esses elos foram, *grosso modo*, estabelecidos entre a "geração de 1870", marcada pela crise do Império e empenhada na introdução de "referenciais científicos europeus", e a emergência da discussão sobre o moderno e a modernidade, na década de 1920 (Gontijo, 2010, p. 496). O trabalho de dois historiadores foi importante na construção de suportes materiais e institucionais adequados à produção de uma "historiografia científica" que tivesse por base a documentação – tal qual prescrito por Langlois e Seignobos –, são eles Capistrano de Abreu (1853-1951) e Afonso d'Escragnolle Taunay (1876-1958) (Gontijo, 2010; Anhezini, 2011).

Um novo impulso para as práticas historiográficas ganhou força com a criação dos cursos universitários de História (em geral, com a Geografia acoplada, até o início dos anos 1950). Nesse processo, aquela particularidade da relação com a cultura estrangeira dos países hegemônicos, tipicamente existente entre as elites de antigas colônias, desempenhou papel relevante, distinguindo nossa relação com matrizes culturais externas, mediadas antes por espírito de importação e de adesão a elas do que pela rivalidade, seja bélica, seja simbólica.

As "missões universitárias" consistiram na contratação de professores franceses, por frações das elites políticas dos estados do Rio de Janeiro, do Rio Grande do Sul e de São Paulo, para iniciar as atividades de ensino e pesquisa nas universidades que fundavam nos anos 1930 e 1940 (Limongi, 2001; Petitjean, 1996; Lefebvre, 1990). As clivagens e disputas políticas nesses estados apresentam enorme variação, tendo em vista suas posições mais ou menos centrais no arranjo federal – problemática do pacto nacional que remonta à constituição do Império brasileiro (Carvalho, 1980). *Grosso modo*, pode-se afirmar que as elites contratantes das missões investiam em empreendimentos culturais como recurso diferencial na disputa por espaços de influência política e posições nos aparelhos de Estado.

O caso das elites paulistanas, como adiantamos, é emblemático, em vários sentidos. A criação da Universidade de São Paulo, em

1934, consistiu em uma alternativa compensatória à derrota militar sofrida dois anos antes, ao desafiarem o governo do presidente Getúlio Vargas, que as eliminara do pacto federativo tão logo assumiu o Poder Executivo em 1930.

A universidade foi constituída por meio da reunião de escolas já existentes (Direito, Medicina e Engenharia), acopladas a uma nova – a Faculdade de Filosofia, Ciências e Letras (FFCL-USP), cujo propósito era formar as "elites dirigentes esclarecidas" (Limongi, 2001; Cardoso, 1982). As "missões universitárias francesas" foram contratadas para inaugurar seus cursos (primeira missão) e para selecionar e formar os quadros nativos responsáveis pela continuidade do trabalho (segunda missão). Fernand Braudel, jovem e recém-egresso do magistério na Argélia, foi contratado no segundo momento para a cadeira de História da Civilização. Com ele estavam, também, o jovem Claude Lévi-Strauss, então interessado em praticar etnografia, e Roger Bastide (1898-1974), contratado para a seção de Sociologia.

Convém esclarecer que, embora as elites do estado de São Paulo tivessem o papel de construtoras do projeto institucional e agenciassem seu estabelecimento, elas não constituíram o substancial do corpo estudantil. Em seu desenvolvimento, a FFCL-USP seguiu rumos que escaparam ao projeto inicial de formação de elites dirigentes. Sua consolidação institucional se processou em uma "faixa crescente de desencontro entre os objetivos desse projeto original, tal como fora definido pelos setores de elite que eram seus mentores" e a direção profissionalizante que correspondia à clientela que efetivamente lhe daria vida (Miceli, 2001a, p. 105). Se, em seus primeiros anos, era corrente a presença das elites em descenso, crescentemente o estilo de trabalho ensaístico, associado à cultura letrada adquirida no berço por esses grupos, não mais se reproduziu na escola, cujo recrutamento ocorreu entre camadas sociais plebeias, para as quais a novidade dos cursos foi um atrativo e, mesmo com a incerteza quanto ao valor dos diplomas, ainda assim, uma oportunidade única. Nesse sentido, a instituição foi adquirindo feições mais populares e atraindo aqueles para os quais as carreiras tradicionais estavam fora de cogitação (Limongi, 2001). Concomitantemente, com o advento desses novos estratos, entrou em voga outro tipo de trabalho intelectual, menos diletante e que utilizava não a erudição, mas o repertório e as competências adquiridas por via escolar – variando o ritmo dessa transformação de acordo com as disciplinas.

Para os propósitos deste livro, você precisa ser informado de dois tipos de relações distintas, centrais para a compreensão dos diálogos disciplinares. Nessa fase inicial da instituição universitária, no que tange à relação com os professores estrangeiros, na área de História e de Sociologia, houve, pelo menos, duas diferenças. Por um lado, o principal "missionário francês" na área de História, Fernand Braudel, permaneceu no Brasil durante 3 anos apenas, já Roger Bastide, o principal na área de Sociologia, manteve-se por 16 anos.

Além disso, novamente, a existência prévia da área de História em instituições tradicionais impactou seu desenvolvimento nas modernas organizações de ensino. Diferentemente da área de Sociologia, houve resistências e reservas críticas quanto à contratação de estrangeiros para o ensino de História. Tratava-se, para os historiadores nacionais e para os movimentos nacionalistas típicos daquela década, de uma indignidade política. Tentou-se contornar o problema controlando os conteúdos ensinados por eles: poderiam tratar de temas e períodos que não dissessem respeito à história do Brasil, cuja cadeira foi reservada, precisamente, a Afonso d'Escragnolle Taunay (Rodrigues, 2015, 2013).

De todo modo, no que tange à dinâmica propriamente nacional das relações entre os praticantes de História e Sociologia, as garantias mais ou menos estáveis da instituição as beneficiava de modo equivalente. Assim, em numerosos episódios de disputa político-institucional e, também, propriamente intelectuais, as áreas uniram-se elegendo como rivais principais seus praticantes amadores. Em suma, o fato de as disciplinas serem institucionalizadas simultaneamente implicou, de partida, uma condição de **relativa igualdade de recursos**, minimizando potenciais rivalidades.

O contraponto com a experiência francesa pode servir para realçar a particularidade. A condição desvantajosa dos durkheimianos em relação às disciplinas de Filosofia e História, dotadas de um percurso profissional mais garantido, com lastro em tradição e prestígio, conduziu-os a uma acirrada disputa por postos e posições que lhes garantissem estabilidade profissional, bem como condições para a reprodução da Sociologia. Essa disputa foi ao mesmo tempo institucional e lógica, como você pôde perceber no debate que opôs, de um lado, Seignobos e, de outro, Durkheim e Simiand (Cf. Capítulo 1). No Brasil, os experimentos universitários dos anos 1930 em diante reservaram, simultaneamente, postos para historiadores e sociólogos. Desse modo, nessa fase, não houve concorrência direta entre eles. Em contrapartida, a colaboração de sociólogos e historiadores foi possível graças a experiências amistosas de trocas intelectuais, que propiciavam vínculos estreitos entre eles, fortalecendo-os contra os praticantes amadores das disciplinas.

A tentativa de teorização lógica das diferenças entre História e Sociologia – bem como sua contrapartida, a tentativa de construção da síntese de ambas, tal como visto, sobretudo, no caso francês – não correspondia, portanto, às urgências práticas da legitimidade disciplinar nas primeiras décadas de sua institucionalização universitária. Apenas em uma fase mais avançada, em que as disciplinas já se encontravam mais estabelecidas e começaram a disputar o monopólio da inteligibilidade de objetos compartilhados, é que surgiram esforços mais fortes nessa direção[1].

(5.2)
UMA EXPERIÊNCIA INTERDISCIPLINAR: HISTÓRIA E SOCIOLOGIA DIANTE DE KARL MARX

Em 1958, alguns professores e alunos da FFCL-USP constituíram um grupo de estudos cujo objetivo inicial era a leitura da obra *O capital*, de Karl Marx. Ao reunir membros de diversas áreas, como Filosofia, História, Sociologia, Economia, Antropologia, Crítica Literária, o grupo realizou uma experiência interdisciplinar. O exercício de ler em grupo, seguindo uma disciplina filosófica – tal como descrita a seguir – e estritamente acadêmica, visto que desvencilhada de qualquer envolvimento partidário, era inédito. Pode-se afirmar isso se a experiência for avaliada em relação tanto aos marxistas militantes de partido quanto aos demais leitores acadêmicos de Karl Marx. No **campo político**, as leituras desse autor estavam subordinadas à lógica de recrutamento militante, portanto, dispensavam o regramento e a disciplina que se apresentaram nessa empreitada. No **campo acadêmico**, as leituras atrelavam-se à lógica das disciplinas já em processo de segmentação e relativa indiferença de umas para com as outras, por conseguinte, sua realização ocorreu de forma isolada (Rodrigues, 2011, 2016).

As reuniões periódicas do *Seminário Marx* – designação pela qual o experimento ficou conhecido – mantiveram-se entre os anos de

---

[1] *Trataremos desse aspecto no último tópico deste capítulo (Seção 4.4) e no último tópico do Capítulo 6 (Seção 6.4).*

1958 e 1964. Neste último ano, apesar do teor estritamente acadêmico da leitura e da prática proposta, o estabelecimento do regime militar impôs a interrupção da atividade em grupo. Os participantes, em cada um dos encontros, realizados quinzenalmente, responsabilizavam-se pela apresentação de excertos, jamais demasiadamente extensos, d'*O capital*. O exercício era rigorosamente regrado por alguns princípios. Em primeiro lugar, uma orientação filosófica: a leitura e a apresentação do texto deveriam ser realizadas segundo o método estrutural, formulado pelo filósofo francês Martial Guéroult (1891-1976) e trazido para o Brasil pelas "missões francesas", já mencionadas. Segundo esse método, os textos apresentam uma arquitetura argumentativa que demanda uma explicação lógica desvencilhada de elementos externos a ela. Essa "arquitetura" deve ser reconstruída pela leitura filosófica. Em segundo lugar, era necessário ler a obra na língua em que o autor a escreveu. Caso contrário, o leitor poderia ser confundido, seduzido e mesmo ludibriado por distorções de tradução. Se o participante não dominasse o idioma alemão, era preciso realizar a leitura cotejando traduções (em espanhol, inglês, francês e português), a fim de minimizar esse risco.

Como todo grupo de estudos assíduo e prolongado no tempo, no qual os membros se auxiliam, o Seminário Marx promoveu um estreitamento de vínculos entre seus integrantes e alterou seus planos iniciais. Desse modo, *O capital* não foi o único livro que leram juntos, adotando, também, *História e consciência de classe*, de Georg Lukács (1960) e *Questão de método*, de Jean-Paul Sartre (1967). Finalmente, tratou-se de, mantendo as regras do método de leitura filosófico, não reduzir o estudo de Marx ao pertencimento a uma disciplina particular, possibilidade aberta pela própria obra, pois – como abordamos no Capítulo 2 – Marx não produziu uma obra sob regimes disciplinares particularizados. O grupo entendia que apenas em uma fase posterior à conversão à teoria do autor e a seu regime de escrita não disciplinado, cada membro poderia interpelá-lo com a agenda de pesquisa de sua área.

No entanto, as discussões, sendo mantidas coletivamente, propiciaram, por meio dos membros das disciplinas, uma fertilização recíproca de temas, abordagens e métodos. O exercício de **colaboração mútua** – no qual a Filosofia controlava o método, um participante sabia alemão e outro conhecia a história detalhada do capitalismo, todos recursos necessários para o acompanhamento da leitura do livro – rendeu ganhos especificamente intelectuais para os membros desse círculo, que ultrapassaram o conhecimento de Karl Marx.

No que tange aos rendimentos identificáveis em cada disciplina, importa caracterizar a condição de cada "seminarista de Marx" que ambicionasse utilizar os conhecimentos adquiridos no grupo para a preparação de sua tese de doutorado. Por um lado, em cada um deles, pesavam três ordens de constrições indissociáveis e distintas, segundo as lógicas de suas disciplinas: sua história prévia (definindo interesses e recursos intelectuais), sua posição na hierarquia rígida das cátedras (mais tradicional em História, mais moderna e competitiva em Sociologia), bem como sua contribuição específica ao grupo de leituras. Por outro lado, tiveram de formular sua problemática de tese sob uma dupla obrigação acadêmica: promover o diálogo entre a agenda de pesquisa de sua área com as referências teóricas, o método de leitura e os temas do Seminário. Por esses motivos, aqueles que se valeram do repertório incorporado pela prática de leitura coletiva ora caracterizada, construíram um espaço com quatro eixos de intertextualidade:

1) Suas teses de doutorado dialogam entre si, formulam-se umas em relação às outras.

2) Suas teses de doutorado dialogam com a agenda da disciplina originária de cada um deles.
3) Suas teses de doutorado valem-se, na leitura dos textos substanciais, do método apreendido pela coordenação metodológica da Filosofia.
4) Mediadas pelo marxismo, as disciplinas (de Filosofia, História, Sociologia) também dialogam entre si[2].

Desses quatro eixos, destacaremos, neste livro, o último. Para apresentá-lo, interessa, ainda, uma observação. Como toda configuração intelectual que se constitui por meio da aquisição de um bem raro – a saber, no cenário em questão, a leitura filosófica e acadêmica de Karl Marx – seu atributo exclusivo pode tornar-se um capital, no sentido conceitual conferido ao termo pelo sociólogo Pierre Bourdieu (1996), caso passe a ser ambicionado por outros agentes e grupos. Precisamente, foi o que ocorreu. Outros grupos de leitura de Marx foram organizados, mimetizando esse e/ou diferenciando-se dele, assim como mesmo pessoas que não participaram dessa experiência, mas entraram em concorrência com seus membros, foram impactadas e dispuseram-se a questionar suas tomadas de posição – seja no interior do próprio marxismo, seja no interior das disciplinas, seja em virtude das temáticas principais das teses defendidas por eles. Em conjunto, os lances de colaboração, internos ao grupo, e de competição, externos, favoreceram a introdução de Marx como um autor legítimo nas bibliografias dos cursos de História e de Ciências Sociais. Naquele momento, a leitura de suas obras deixava de ser um

---

2 *Caso você se interesse pela dinâmica de estudos desse círculo e pela história de seus participantes, recomenda-se a leitura da tese* A produção social do marxismo universitário em São Paulo: mestres, discípulos e "um seminário" (1958-1978), *de Rodrigues (2011).*

trunfo diferencial para, gradativamente, tornar-se um pré-requisito na participação do debate. Apenas mais recentemente essa corrente teórica veio a perder seu valor e prestígio em favor de outras, algumas ostensivamente concorrentes e antimarxistas (Rodrigues, 2018b, 2018e, 2016).

(5.3)
UMA PROBLEMÁTICA INTERDISCIPLINAR: CAPITALISMO E ESCRAVIDÃO

Tanto o historiador Fernando Antônio Novais quanto o sociólogo Fernando Henrique Cardoso participaram do grupo de leituras d'*O capital*. O historiador defendeu, em 1973, seu doutoramento *Portugal e Brasil na crise do Antigo Sistema Colonial (1777-1808)* (Novais, 1979), 12 anos depois de o sociólogo defender o seu, cujo título era *Formação e desintegração da sociedade de castas: o negro na ordem escravocrata do Rio Grande do Sul*. Para publicá-la em livro, este alterou o título. Reagindo a provocações recebidas em sua defesa, intitulou o trabalho do seguinte modo: *Capitalismo e escravidão no Brasil meridional* (Cardoso, 1997). A apresentação do diálogo estabelecido entre essas duas teses implica a recuperação do entrelaçamento das agendas de pesquisa da História e da Sociologia.

Entre os anos de 1950 e 1970, a problemática de que se que ocupava a historiografia mundial consistia nas origens do capitalismo industrial – como você deve lembrar, pois tratamos disso no Capítulo 2 (Seções 2.3 e 2.4*)* e no Capítulo 3 (Seção 3.4). Os historiadores, fossem marxistas ou não, dialogaram com a obra de Karl Marx a partir das questões originárias desse debate e daquelas atreladas às origens das revoluções – como abordamos no Capítulo 4 (Seção 4.3). Além desse ponto, outra temática – oriunda especificamente das relações da cadeira de Sociologia I, de Florestan Fernandes (1920-1995) – introduziu mais um nexo entre as teses do historiador Fernando Novais e do sociólogo Fernando Henrique Cardoso.

No ambiente do pós-Segunda Guerra Mundial, a Unesco tomou iniciativas a fim de investigar e explicar as diversas experiências de racismo e de etnocentrismo que estavam na origem do conflito bélico recém-encerrado. Uma delas consistiu no estudo da experiência brasileira, àquela altura, concebida como um contraexemplo às sociedades racistas: para a comunidade internacional, o Brasil se caracterizava por viver em uma "democracia racial". O chamado "Projeto Unesco" consistiu em um conjunto de pesquisas sobre relações raciais, realizadas entre 1951 e 1952, em vários estados brasileiros (Maio, 1997). Os responsáveis por ela, em São Paulo, foram Roger Bastide – como você lembra, missionário do segundo grupo de professores franceses que vieram inaugurar os cursos de Ciências Sociais na FFCL-USP – e Florestan Fernandes. Fernando Henrique Cardoso e outros futuros professores-assistentes da cátedra de Sociologia I participaram, ainda como alunos, dessa pesquisa.

Quando esses alunos chegaram à etapa do doutoramento, Florestan Fernandes orientou-os a cumprir o plano de replicar a investigação a respeito das relações raciais em uma área que não havia sido coberta pela referida pesquisa e que apresentava algumas particularidades em contraste com regiões mais estudadas: a região sul do país. Entre o início da pesquisa esquadrinhada para cumprir esse plano, proposto por volta de 1952, e a conclusão do doutoramento de Fernando Henrique Cardoso, em 1961, ocorreu um deslize na ênfase da análise empreendida pelo sociólogo. Ele passou do problema das relações raciais para o da formação do capitalismo. Esse foi um dos efeitos, na Sociologia, do intenso intercâmbio, com as demais disciplinas do grupo de leituras de Karl Marx (Rodrigues,

2016, 2011). Esse trânsito pode ser entendido à luz da necessidade de dialogar, simultaneamente, com o plano de pesquisa sociológica, sob orientação temática de Florestan Fernandes – isto é, analisar a questão racial –, e com o Seminário, notadamente, com a presença da História nele, ou seja, discutir a especificidade da formação do capitalismo brasileiro e suas conexões com o reaparecimento da instituição da escravidão como regime de trabalho.

Esse deslocamento evidencia-se na própria mudança do título da tese para sua publicação em livro – vamos observar atentamente. Ao intitular a tese como *Formação e desintegração da sociedade de castas: o negro na ordem escravocrata do Rio Grande do Sul*, Fernando Henrique Cardoso tinha em vista a constituição de uma ordem social global de castas e a inserção de um agente em seu interior – o negro. Não por acaso, a grande obra de Florestan Fernandes, igualmente oriunda da pesquisa encomendada e patrocinada pela Unesco, foi designada *A integração do negro na sociedade de classes* (Fernandes, 2008). Desse modo, é possível notar, nos dois sociólogos, a mesma problemática e a mesma preocupação, analisando o negro na condição de agente em uma ordem social – **de castas**, no caso do primeiro, e **de classes**, no do segundo.

Contudo, o que ocorre na modificação do título, para a publicação da tese em livro? O autor alterou-o, enquadrando o problema da ordem social global em um arco de transformação histórica mais amplo. Ao intitular o trabalho como *Capitalismo e escravidão no Brasil meridional*, Fernando Henrique Cardoso reduzia a questão, propriamente sociológica, da **"formação e desintegração da sociedade de castas"** e do **"negro"** na **"ordem escravocrata"** estabelecida em uma região do Brasil (o **Rio Grande do Sul**), e alargava o problema, do ponto de vista diacrônico, adotando a perspectiva da historiografia econômica mundial – da qual tratamos no Capítulo 2 (Seção 2.3).

Tratava-se de explicar as conexões entre o capitalismo industrial, o regime de trabalho escravista adotado no colonialismo moderno e as modalidades distintas que ele assumiu no vastíssimo território do continente americano – com enfoque na região sul, durante o século XIX.

Essa era, precisamente, a problemática de Fernando Novais, embora ele a reportasse para o arco temporal compreendido entre séculos XV e XVIII. No marco inicial, encontrava-se a configuração estrutural do Antigo Regime – caracterizado pela emergência do capitalismo mercantil, da formação dos Estados absolutistas na Europa e, concomitantemente, da empresa ultramarina que estabeleceu o colonialismo na América e o escravismo como seu regime de trabalho predominante. O desiderato perseguido pelo historiador consistia no estabelecimento das articulações factuais, e explicativas, entre esses processos, cuja concomitância não lhe parecia aleatória. Para tanto, estipulou como marco final de sua investigação o século XVIII, justamente o quartil histórico no qual aquela estruturação global se estilhaçou, já que a Revolução Industrial se completava na Inglaterra e se expandia para o mundo, tendo por contrapartida o rearranjo político correspondente, ou seja, o Estado moderno absolutista era suplantado pelo liberal, desamarrando o ordenamento anterior que tinha pavimentado as condições econômicas para o acúmulo de capital. Simultaneamente, aquele colonialismo era vencido pelos movimentos de independência latino-americanos e brasileiro. É no interior dessa ordem econômica, social e política que duas frações geopolíticas – Portugal e Brasil – se situam. Daí sua tese denominar-se *Portugal e Brasil na crise do Antigo Sistema Colonial (1777-1808)* (Novais, 1979).

Para o historiador, contudo, um problema ficaria pendente: como explicar que a emergência do capitalismo industrial, que pressupõe o assalariamento como forma predominante de trabalho, tenha dado origem à sua antítese pré-moderna, de modo sistemático, isto é, o escravismo colonial? Esse impasse está na origem de uma das teses que mais controvérsia originou na história da historiografia brasileira. Os intercâmbios disciplinares que ele estabeleceu com a Economia e a Sociologia, mediados pelo marxismo, tal como caracterizado na seção anterior, exprimem-se na maneira como Novais formulou esse problema. Vale, por isso, chamar sua atenção para ela, advertindo que se completa, nesse caso específico, o conjunto das **diferenças** e **similaridades** entre as disciplinas de História e Sociologia. É notável, na seção de seu estudo dedicada a "Escravidão e tráfico negreiro", a introdução dessa questão, buscando ligar a estruturação das atividades econômicas à formação social e ambas ao sistema colonial:

[O Antigo Sistema Colonial, a organização social da produção econômica nas colônias e o tráfico negreiro segundo o historiador Fernando Antônio Novais:]

*toda a estruturação das atividades econômicas coloniais, bem como a formação social a que servem de base, definem-se nas linhas de força do sistema colonial mercantilista, isto é, nas suas conexões com o capitalismo comercial. E de fato, não só a concentração dos fatores produtivos no fabrico das mercadorias-chave, nem apenas o volume e o ritmo em que eram produzidas, mas também o próprio **modo** de sua **produção** define-se nos mecanismos do sistema colonial. E aqui tocamos no ponto nevrálgico; a colonização, segundo a análise que estamos tentando, organiza-se no sentido de promover a primitiva acumulação capitalista nos quadros da economia europeia, ou, noutros termos, estimular o progresso burguês nos quadros da sociedade ocidental. É nesse sentido profundo que articula todas as peças do sistema: assim em primeiro lugar, o regime do comércio se desenvolve nos quadros do exclusivo metropolitano; daí a produção colonial orientar-se para aqueles produtos indispensáveis ou* *complementares às economias centrais; enfim, a produção se organiza de molde a permitir o funcionamento global do sistema. Em outras palavras: não bastava produzir os produtos com procura crescente nos mercados europeus, era indispensável produzi-los de modo que a sua comercialização promovesse estímulos à acumulação burguesa nas economias europeias. Não se tratava apenas de produzir para o comércio, mas para uma forma especial de comércio – o comércio colonial; é, mais uma vez, o sentido último (aceleração da acumulação primitiva de capital), que comanda todo o processo da colonização. Ora, isto obrigava as economias coloniais a se organizarem de molde a permitir o funcionamento do sistema de exploração colonial, o que impunha a adoção de formas de trabalho compulsório ou na sua forma limite, o escravismo.* (Novais, 1979, p. 97, grifo do original)

A noção de "sentido da colonização" – ideia extraída do historiador não acadêmico Caio Prado Jr. (Rodrigues, 2018a) – aparece aí levada às últimas consequências: como ele insiste, a finalidade – "colonizar" para o capitalismo – confere sentido à implementação da produção econômica colonial. Em outras palavras, a adoção das formas compulsórias de trabalho decorria do ajustamento da colonização aos mecanismos característicos do sistema colonial a serviço da acumulação primitiva de capitais. Caso se adotasse outro regime de trabalho, em razão da abundância do fator de produção (terra), os produtores provavelmente tenderiam a desenvolver livremente uma economia voltada para seu próprio consumo – isto é, de subsistência. Isso desvencilharia largamente o setor produtivo do centro dinâmico da economia-mundo, localizado nas metrópoles europeias. Além disso, organizadas com esse objetivo de complementarem a economia metropolitana, as colônias configuravam-se em escoadouro e espaço produtivo. Os mercadores portugueses vendiam ao preço mais alto possível – cujo teto era a inviabilização dos pagamentos – e compravam ao preço mais baixo possível – cujo limite era a inviabilização da produção interna do sistema produtivo. É nesse sentido preciso que o autor enunciou a controvertida tese – rebatida por sucessores e defendida por herdeiros fiéis: "paradoxalmente, é a partir do tráfico negreiro que se pode entender a escravidão africana colonial, e não o contrário" (Novais, 1979, p. 105). O comércio de escravos foi um fator determinante, segundo ele, da acumulação primitiva de capitais.

Finalmente, restaria explicar a *crise*, que, empregada em sentido marxista, não designa uma queda de produção ou uma baixa dos preços, tampouco uma dificuldade de gerir os recursos – tal como empregamos na linguagem usual. *Crise* refere-se a uma desarticulação sistêmica das partes que conformavam aquele todo, cujo papel histórico cumpria-se ao completar-se a emergência plena do capitalismo industrial.

[A crise do Antigo Sistema Colonial segundo o historiador Fernando Antônio Novais:]

É que a contradição é inerente à sua natureza, quer dizer, ao funcionar, desencadeia tensões que, acumulando-se, acabam por extravasar seu quadro de possibilidades. Não é possível explorar a colônia sem desenvolvê-la; isto significa ampliar a área ocupada, aumentar o povoamento, fazer crescer a produção. É certo que a produção se organiza de forma específica, dando lugar a uma economia tipicamente dependente, o que repercute também na formação social da colônia. Mas, de qualquer modo, o simples crescimento extensivo já complica o esquema; a ampliação das tarefas administrativas vai promovendo o aparecimento de novas camadas sociais, dando lugar aos núcleos urbanos etc. Assim, pouco e pouco se vão revelando oposições de interesse entre colônia e metrópole, e quanto mais opera, mais estimula a economia central, que é o seu centro dinâmico.

A industrialização é a espinha dorsal desse desenvolvimento, e quando atinge o nível de uma mecanização da indústria (Revolução Industrial), todo o conjunto começa a se comprometer porque o capitalismo industrial não se acomoda nem com as barreiras do regime de exclusivo colonial nem com o regime escravista de trabalho. [...] Tal é o mecanismo básico e estrutural da crise, no seu nível mais profundo, e ele não decorre de nenhum "erro" ou malevolência dos autores do drama, antes procede do próprio funcionamento necessário do sistema. (Novais, 1972, p. 23)

São evidentes os influxos da discussão a respeito da transição feudo-capitalista; nela, o historiador opta por situar-se ao lado de Dobb. Desdobra-se da interlocução com esse debate uma reflexão sobre qual seria o modo de produção vigente na Europa entre os séculos XV e XVIII, assim como, consequentemente, qual seria o modo de produção específico da sociedade colonial na metrópole portuguesa. A respeito disso, o historiador entende que Karl Marx teorizou apenas a respeito de um modo de produção, o capitalista, de forma que os demais, que pontilham suas formulações, prestaram-se apenas ao exercício de contraste e comparativismo. A respeito das polêmicas sobre os modos de produção, sua posição é a seguinte: "se Marx tivesse escrito *O Capital* da Idade Média, o livro se chamaria *Das feudum. Crítica da Suma Teológica*" (Novais, 2005, p. 363). "Trata-se de elaborar a 'crítica da Economia Política', pois é ela a disciplina que corresponde no plano da ciência ao 'fato social total' da sociedade burguesa." (Rodrigues, 2014, p. 283).

As reações a essa tese continuam, ainda hoje, mobilizando historiadores tanto profissionais quanto amadores, tanto marxistas quanto liberais, tanto portugueses quanto brasileiros. Particularmente, no que diz respeito à interpretação da colônia, historiadores do Partido Comunista, além de historiadores cariocas, após a consagração da tese de Fernando Antônio Novais, opuseram-se a ele, por motivos distintos, contrapondo-se ao que designaram *escola paulista* e *raciocínio teleológico*. Caso você se interesse por essas controvérsias, recomendamos que leia trabalhos acadêmicos especializados em história da historiografia e, particularmente, em historiografia(s) marxista(s) (Rodrigues, 2018c, 2016, 2011).

(5.4)
CLIO E CLOTILDE: AS MUSAS DA HISTÓRIA E DA SOCIOLOGIA

Entre os historiadores e os sociólogos brasileiros, foram raríssimas as tentativas de teorizar a respeito da delimitação disciplinar e de elaborar projetos de integração ou diferenciação entre História e Sociologia. Sugerimos que isso se deva à diferença histórica na constituição das universidades – no Brasil e na Europa, destacando-se, nesta, a implicação competitiva na fase de emergência da Sociologia e sua consequente necessidade de fazer frente às disciplinas estabelecidas, como a Filosofia e a História.

Nesta seção, apresentaremos um esforço de teorizar as divisas disciplinares, por meio de certa divisão social do trabalho intelectual. Como toda tarefa dessa natureza, ela não se dissocia dos esforços de defesa e tomada de posição disciplinar. A complexidade do caso não permite que se exponha em detalhes esses nexos, tratados em trabalhos acadêmicos especializados (Rodrigues, 2011). Porém, vale chamar sua atenção para as tensões entre a geração dos autores – Fernando Antônio Novais e Rogerio Forastieri da Silva – afinada com o marxismo e com os *Annales* em sua fase braudeliana – e os jovens historiadores aos quais se dirigem – mais próximos de perspectivas antropológicas, foucaultianas e da terceira geração daquela escola.

Há, ainda, preliminarmente, que chamar sua atenção para outra diferença com relação aos esforços de teorização da experiência europeia apresentados nesta obra. Ao passo que os europeus respondiam à dinâmica de emergência da disciplina sociológica, opondo historiadores a sociólogos (lembre-se de Durkheim e Simiand contra Seignobos), no Brasil, a oposição e a concorrência principais, por ocorrerem em fase posterior ao surgimento das disciplinas, processou-se entre os próprios historiadores, distinguindo maneiras de se relacionarem com as ciências sociais em geral. Prepare-se, com atenção, pois essa mesma tensão reaparecerá, no capítulo seguinte desta obra, de modo muito particular, na discussão sobre o historiador mais prestigiado de nosso espaço disciplinar, Sérgio Buarque de Holanda.

Fernando Antônio Novais e Rogerio Forastieri da Silva caracterizaram três **diferenças substanciais**, articuladas lógica e historicamente, entre a História e as disciplinas que constituem o conjunto das ciências sociais. **A primeira distinção** situa temporalmente a emergência destas em contraste com a antiguidade da História. Como passaram a existir com o advento da modernidade, elas respondem a demandas sociais que emergiram a partir dos tempos modernos, e a historiografia, por conta de sua antiguidade, responde a outras:

[A segunda distinção:]

pode-se legitimamente asseverar que a Revolução industrial – considerada aqui como ponto final do longo processo de **formação** *do capitalismo – trouxe à baila a necessidade de explicação racional daquela esfera da existência [a econômica]; e essa transformação estrutural, a consolidação do capitalismo moderno, deu lugar à gestação da* **economia** *política. Assim, igualmente, a emergência da sociedade urbano-industrial como forma dominante, no fim do século XIX e início do século XX, como que exigia uma explicação racional para essa nova sociabilidade, o que* *levou à gestação da* **sociologia***. E assim por diante, sempre. As ciências sociais emergentes recortam, pois, esferas da existência – econômica, social, política, cultural –* **para poder conceituar sobre seu objeto, isto é, para poder dominá-lo racionalmente.** *[...]* **Quanto mais rigoroso o recorte do objeto, mais precisa a conceitualização, e finalmente mais eficaz sua aplicação.** *Efetivamente, há uma relação intrínseca entre cientificidade e a respectiva capacidade de intervenção no real [...] A história é a mais antiga, mas a menos científica, e essas duas características estão umbilicalmente ligadas. Responde, a história,* **a demandas mais gerais e persistentes que as específicas e modernas a que se ligam as ciências sociais e humanas.** *O seu campo de indagação – o seu objeto envolve* **todas as esferas da existência, e sua função última é a gênese da memória coletiva.** (Novais; Silva, 2011, p. 22, grifo nosso)

Atrelando, então, as ciências sociais à necessidade de explicação racional das transformações da vida moderna e a História à necessidade de memória coletiva, que remonta a tempos mais longínquos, os autores extraem daí a segunda diferença substancial entre os saberes em questão. As ciências sociais recortam as esferas segmentadas, pois autonomizadas e com lógica própria, e a História ambiciona tratar de **todas as esferas da existência**. Por esse motivo, seria possível estabelecer um gradiente de cientificidade entre as áreas: aquelas que recortam com mais nitidez essas esferas e desenvolvem dispositivos conceituais, teóricos e metodológicos mais formalizados, dirigidos para explicações mais indiscutíveis, são mais "científicas". A consequência evidente dessa proposição consiste em considerar a História como a área menos científica entre elas.

Obviamente, alguém poderia contrapor que a distinção não se sustenta, uma vez que, se há ciência econômica, também há história econômica – o mesmo valendo para ciência política e história política, e assim por diante – de modo que as esferas são recortadas tanto pelas ciências sociais quanto pela historiografia. A essa objeção, os autores responderam, estabelecendo a terceira característica que diferencia o domínio da História, em relação ao conjunto das ciências sociais:

[A terceira distinção:]

*Atente-se para a conexão que estamos tentando estabelecer: na perspectiva que estamos **recusando**, as tensões se diluem, dizem alguns, porque a história também recorta esferas da existência (história econômica, social, política, cultural), empregando os conceitos respectivos, hauridos nas ciências sociais correspondentes. Mas, **não**, redarguimos, e por dois motivos. Em primeiro lugar, porque os historiadores usam os conceitos, historicizando-os; e, em segundo lugar, porque o seu objetivo fundamental é **sempre** a reconstituição, isto é, o **historiador explica para reconstituir, enquanto o cientista reconstitui para explicar**. Como já dissemos (temos que insistir), para o historiador, a conceituação é o **meio** e a reconstituição o fim; para o cientista, a conceituação (a explicação) é o fim, a reconstituição é o meio. E os **factos** – isto é, objeto da análise – nunca pertencem exclusivamente a uma única esfera da existência, mas envolvem **sempre** todas as esferas. (Novais, Silva, 2011, p. 28, grifo do original)*

Há diferenças nodais entre o diálogo da sociologia, economia, antropologia, politicologia etc., entre si, e o de cada uma delas com a história. Pois, no primeiro caso, dialogam entre si diferentes esferas da existência, e no segundo cada esfera da existência dialoga com o conjunto delas. Num caso, as partes dialogam entre si, no outro cada parte dialoga com o todo. É claro que se poderá obtemperar que também o historiador, ao recortar seu objeto (o tal fragmento da infinitude, acima referido), situa-se dentro de uma esfera da existência particular; tanto assim que se pode fazer *(e se faz) história econômica, social, política, cultural etc. Mas, **não**; a diferença, a nosso ver, persiste, e é essencial.* (Novais, Silva, 2011, p. 26, grifo do original).

Dito de outro modo, a reconstituição é definida como a finalidade do trabalho historiográfico, e a explicação é apenas mais **um** entre outros meios de que se vale o historiador para isso; esta é definida como a finalidade do trabalho dos cientistas sociais, e aquela consiste em apenas mais **um** entre outros meios de que eles se valem para tanto.

Obviamente, a essas três distinções, pelo menos mais três **objeções** poderiam ser apresentadas. Em primeiro lugar, a História passou por fases de cientificização, e considerá-las implica duvidar do princípio da divisa entre ela e as ciências sociais, tal como postulada pelos autores – e o exemplo da primeira geração dos *Annales* bastaria para isso. Em segundo lugar, as ciências sociais são constituídas por disciplinas cujos contornos não são estabelecidos do modo como eles supõem – evidente no caso da Antropologia. Em terceiro lugar, indaga-se qual a posição do marxismo, na condição de teoria presente tanto na História quanto nas ciências sociais, à luz dessas considerações. Novais e Silva (2011) previram essas contestações e a elas responderam elaborando o que chamam de certa "perspectiva" a respeito da "história da historiografia".

Em primeiro lugar, eles reconhecem que a História sofreu momentos de cientificização, ou de racionalização, de seu discurso. Essa é, aliás, a divisa adotada para dividir sua história em um *antes* e um *depois*, caracterizados pela historiografia tradicional e pela historiografia moderna. A primeira **não** dialoga com as ciências sociais, pelo simples fato de estas não existirem, a segunda foi obrigada a fazê-lo, pelo simples fato de sua emergência alterar o regime epistemológico de produção e de recepção dos discursos sobre o passado.

Em segundo lugar, a objeção segundo a qual áreas das ciências sociais não correspondem à definição proposta incide sobre uma consideração a respeito da terceira geração dos *Annales*, que, na avaliação deles, em detrimento das conexões de sentido mais amplas, desprezando o diálogo com a Sociologia – mais importante para a primeira geração, de Bloch e Febvre – e com a Economia – mais importante para a segunda geração, de Braudel –, preferiu o diálogo com a Antropologia:

[A terceira fase dos Annales *para os historiadores:]*

a terceira fase dos Annales *pode ser vista tanto como desdobramento quanto como ruptura, relativamente aos princípios da Escola. Esta significou, na história geral da historiografia, o momento em que o diálogo com as ciências humanas se **institucionaliza**, ou seja, passa a ser inerente ao ofício de historiador. Nessa primeira fase, como vimos, o diálogo foi mais generalizado, com pequeno predomínio da sociologia; na segunda, predomina a interlocução com a economia; e na terceira, com a antropologia. Nesse sentido pode-se falar em continuidade, desdobramento. Mas, ao mesmo tempo, na terceira fase há, por assim dizer, uma diminuição do diálogo, ligada, como vimos, a uma tendência à desconceitualização, que aliás é geral nas ciências (a crise dos paradigmas); no caso da história, essa tendência, como vimos, é mais acentuada: por isso, na realidade, a Nova História dialoga mais com a etnografia do que com a antropologia. [...] a desconceitualização [da Nova História] leva à pulverização dos temas (história 'em migalhas') [...] Todavia [...] a tendência do discurso historiográfico em acentuar a reconstituição do acontecimento implica*

> *ser a história sempre tendencialmente total, pois nenhum acontecimento pertence exclusivamente a uma única esfera da existência, envolvendo sempre todas elas; afinal o singular é sempre total.* (Novais; Silva, 2011, p. 40, grifo do original)

> *sua fragilidade básica reside na como que recusa em elaborar um esquema conceitual igualmente novo e adequado à abordagem dos novos temas, preferindo antes acentuar o seu caráter "descritivo", melhor seria dizer narrativo. De tal postura, muito visível, aliás, nos diversos "manifestos" da nova escola [...] decorrem duas consequências: de um lado, belíssimas reconstituições dos hábitos, dos gestos, dos saberes, dos amores, do cotidiano, da sensibilidade, enfim da* mentalité, *ficam pairando no espaço, como se nada tivessem a ver com as outras esferas da existência, as formas de estruturação da sociedade e do Estado, os modos de organização da vida material etc. – temas todos esses da "velha" história; por outra parte, e por isso mesmo, a "nova" história pode se apresentar como salvadora da perenidade de Clio.* (Novais, 1997, p. 8)

Ao terceiro contraponto, os autores responderiam aproximando a definição proposta para a disciplina de História de uma caracterização dela que sua leitura da obra de Marx autoriza: tanto a disciplina quanto tal teoria têm uma afinidade eletiva substancial que consiste na ambição, respectivamente, de reconstituir e de explicar o conjunto das esferas da vida e na recusa conjunta em fragmentá-las de acordo com lógicas irredutíveis – prática, segundo eles, das ciências sociais.

> *[Marxismo e História segundo os historiadores:]*
>
> *Tentemos, ainda, avançar na análise da posição do marxismo no interior do diálogo história-ciências sociais [...] Marx parte axiomaticamente do pressuposto contrário: todo seu imenso esforço visa* **conceituar todas as**

esferas da existência, para elaborar uma teoria da História. Note-se que esses pressupostos, implícitos no processo, não foram claramente explicitados em nenhum dos lados do movimento de ideias, isto é, nem no plano da história da historiografia e tampouco no da formulação do materialismo histórico. Os forjadores das ciências sociais tinham como objetivo construir um discurso científico que desse conta de certas esferas de existência entranhadas no devir dos acontecimentos; não pretendiam, portanto, reescrever a História.

[...]

considerando o materialismo histórico essencialmente uma teoria da História, entendida como teorização simultânea das esferas da existência, dois conceitos emergem como fundamentais, isto é, fundantes dessa visão do mundo: os conceitos de modo de produção e luta de classes. Todo o arsenal de categorias analíticas para compreender o funcionamento da economia capitalista, ou para explicar o jogo de forças entre as classes nos embates ideológicos para conquista do poder no mundo da burguesia – que sem dúvida são importantíssimos – circunscreve-se à análise deste específico modo de produção, não tendo a mesma transcendência daquelas duas categorias preliminares para a abordagem do fluxo permanente do processo histórico. (Novais; Silva, 2011, p. 47; 51, grifo do original)

Importa sublinhar a dinâmica do raciocínio. Novais e Forastieri aproximam historiografia e marxismo no mesmo movimento em que distam ambos das ciências sociais. Aqueles se ocupam de "todas as esferas": a historiografia pretende reconstituí-las, e o marxismo, ser sua teorização. Em contrapartida, as últimas, para **explicar** – o que as aproximaria do marxismo –, precisam **fracionar** as esferas – o que as distancia dos outros dois.

Como as demais definições disciplinares e teóricas e tomadas de posição apresentadas neste livro, também as concepções de historiografia e de marxismo são múltiplas e indissociáveis das posições profissionais – condicionadas por pertencimentos variados, como gerações intelectuais e instituições de saber –, assumindo diversos conteúdos. Em uma obra propedêutica como esta, não seria possível demonstrar todas as suas demais concepções concorrentes e, tampouco, suas relações com as ciências sociais.

Síntese

Neste capítulo, apresentamos a história do diálogo entre a História e as ciências sociais no Brasil. Por um lado, a configuração institucional, determinante nas experiências dos países europeus, também o foi na experiência brasileira. Por outro, as particularidades da experiência nacional – isto é, a institucionalização concomitante das disciplinas evitou o conflito entre elas, tal como ocorreu na França; e o não desenvolvimento da Filosofia fez com que não se promovessem as mesmas mesclas que ocorreram na Alemanha. Além disso, as primeiras tentativas de formulação teórica e epistemológica das relações entre as disciplinas foram apresentadas na obra dos historiadores Fernando Novais e Rogerio Forastieri. Para eles, a finalidade do trabalho historiográfico consiste na reconstituição dos eventos, e este é um meio para os sociólogos.

Atividades de autoavaliação

1. Leia atentamente as afirmações a seguir e assinale a resposta correta:
   I) Segundo Fernando Novais, as formas compulsórias de trabalho adotadas no período colonial brasileiro resultaram do ajuste da colonização ao sistema colonial, subordinado à acumulação primitiva de capitais.
   II) Para os marxistas, não há diferença entre capitalismo e escravidão.
   III) Segundo análises marxistas, o trabalho assalariado equivale ao escravo, pois ambos são ruins para quem está submetido a eles.

   a) Somente as afirmações I e II são corretas.
   b) Somente as afirmações II e III são corretas.
   c) Somente a afirmação I é correta.
   d) Somente a afirmação II é correta.
   e) Todas as afirmações são corretas.

2. Na década de 1930, as transformações desencadeadas pela Revolução de 1930 impactaram a cultura. Assinale a alternativa que as sintetize corretamente:
   a) As universidades ganharam impulso, assim como outras instituições da cultura.
   b) A cultura não foi impactada.
   c) Apenas a economia se desenvolveu.
   d) O regime autoritário não se preocupava com a cultura e com a ciência.
   e) Nenhuma das anteriores.

3. Comparada à experiência francesa e alemã, a brasileira apresenta-se:
   a) idêntica, pois apresentou os mesmos conflitos entre Sociologia e História.
   b) idêntica, pois apresentou a mesma colaboração entre Sociologia e História
   c) diferenciada, pois Sociologia e História foram institucionalizadas mais ou menos concomitantemente.
   d) diferenciada, pois sociólogos e historiadores se interessavam por temas idênticos.
   e) Nenhuma das anteriores.

4. No Brasil, uma temática importante para as trocas interdisciplinares entre Sociologia e História, unidas pelo referencial marxista, foi:
   a) a relação entre colonização e cultura africana.
   b) a relação entre capitalismo e escravidão.
   c) a relação entre cultura africana e religião católica.
   d) a relação entre judaísmo e feudalismo.
   e) Nenhuma das anteriores.

5. A noção de *sentido da colonização* foi desenvolvida por dois historiadores que dialogaram com as ciências sociais. Assinale a alternativa que apresente seus nomes e a tese mais substantiva sustentada nessa noção:
   a) Sérgio Buarque de Holanda e Fernando Novais. *Sentido da colonização* designa a autonomia absoluta da colônia em relação à metrópole portuguesa.

b) Caio Prado Jr. e Fernando Novais. *Sentido da colonização* designa o padrão de colaboração entre a colônia e as metrópoles ibéricas, na fase da economia-mundo caracterizada pela acumulação primitiva de capitais que antecedeu a revolução industrial.
c) Sérgio Buarque de Holanda e Fernando Novais. *Sentido da colonização* designa a dependência absoluta da colônia em relação à metrópole portuguesa.
d) Caio Prado Jr. e Fernando Novais. *Sentido da colonização* designa o padrão de exploração da colônia pelas metrópoles ibéricas na fase da economia-mundo, caracterizada pela acumulação primitiva de capitais que antecedeu a revolução industrial.
e) Nenhuma das anteriores.

Atividades de aprendizagem

Questões para reflexão

1. As formulações a respeito das relações entre História e ciências sociais apresentadas na última seção deste capítulo são indissociáveis de uma visão a respeito da história da historiografia. A partir das considerações de Fernando Antônio Novais e Rogerio Forastieri da Silva sobre a terceira geração dos *Annales* e sua importância pela historiografia brasileira, discuta com seus colegas a perspectiva dos autores a propósito das definições de historiografia tradicional e historiografia moderna. Vocês concordam ou discordam dos autores? Redijam um texto apresentando os motivos de suas concordâncias ou discordâncias.

2. Como discutimos, as tomadas de posição epistemológicas a respeito da definição das disciplinas, assim como a respeito da diferença e das possíveis aproximações entre elas, são indissociáveis de posições profissionais – condicionadas por pertencimentos diversos como gerações intelectuais e instituições de saber. A respeito da diferenciação entre História e ciências sociais, redija um texto destacando o contraste entre a teorização de Fernando Antônio Novais e Rogerio Forastieri da Silva e a de um autor europeu de sua escolha.

3. Na questão anterior, você discorreu sobre as diferenças argumentativas entre autores europeus e brasileiros. Agora, disserte a respeito das diferenças socio-históricas e políticas que impactaram suas condições de trabalho, bem como a institucionalização e a profissionalização de suas disciplinas.

Atividade aplicada: prática

1. O cinema discutiu as contradições econômicas, sociais e políticas das formas compulsórias de trabalho. Assista ao filme *Queimada* (Gillo Pontecorvo, 1969), refletindo a respeito das interpretações sobre o tema. Redija um texto e depois apresente suas ideias a seus colegas. Comparem as conexões de sentido que vocês fizeram entre o filme e as interpretações sobre o escravismo moderno apresentadas neste capítulo.

Indicação cultural

QUEIMADA. Direção: Gillo Pontecorvo. Itália/França, 1969. 132 min.

O filme retrata a experiência de um inglês, enviado a uma ilha do Caribe, colônia portuguesa, com a finalidade de incentivar conflitos que favoreçam os negócios da coroa inglesa.

Capítulo 6
Experiência brasileira:
recepções

Neste capítulo, convidamos você a fazer uma reflexão a respeito da circulação das ideias entre os países em geral e, em particular, entre os países do centro geopolítico mundial e os do sul global. É preciso pensar sobre o que ocorre quando os "textos viajam sem seu contexto" (Bourdieu, 2002b) em direções múltiplas de intercâmbio.

O capítulo abre com essa reflexão. Como temos insistido, nossa experiência não pode ser subsumida a modelos europeus, já que há, aqui, uma dinâmica própria, que recebeu, a seu modo e no interior desse dinamismo, alguns dos diálogos entre historiadores e sociólogos da Europa apresentados nos capítulos anteriores. Por isso, em seguida à reflexão sobre a circulação internacional dos textos e das ideias, você será introduzido a três tópicos dessa reverberação.

Trataremos do debate ocorrido entre dois historiadores, José Honório Rodrigues (1913-1987) e Eduardo D'Oliveira França (1915-2003), no início dos anos 1950. França adotou, a seu modo, a perspectiva da primeira geração dos *Annales*, opondo-se ao colega, por ele qualificado como metódico e positivista. Em seguida, abordaremos a recepção da obra de Michel Foucault entre alguns historiadores brasileiros, adquirindo sentido próprio, em razão de como eles entendiam a oposição entre a segunda e a terceira geração dos *Annales*. Desta se valiam em suas disputas contra os historiadores marxistas, concorrendo com ele e ambicionando desbancá-los. Por fim, apresentaremos o uso que o jovem Sérgio Buarque de Holanda (1902-1982) realizou da obra de uma fração da tradição sociológica alemã e que denegou, com o passar do tempo, paralelamente ao processo de envelhecimento social que o transformou em historiador.

Lidiane Soares Rodrigues

(6.1)
CIRCULAÇÃO DAS IDEIAS NO ESPAÇO GLOBAL E CAMPO INTELECTUAL NACIONAL

A validade das assertivas científicas indiscutíveis independem do território, da sociedade e da configuração política em que são elaboradas, como todos sabemos, em qualquer parte do globo terrestre, o planeta exerce sobre os corpos a mesma gravidade. Dito de outro modo: o número que exprime a força da gravidade da Terra (9,8 m/s^2) é o mesmo, independentemente da crença das pessoas, de suas riquezas, do país em que vivem ou do tipo de regime político que as governa. No entanto, se a ciência concebe-se na universalidade de seus produtos – isto é, das explicações que produz –, sua produção é dependente daqueles fatores dos quais ela se pretende independente. Portanto, para a produção da ciência, elementos como a crença das pessoas, a riqueza delas, o país em que vivem ou o tipo de regime político que as governa são condicionantes. Em suma, o universo científico ambiciona produzir universalmente, mas está limitado por suas condições particulares de produção.

Dessa forma, embora as ideias científicas – tanto em ciências humanas quanto em exatas – ambicionem algum grau de generalidade, elas respondem a problemas circunscritos, no tempo e no espaço, a contextos no interior dos quais fazem sentido. Este livro tem demonstrado isso ao longo de sua exposição, como você deve ter notado. E, agora, expomos outro elemento: Se as ideias fazem sentido em seu contexto, como podem ser deslocadas dele e adquirir sentido em outros?

O intercâmbio econômico e cultural entre os países intensificou-se e adensou-se ao longo do século XX. Em ritmo acelerado, multiplicaram-se os meios pelos quais cientistas oriundos de nacionalidades distintas estabeleceram relações de troca. Já apresentamos, no capítulo anterior, como as elites locais de vários estados brasileiros recorreram à importação de professores estrangeiros para inaugurar as instituições que constituíam. Porém, essa não é a única maneira pela qual espaços intelectuais nacionais permutam bens científicos. Por meio de numerosas práticas, essas transações são favorecidas: além das viagens de professores e estudantes, a importação e a exportação de livros, a preparação e a difusão de traduções de livros e de textos, a participação em congressos internacionais, os estágios de pesquisa em equipes multinacionais – entre outras. Nesses arranjos, em que se pese o espírito de colaboração, ainda que constituídos entre países com relações amistosas, incontornavelmente vigora a hierarquia entre eles.

Em primeiro lugar, a **assimetria econômica e política**, que segrega as nações prósperas e poderosas das pauperizadas e em desenvolvimento, impacta as trocas culturais. Evidentemente, elas não são redutíveis à dinâmica econômica e política, assumindo, contudo, formas próprias. Por exemplo: a preponderância econômica estadunidense e a proeminência científica do universo anglo-saxão exprimem-se no plano cultural em termos de domínio linguístico. A dominação linguística não se calcula pelo número de falantes de um idioma, mas pelo número de seus aprendizes voluntários. Desde a segunda metade do século XX, o inglês tornou-se uma língua franca – ou seja, por meio dele, as pessoas de origens linguísticas diversas podem comunicar-se. Portanto, sua aprendizagem e sua incorporação são exercícios voluntários dos falantes que não o têm como língua nativa. Há quem argumente que isso ocorre por conta da facilidade de seu aprendizado. Porém, um ligeiro recuo histórico demonstra certo preconceito nessa ideia: até o século XVIII, a língua franca não era o inglês, tido como fácil, mas o francês (Ortiz, 2004).

Em segundo lugar, como os textos, **as pessoas e as ideias viajam** sem o contexto que lhes deram origem. Não têm, assim, ao se deslocarem, o mesmo sentido compartilhado que tinham em sua matriz. São seus espaços de destinação que passam a lhes conferir sentido. Estes predispõem, também, seus agentes a se interessarem por ideias estrangeiras.

Analisando as possibilidades de introdução de uma nova ideia em um contexto intelectual, Pierre Bourdieu (2002b) observa que ela pode ser ignorada, como algo insólito ou anômalo, caso não possa ser assimilada a algo previamente conhecido. Se a introdução de uma nova tese, um novo autor, uma nova ideia ou um novo conceito pressupõe, portanto, similaridades com outros enraizados em um dado espaço de interlocução, a importação de um bem cultural e científico pressupõe, também, para se efetivar, agentes interessados nessa operação. Os interesses desses "mediadores" de intercâmbios internacionais, sendo indissociáveis das posições profissionais, dos pertencimentos geracionais e institucionais, orientam e selecionam a apropriação dos bens estrangeiros. Portanto, são os espaços nacionais de destino que conferem sentido às ideias, aos conceitos e aos autores.

A fim de que as "recepções" tratadas por este capítulo possam ser apreciadas justamente, pelos menos dois ângulos desse fenômeno complexo merecem sua atenção. Por um lado, os países dominados no espaço global político são propensos à importação de bens dos países dominantes, não apenas econômicos, mas também culturais e científicos. Por outro lado, não as praticam de modo passivo ou aleatório (Sapiro, 2013; Sapiro; Heilbron, 2009; Rodrigues, 2018b, 2018e). A dinâmica interna de seus espaços científicos e culturais, personificada nas figuras dos "mediadores" das importações, implica seletividade nas escolhas e controle da maneira de classificar e de fazer circular esses bens.

Você se lembra que chamamos atenção para os distintos modos de institucionalização moderna da História e da Sociologia no Brasil. Nas seções seguintes, ficarão evidentes, para você, diversas rotações de sentido – condicionadas por múltiplos fatores, como país, disciplina acadêmica, língua – que as palavras *metódicos* e *positivismo*, assim como as matrizes disciplinares, notadamente os *Annales*, e autores como Michel Foucault e Max Weber sofreram ao serem deslocados de seus cenários originais. Por tratar-se de um circuito emaranhado de vetores muito complexos – cujo exame demandaria análise profunda dos espaços de origem e destino dos bens culturais e científicos, além das operações de importação e exportação e de seus mediadores – e por esta ser uma obra introdutória, objetivamos apenas chamar sua atenção para esses fenômenos. A bibliografia utilizada – fração considerável dela de livre acesso – e as sugestões de atividades podem orientá-lo caso deseje ir além dessa preleção (Rodrigues, 2018b, 2018d, 2017, 2013).

A seguir, denominamos *polígrafos*, a título de facilitação, os membros das gerações anteriores à profissionalização, tanto da História quanto da Sociologia. Alguns historiadores viveram longos anos em que passaram, em conjunto, de polígrafos a profissionais. Desse modo, em suas trajetórias, tudo ocorre como se essas duas fases e esses dois regimes de produção intelectual se combinassem de modos surpreendentes e variáveis – no que diz respeito tanto à História *stricto sensu* quanto às relações de força entre ela e áreas vizinhas, como a Sociologia. Você deve ter isso em mente para acompanhar as Seções 6.2 e 6.4. Isso porque seus protagonistas trabalharam sob essa transição e, parcialmente, seus embates iluminam-se a partir dela.

Finalmente, um aspecto deve ser retido como subsídio, especialmente, da Seção 6.3: os países "periféricos" não importam de modo passivo os bens dos países centrais. Por isso, insistimos em seu papel ativo e firmamos que a densidade, a dinâmica e os agentes dos espaços de destinação das ideias – e não os de sua origem – conferem significados próprios aos bens simbólicos, às obras e aos autores no processo de seu deslocamento. Ora, a dinâmica interna pode ser movida por numerosos fatores, entre eles o conflito geracional: os jovens, a fim de se afirmarem no espaço, desafiam e contrapõem-se aos mais experientes, com graus distintos de concorrência, colaboração, ruptura e continuidade, suscitando, naturalmente, sua reação amistosa ou defensiva. Por esse motivo, as formulações das Seções 5.4 e 6.3 completam-se. Elas abordam a configuração em que uma posição da historiografia madura (Fernando Antônio Novais) respondia a frações dos segmentos mais jovens, entusiasmados com as orientações da "Nova História" (ou terceira geração dos *Annales*). Trata-se de uma oposição que contrapõe, no espaço híbrido constituído por referências historiográficas e sociológicas, de um lado, as correntes diversificadas de marxistas, e, de outro, a recepção tropical de Foucault e da "Nova História".

(6.2)
OPOSIÇÃO DOS *ANNALES* CONTRA OS METÓDICOS: UMA VERSÃO BRASILEIRA

Dois historiadores brasileiros figuraram a oposição da primeira geração dos *Annales* contra os metódicos, respectivamente: Eduardo D'Oliveira França (1915-2003) e José Honório Rodrigues (1913-1987). Esta seção se dedica à apresentação das críticas elaboradas pelo primeiro ao segundo, na ocasião em que este publicou a obra *Teoria da história do Brasil: introdução metodológica* (Rodrigues, 1949).

José Honório Rodrigues nasceu no Rio de Janeiro, cursou Direito, entre 1933 e 1937, na Universidade do Brasil e exerceu o jornalismo em periódicos e jornais da então capital brasileira, algo usual entre os historiadores que se formaram na fase de transição para o estabelecimento de um curso regular para a carreira. Gradativamente, tornou-se historiador, elaborando um projeto próprio para a historiografia brasileira.

Já em 1937, por ocasião da celebração dos 300 anos da chegada de Maurício de Nassau ao Recife, ele produziu a monografia "Introdução aos estudos do período de Maurício de Nassau", pela qual foi contemplado com o Primeiro Prêmio de Erudição da Academia Brasileira de Letras. Ressalte-se que *erudição* tinha o preciso sentido de "lide com documentação histórica inédita, assim como a abordagem e a perspectiva no trato da experiência cultural e econômica no Recife" (Freixo, 2018, p. 364). José Honório Rodrigues tornou-se, em seguida, assistente de Sérgio Buarque de Holanda (1902-1982) no Instituto Nacional do Livro (INL), entre 1939 e 1944. Nesse ínterim, foi convidado por Rubens Borba de Moraes (1899-1986) para participar da elaboração do *Manual bibliográfico de estudos brasileiros* – obra que deveria tornar-se referência para o estudo do desenvolvimento da cultura brasileira, segundo seu idealizador, William Berrien, da Universidade de Columbia. O interesse deste último pelo Brasil foi mediado por Gilberto Freyre (1990-1987), que estudara em instituições estadunidenses, estabelecendo importantes vínculos com o sistema acadêmico do país (Freixo, 2018). Em virtude disso, José Honório Rodrigues viajou para os Estados Unidos, licenciado do INL, com bolsa da fundação Rockfeller. Aproveitou a oportunidade para, entre outras atividades, aprofundar-se nas técnicas de anotação e publicação de textos raros.

Em decorrência dessas experiências, José Honório Rodrigues desenvolveu uma crítica aos cursos de História e Geografia, tal como eles se institucionalizavam no Brasil. Em sua avaliação, equivocavam-se ao priorizar a reprodução de conteúdos didáticos e ao visar, exclusivamente, a formação de professores. Ele passou a defender outro modelo de curso superior, que privilegiasse a formação simultânea de pesquisadores, historiadores propriamente ditos, e de professores de História. Em seu projeto, uma das medidas necessárias para a reorientação dos cursos nessa direção consistia na criação da disciplina Introdução aos Estudos Históricos. Tratava-se não apenas de transmitir conteúdos de História, mas de formar historiadores, o que pressupunha o domínio das técnicas rigorosas de erudição elaboradas por alemães e franceses. Suas apropriações programáticas remetiam a Wilhem Dilthey, Ernst Troeltsch, Friedrich Meinecke, Heinrich Rickert, Leopoldo von Ranke, Charles-Victor Langlois e Charles Seignobos – entre outros.

A obra na qual ele formula seu programa, investida de forte teor propositivo e crítico, *Teoria da história do Brasil: introdução metodológica* (Rodrigues, 1949), foi resenhada pelo historiador Eduardo D'Oliveira França, imediatamente.

Nascido em Queluz, interior de São Paulo, em 1915, Eduardo D'Oliveira França também se graduou em Direito, na Faculdade do Largo São Francisco, em 1936. Ainda aluno, participou da Revolução Constitucionalista de 1932. Por ocasião da fundação da Faculdade de Filosofia, Letras e Ciências Humanas da Universidade de São Paulo (FFCL-USP), ingressou no curso de História e Geografia, no qual foi aluno de Fernand Braudel, então missionário catedrático de História Geral da Civilização. Tornou-se professor-assistente e defendeu tese de livre-docência, requisito para ser catedrático, em 1950 – *Portugal na época da Restauração* (França, 1997). No ano seguinte, França publicou sua crítica ao livro de José Honório Rodrigues na *Revista de História* – ligada àquele curso e que se inspirava, declaradamente, no modelo do periódico *Annales*, contando, para tanto, com o auxílio dos próprios Lucien Febvre e Fernand Braudel. Muito embora os membros mais ativos da *Revista de História* distanciassem-se das concepções e das práticas historiográficas desenvolvidas entre os *Annales* àquela altura em São Paulo e, sobretudo, após a criação da Associação Nacional dos Professores de História (ANPUH), em 1961, eles foram reconhecidos como os representantes mais fidedignos da escola. Isso aconteceu pelo fato de terem sido alunos de Fernand Braudel por ocasião de sua estada no Brasil e de depois receberem Lucien Febvre como professor convidado (Rodrigues, 2015, 2013, 2011).

Ainda que ele elogie seu colega de ofício, as reprovações de Eduardo D'Oliveira França ganharão destaque na apresentação seguinte, pois desenvolveu um contraponto entre suas concepções historiográficas e as de José Honório Rodrigues correspondente àquele que você já estudou, no Capítulo 1, entre a primeira geração dos *Annales* e os metódicos. Precisamente, essa oposição consiste na relação mais interessante para os propósitos deste livro.

Para Eduardo D'Oliveira França, José Honório Rodrigues representa o projeto intelectual dos **historiadores historicizantes** – termo utilizado para se referir à historiografia tradicional oitocentista –, cujos nomes mais importantes, na França, foram Charles-Victor Langlois e Charles Seignobos, e, na Alemanha, Leopold von Ranke.

[Eduardo D'Oliveira França avalia a Teoria da história do Brasil, de José Honório Rodrigues:]

O plano da obra. Clássico. Nesse particular quase decepcionante. Conceituação da história e sua função. Divisões. Disciplinas auxiliares. Método: utilização das fontes, crítica, síntese. Problemas: causalidade histórica e certeza histórica. Só ficou faltando um capítulo americano: a exposição histórica.

Eis um planejamento século XIX. A história estuda fatos. Toda a ginástica do historiador é caçá-los em documentos lídimos. Toda a metodologia gira em torno do documento — viveiro de fatos. Estabelecidos os fatos, eles devem ser coordenados e depois compreendidos. Plano Langlois-Seignobos com clarões de filosofia. Todo feito de harmonia lógica, didática e formal, tolhendo as iniciativas do espírito.

[...]

Miríades de fatos históricos exatos não fazem a história. Seriam um caos. A ordenação desse caos, que não é puramente cronológica, diga-se de passagem, é comandada pelo espírito ao descobrir um fio condutor que impõe a ordem. O realismo é responsável por muita inconsistência: fatos e fatos provados com documentos na mão. Necessária, sem dúvida, a prova entretanto não abrange toda a tarefa do historiador. Provar que os fatos realmente aconteceram por estarem documentados não é assegurar compreensão. Verdade é que a prova geralmente vem depois. Prova-se alguma coisa que já se sabe anteriormente o que tenha sido. Provam-se hipóteses: explicações à espera de comprovação. E o que provoca a hipótese é a intuição dos fatos; não são os documentos lidos.

Não basta a apuração dos fatos pela crítica para se atingir o repouso da certeza. A certeza é a adesão do espírito e o espírito só se entrega quando crê ou quando compreende. A atmosfera da história é a da compreensão. A compreensão reclama "insight", capacidade de ver dentro da realidade considerada. O que dá a adesão do espírito não são os fatos, são os conteúdos espirituais do passado que se renovam. A compreensão significa domínio da realidade pela visão de sua totalidade lógica, e essa visão dominadora o historiador a alcança pela intuição.

Crítica para apuração dos fatos e intuição para sua compreensão têm que seguir juntas. A reconstituição cento por cento objetiva dos fatos pela crítica não existe, e o fator subjetivo por sua vez é limitado pela realidade, comprovada nos documentos. Escravizar o historiador ao documento é condená-lo à impotência.

Toda a teoria do método em José Honório Rodrigues gira em torno dos documentos – a tirania da prova material subjugando a inteligência aos resíduos do passado. Busca de exatidão a emergir das fontes. Ausenta-se o historiador: seu pensamento serve ao documento, neutro e impassível. A grande ilusão do cientismo do século XIX. Esse amor, esse desvelo pelo documento se traduz nessa metodologia a Langlois-Seignobos. Ela é aconselhada pelo que Febvre chama o "feiticismo do fato" [...]. A história cria seu objeto: os fatos históricos são construídos pelo historiador. Construídos não quer dizer inventados. [...]. Não são os elementos que manobram o cientista, mas este é que os manipula na apuração de suas hipóteses.

Por que o historiador há de gastar seu tempo inteiro purificando os elementos de sua química ou lavando em soda cáustica seus tubos de ensaio? Não são os fatos que governam o historiador. É o historiador que mobiliza os fatos.

Lidiane Soares Rodrigues

O passado é definitivo, mas a história não é o passado. É o passado visto pelo presente [...].

[...]

Longo tratamento para a descoberta do fato eis o que recomenda a Teoria da História do Brasil [...].

Entretanto, "a fidelidade ao fato arbitrariamente isolado é a aceitação da fatalidade. Ela destrói a ciência e causa mortais despedaçamentos da consciência" (Morazé). Eis o que está implícito na metodologia construída em torno dos documentos. Metodologia que escamoteia o historiador. Fruto da decantada objetividade que foi a obsessão dos discípulos de historiadores como Hank ou Herculano [...]. Sem perceberem que essa exatidão que perseguiam, limitada pelos instrumentos de pesquisa disponíveis em cada tempo, era pura construção de seus espíritos. (França, 1951, p. 113-114, 131-132)

Não apenas os princípios de reprovação do livro são inspirados nos *Annales*, como também os reparos propositivos. Ao posicionar-se assim, obviamente, França se esforça para introduzir na prática historiográfica aquele "algo mais" que ultrapasse a exigência documental metódica. Tal como os *Annales*, mas em registro brasileiro – ou seja, mobilizando um repertório diverso ao dos franceses, que se inspiravam na herança durkheimiana –, vale-se de uma pletora heteróclita de correntes filosóficas e sociológicas, acionando-a a fim de denunciar o que considera um estado atrasado da discussão proposta por José Honório Rodrigues.

[Algumas cobranças de França a José Honório Rodrigues:]

*Quase esquecida a historiografia marxista e a metodologia dialética materialista, o que é grave [...] Certas omissões porém atrasam uma obra que deve ser de seu tempo: o **marxismo**, o **bergsonismo**, o **existencialismo** dão fortes contribuições à filosofia contemporânea da história [...].*

[...]

*Clássicos os capítulos sobre disciplinas auxiliares. Todavia, omissões: nem palavra sobre **a estatística ou a filosofia**. Nem sobre as técnicas modernas de investigação. Nem palavra sobre as ciências irmãs que também são auxiliares: a **sociologia**, a **política**, a **economia**, a **etnologia**, a **linguística**, a **geografia**, a **tecnologia**, etc. etc. [sic] E a filosofia? De certo não se tratava de abrir arena para o enfadonho embate sobre os limites de cada uma. Bairrismo de cientistas neófitos ou aposentados. Tema superado como o demonstra L. Febvre, uma vez que **o rótulo de uma boa pesquisa importa pouco. Se ela é realmente boa. Da colaboração das ciências do homem resultará o melhor conhecimento de seu objeto, sem preconceitos de fronteiras.** "Casa Grande e Senzala" é história ou sociologia? Que importa? É bom e isso basta. O resto é problema de bibliotecário para saber em que gaveta de fichário deve classificar.* (França, 1951, p. 113, 139-140, grifo nosso)

Observe que Eduardo D'Oliveira França cobra de José Honório Rodrigues uma modernização de sua perspectiva, cujos contornos deveriam ser a incorporação de algumas matrizes teóricas e de disciplinas das ciências sociais modernas. Em seguida, como percebendo o problema da perda da distinção disciplinar, a formulação, a certa altura, dispensa o estrito pertencimento à fronteira entre História e outras disciplinas. Ergue daí outro critério de apreciação, acima de divisas disciplinares. Você deve lembrar que precisamente esse perigo de perda da identidade específica levou Lucien Febvre a reprovar o livro *A sociedade feudal*, de Marc Bloch, por ele reputado "sociológico" demais (cf. Seção 1.4). Portanto, ainda que invocando Febvre, França tem sua própria voz autoral, não reproduzindo passiva ou mecanicamente suas ideias, senão orientando-se segundo o confronto com seu contemporâneo mais próximo, José Honório Rodrigues.

(6.3)
A TERCEIRA GERAÇÃO DOS *ANNALES* CONTRA A SEGUNDA E O "EFEITO FOUCAULT" NA HISTORIOGRAFIA BRASILEIRA

A passagem da segunda à terceira geração dos *Annales* já foi caracterizada de muitas maneiras, estabelecendo-se algum acordo em torno da ideia de que ela consistiu em uma guinada "do porão ao sótão" (Burke, 1992) – isto é, os interesses dos jovens da "Nova História" deslocaram-se da chamada *base econômica* para as *superestruturas*. Ainda que essa dicotomia base/superestrutura – exprimindo, de modo simplificado, dimensão econômica em oposição às sensibilidades, crença e vida cultural – remete a um léxico marxista, ela foi utilizada para designar, também, o período em que predominou, de modo geral, a historiografia econômica e em que Fernand Braudel esteve no auge da concentração de poderes institucionais e simbólicos no espaço global da disciplina.

A introdução da "Nova História" – designação por meio da qual a terceira geração dos *Annales* lutou para ser reconhecida – no Brasil, assim como o ritmo de sua adoção, devem-se a fatores externos e internos ao ofício historiográfico. Do ponto de vista externo, segundo Ronaldo Vainfas (2009, p. 229), apenas com o "avanço da pós-graduação, de um lado, e a crise do regime militar, de outro, que a pesquisa histórica no Brasil se abriu" a essa nova direção. Do ponto de vista interno, isto é, considerando os lances de colaboração e de concorrência entre os historiadores, deve-se considerar que a geração que patrocinou a importação dessa guinada opunha-se fortemente ao marxismo, aos temas da história econômica – que designavam como *economicistas*. E, para fortalecer-se nessa oposição, além de acompanhar a rotação da base à superestrutura, realizada pelos *Annales*, introduziu também a obra de Michel Foucault.

A historiadora Margareth Rago caracterizou o **"efeito-Foucault"** na historiografia brasileira em, ao menos, três aspectos. Em primeiro lugar, os "sujeitos emergiram como efeitos das construções discursivas, ao invés de serem tomados como pontos de partida para a explicação das práticas sociais" (Rago, 1995, p. 70). Dessa maneira, em sua avaliação, um dos principais méritos implicados na adoção da obra de Foucault consistiu no deslocamento da atenção voltada aos fatos para "as bases epistemológicas das formas de discurso que os conceberam enquanto tais" (Rago, 1995, p. 67). Em segundo lugar, e em decorrência disso, foi possível, para ela, tanto questionar as "tarefas revolucionárias" associadas ao marxismo quanto superar "as classes sociais e principalmente a classe operária" em favor de "sujeitos históricos que, nos anos 80, comprometiam-se com a luta pelos direitos de cidadania, como os negros, as mulheres e os homossexuais" (Rago, 1995, p. 69). Em terceiro lugar, também como desdobramento desses deslocamentos, e ainda na avaliação de Rago, novos objetos puderam ser rotinizados na agenda de pesquisa. Desse modo, "se não podemos afirmar que objetos como loucura, prisão, instituições disciplinares, corpo e sexualidade ganharam visibilidade histórica" apenas posteriormente à introdução da obra de Foucault entre historiadores brasileiros, é certo que "não há como negar a importância de um autor que, em pleno apogeu da classe operária, dos temas da Revolução e da Social History, de filiação marxista, deslocava o foco para as 'minorias', para as margens e para os *Annales*" (Rago, 1995, p. 70). Para ela, o autor francês revolucionou a história ao inverter a tendência da abordagem do século XVIII – em geral, ela se ocupava dos nobres ideais racionalistas; e ele voltou-se à loucura e à invenção do encarceramento.

Dessa rotação, na direção de Foucault e de temas que os historiadores brasileiros consideram ser "tipicamente antropológicos", resultaram algumas obras pioneiras na inauguração de agendas de pesquisa, até então inéditas entre eles. Devem ser mencionados os doutoramentos da própria Margareth Rago, que tem discutido a relevância da obra de Foucault para os historiadores brasileiros: *Os prazeres da noite: prostituição e códigos da sexualidade feminina em São Paulo* (Rago, 1991); de Sandra Caponi: *Do trabalhador indisciplinado ao homem prescindível* (Caponi, 1992); e de Durval Muniz de Albuquerque: *O engenho anti-moderno: a invenção do nordeste e outras artes* (Albuquerque, 1993).

Você deve ter notado a centralidade que o marxismo apresentava no espaço dos historiadores, a ponto de mobilizar tantos esforços contra ele. Ainda que não se ligue tão estreitamente ao interesse deste livro, vale informar que, concomitantemente ao ingresso de Foucault e da Nova História, entre os historiadores adversários dos marxistas, o interior do próprio marxismo, tornou-se bastante segmentado – seja em razão de filiações teóricas (althusserianos, gramscinianos, frankfurtianos etc.), seja em virtude de temas e disciplinas. Assim, no final dos anos 1970 e início dos anos 1980, uma nova onda de historiografia marxista anglo-saxã é introduzida, igualmente, em contraponto ao assim chamado *marxismo economicista*. Trata-se de historiadores como Edward Palmer Thompson, que, esposando uma nova abordagem da classe operária, entusiasmou os críticos do marxismos que pretendiam manter-se dentro de seus temas. Acusava-se o marxismo economicista de determinismo econômico e de uma perspectiva normativa a respeito do papel revolucionário da classe operária. Diversamente a essa conduta, a obra de Thompson não prescrevia papéis a ela, mas tentava compreendê-la, em seu processo de constituição mesmo, segundo suas práticas, suas predileções e seu estilo de vida próprio (Thompson, 1987; Macedo, 2013).

(6.4)
Sérgio Buarque de Holanda:
um historiador maduro contra um sociólogo juvenil

A observação das diversas, e por vezes díspares, orientações assumidas pela carreira e pela obra de Sérgio Buarque de Holanda propicia ao interessado no diálogo entre as disciplinas de História e Sociologia um material único. Naturalmente, você recorda que nossas especificidades nacionais originaram modalidades próprias de **colaboração** interdisciplinar e de divisão social do trabalho intelectual em polarizações invertidas e insulares, em detrimento das programáticas "sínteses" observadas nas experiências europeias (cf. Seção 5.4). Essas especificidades também originaram um modo próprio de **concorrência** entre as disciplinas, correspondente à singularidade da institucionalização universitária dos cursos de História e Geografia no Brasil.

No centro disso, encontram-se a trajetória e a obra de Sérgio Buarque de Holanda – o que é compreensível por vários motivos. De modo esquemático, pode-se afirmar que Max Weber começou sua carreira como historiador e terminou como sociólogo (Roth, 1976).

Precisamente o inverso disso pode-se constatar no caso de Sérgio Buarque de Holanda (Mello e Souza, 1995). Essa virada historiográfica, no sentido de abandono da Sociologia, na medida em que se processou concomitantemente ao envelhecimento do autor, contribuiu para uma celebração festiva da "superioridade" da História, indisfarçavelmente competitiva e extravagante, entre os comentadores da obra de Sérgio Buarque de Holanda – aspecto notável no posfácio de Evaldo Cabral de Mello ao livro *Raízes do Brasil* (Cabral de Mello, 1997). Além disso, como se indicará a seguir, as filiações ideológicas de um conjunto de autores alemães pelos quais ele se entusiasmou em sua juventude correspondiam ao polo de extrema direita, contrapondo-se a um "radicalismo" de esquerda que ele crescentemente trabalhou para construir. Essa viragem, processada de modo multifacetado pelo autor e por seus comentadores, contribuiu para conformá-lo como a cristalização do *ethos* profissional dos historiadores brasileiros – que nele encontram o conjunto de atributos por meio dos quais ambicionam ser reconhecidos.

Sérgio Buarque de Holanda formou-se em Direito pela Universidade do Brasil, em 1925. Em seguida, passou a trabalhar como jornalista para o *Jornal do Brasil*, sendo correspondente dele em Berlim, entre 1929 e 1931. Ao voltar para o Brasil, casou-se, publicou *Raízes do Brasil*, continuou exercendo jornalismo e crítica literária, concomitantemente ao cargo de professor assistente do historiador Henri Hauser (1866-1946), vindo, com uma das missões francesas, para a Universidade do Brasil. Em 1939, com o fechamento dessa universidade, assumiu a direção do Instituto Nacional do Livro (INL). Em 1941, deslocou-se para São Paulo a fim de assumir a direção do Museu Paulista, substituindo Taunay. Sua carreia a essa altura já era pontilhada por certo **cosmopolitismo**: além do circuito estadunidense, nos anos 1940, no início dos anos 1950, ele partiu para a Universidade de Roma, como professor convidado da cadeira de Estudos Brasileiros. Em 1958, ingressou, como professor catedrático de História do Brasil, na FFCL-USP e, em 1962, fundou o Instituto de Estudos Brasileiros (IEB). Por ocasião da ditadura civil-militar, estabelecida a partir de 1964, seus colegas da área de Sociologia e Filosofia foram aposentados compulsoriamente. Diante disso, aposentou-se, em 1969, em solidariedade a eles. Mas não encerrou sua atividade como historiador, que, ao contrário, manteve-se profícua, notadamente na direção da coleção *História da civilização brasileira* (Nicodemo, 2014).

As rotações de perspectivas teóricas, disciplinares e políticas de Sérgio Buarque de Holanda necessitam ser apresentadas, de modo articulado, às incansáveis reedições estratégicas de livros e de textos de intervenção, orientados para o controle das categorias de enquadramento e de recepção que tentaram moldar os princípios de sua classificação disciplinar – tanto por sociólogos quanto por historiadores. Esses textos foram analisados recentemente, na qualidade de "escrita de si", por Raphael Guilherme Gonçalves de Carvalho (2017).

Diferentemente dos historiadores brasileiros tratados anteriormente, Sérgio Buarque de Holanda tem uma vasta fortuna crítica, sendo as oposições entre seus próprios comentadores uma via possível de apresentação. Não por acaso, eles são justamente historiadores e sociólogos e, talvez, o único acordo de que dispõem seja classificar seu livro mais controverso, *Raízes do Brasil*, de 1936, como aquele mais propriamente sociológico. Trata-se de um ponto de partida seguro em meio ao emaranhado de disputas por classificá-lo como *jovem/ sociólogo/à direita* e/ou *maduro/historiador/à esquerda*.

A leitura predominante de *Raízes do Brasil* (doravante, *Raízes*), até a primeira década dos anos 2000, associava-o, por um lado, a elementos da sociologia weberiana, destacando a construção de tipos ideais, o individualismo metodológico e o comparativismo; por outro, notava-se certa dicotomia entre *compreender e explicar*, que poderia remeter à teorização de Wilhelm Dilthey (1833-1911), a respeito das ciências naturais e das ciências do espírito (Monteiro, 1999). Você deve lembrar, entretanto, que, segundo Fritz Ringer, Max Weber foi capaz de superar essas dicotomias – como apresentamos na Seção 2.4.

A tendência, entre os comentaristas especializados no exame da obra de Sérgio Buarque de Holanda, consistia em destacar: os gradientes de modernidade contrastando os tipos ideais representativos da colonização espanhola e portuguesa, isto é, o ladrilhador e o semeador, tal como apresentados no Capítulo 4 de *Raízes*; o contraste implícito entre a ética econômica da "aventura" e do "trabalho", presente no Capítulo 2 do livro, tal como definida por Max Weber. Dito de modo simples, aos católicos faltaria a disposição para o cálculo metódico, para a racionalização da vida, para os princípios abstratos que conformaram o homem moderno, apto à vida democrática. Daí a singularidade ibérica, e especialmente portuguesa, marcada pelo personalismo e pelos afetos, tanto de ternura quanto de violência desabrida, em detrimento do autocontrole internalizado que define as civilizações.

Os procedimentos metodológicos – a elaboração de tipos-ideais e o comparativismo – e a atribuição de um gradiente mais alto de modernidade aos espanhóis, em detrimento dos portugueses, configuram uma tese que se prolongaria ao trabalho que redigiu para tornar-se professor catedrático de História da Civilização Brasileira, em 1958, na FFCL-USP, *Visão do paraíso*. Em sua fortuna crítica, ao passo que historiadores se interessavam mais por esta última obra (Nicodemo, 2008), os sociólogos interessavam-se mais por *Raízes* (Monteiro, 1999). Isso se liga ao fato de que os primeiros, desde o final dos anos 1970, voltaram à *Visão do paraíso*, a fim de mobilizá-la em favor da história cultural e da história das mentalidades, contra o que consideravam a tendência dominante na historiografia, isto é, o marxismo (Vainfas, 2009, 2010). Além disso, contrapunham-se aos sociólogos. Como você pode notar, *modernidade* não tem a mesma acepção entre eles e os historiadores – estes se interessavam prioritariamente pela modernidade europeia, situada entre os séculos XV-XVIII, que, por desdobramento, atrela-se ao período colonial brasileiro, o mais estudado entre eles.

Já os sociólogos – e segmentos da historiografia econômica, marxista ou não –, ao voltarem-se para o mesmo período, em geral, estão atentos às condições de emergência do capitalismo comercial, industrial e financeiro. Por isso, liam o capítulo sobre "trabalho" e "aventura" com as lentes d'*A ética protestante e espírito do capitalismo*, de Max Weber. Interessava-lhes o contraste: o catolicismo dos povos ibéricos não ensejou uma conduta religiosa com consequências econômicas racionalizadoras e poupadoras, tampouco uma cultural de valorização do trabalho como dever prático salvífico. Da mesma forma, tanto a sociologia quanto os setores historiográficos mais ligados à história social e econômica, ao se ocuparem de "modernidade" e processos de modernização, estão atentos à secularização da vida, à separação entre público e privado, ao desenvolvimento do indivíduo. Desse modo, só poderiam ligar a discussão sobre *trabalho* e *aventura* ao último capítulo de *Raízes*, no qual o gosto pelo personalismo e a aversão ibérica aos princípios impessoais modernos é problematizada como um bloqueio ao estabelecimento da democracia liberal ("Nossa revolução") (Monteiro, 1999; Piva, 2000).

Nas duas últimas décadas, em meio à abundância de teses e homenagens rendidas ao autor, tanto entre historiadores quanto entre sociólogos, privilegiou-se o estudo das edições realizadas por ele – procedimento que promoveu uma reviravolta na representação corriqueira que suas tomadas de posição políticas, até então consideradas radicalmente democráticas, à esquerda e, até mesmo, dialéticas, em alusão ao marxismo – como Antonio Candido sugeriu em prefácio de 1967 a *Raízes* (Candido, 1997 [1967]) e numerosas vezes, posteriormente (Candido, 2008). As leituras da primeira edição de *Raízes*, realizadas por João Kennedy Eugênio, Leopoldo Waizbort e Sérgio da Mata convergiram em assinalar que o autor preparou uma segunda edição do livro, eliminando um conjunto de autores alemães que se situavam no polo político oposto ao liberalismo de Weber e que em nada se ligariam ao radicalismo de Marx. Muito pelo contrário, os autores eliminados para a segunda edição, de 1948, situavam-se teoricamente ao lado do vitalismo e, politicamente, à direita – sendo, alguns deles, associados à emergência do nazismo (Eugênio, 2008; Waizbort, 2011; Mata, 2016).

Com efeito, o livro foi escrito após a breve estada de Sérgio Buarque de Holanda na Alemanha (1929-1931), na qual esteve exposto aos influxos variados da República de Weimar, sem atinar para os efetivos sentidos políticos daquelas correntes teóricas no país. Com o fim da Segunda Guerra, para a segunda edição do livro, aquelas referências autorais foram eliminadas, e o livro ganhou um tom mais democrático (Monteiro; Schwarcz, 2016). Além disso, a reconfiguração do espaço intelectual brasileiro implicava novos lances de concorrência pelo monopólio da representação do Brasil. A modificação realizada no livro respondia a uma nova correlação entre os intelectuais tendentes ao perfil dos polígrafos e os mais profissionalizados. Vivendo uma fase de rotação do espaço intelectual, em favor destes últimos, os ensaístas e modernistas dos anos 1930, que constituíram o primeiro espaço de interlocução do autor, ajustaram-se (Venancio; Wegner, 2018), visto que ganhava força, crescentemente, no avançar dos anos 1950, a Sociologia profissionalizada e avessa ao diletantismo deles – da qual o representante exímio foi Florestan Fernandes (Rodrigues, 2011; Moraes, 2016).

Em suma, como desdobramento das novas leituras de *Raízes*, o livro passou a ser situado na juventude de Sérgio Buarque de Holanda, como um momento de transição entre uma fase polígrafa, na qual se mesclaram as atividades jornalísticas, a crítica literária e a sociologia, e uma fase profissional, na qual ele se tornaria de modo mais "puro", um historiador. Os comentadores especializados tendem a assinalar o livro *Monções*, publicado em 1945, como o último de uma fase ensaística e o primeiro de sua fase mais marcadamente historiográfica (Dias, 1985). Segundo Laura de Mello e Souza, que embasa essa perspectiva por meio de um paralelo entre a publicação dos livros e seus vínculos institucionais, quatro momentos profissionais da sua trajetória foram decisivos para a orientação inequivocamente historiográfica: (1) em 1947, sua nomeação para dirigir o Museu Paulista; (2) em 1950, a publicação do 11º volume da *História geral das bandeiras paulistas*, por Afonso de Taunay; (3) em 1952, sua participação na preparação das comemorações do 4º centenário da cidade de São Paulo e a concomitante publicação de coletâneas de documentos importantes para a história da cidade; (4) em 1958, seu ingresso na FFCL-USP, como catedrático de História da Civilização Brasileira (Mello e Souza, 2014). Essas rotações implicaram tomadas de posição favoráveis ao trabalho acadêmico (Venancio; Wegner, 2018), bem como uma "escrita de si" dirigida ao controle dos princípios de recepção de seus trabalhos e de seu reconhecimento como, antes de tudo, "historiador" (Carvalho, 2017). O estado da vasta bibliografia dedicada à sua obra indica que foi vitorioso nessa "luta de classificação".

Dado o interesse do presente livro, seria o caso de procurar a formulação do próprio Sérgio Buarque de Holanda a respeito das relações entre História e Sociologia. Recentemente, veio a público um texto inédito do autor, tratando precisamente dessa questão (Carvalho, 2018). Sergio Buarque de Holanda constata haver um "complexo de inferioridade" dos historiadores em relação à Sociologia: "A História, diziam, cai frequentemente no fluido e no impreciso, em contraste com a Sociologia, que esta, não raro, se apresenta como uma ciência legiferante, empenhada em estabelecer análises racionais, balizas, definições ou soluções prontas" (Holanda, 2018, p. 315). Ele relembra também que havia sido criticado por um sociólogo por conta do modo como "abordava os fatos". Na visão do sociólogo, ele deveria: "ao tratar dos inícios da colonização do Brasil", descrever, "para começar, uma **estrutura** social bem caracterizada – a da sociedade Tupi – que os primeiros colonos aqui encontraram, e depois a **dirupção** dessa estrutura ocorrida com o advento do homem branco". (Holanda, 2018, p. 315). Contudo, o historiador defende que "tentar sujeitar a história "a estruturas e dirupções é o mesmo que pretender introduzir freios artificiais nessa mobilidade ou, como já houve quem o dissesse, é reduzi-la a um cortejo de imobilidades" (Holanda, 2018, p. 315). No andamento de sua exposição, contudo, vira o jogo, assinalando a "superioridade" da História:

[História-devir versus Sociologia-estática?]

*Mais tarde, examinando [sic] num concurso de Sociologia em nossa Faculdade, tive ocasião de lembrar a um colega essa diferença que separa os historiadores de **certos** sociólogos. Fiz questão de frisar: certos sociólogos. Replicou-me ele que, procurando acusar a Sociologia de ater-se a conceitos rígidos e deixar unicamente a [sic] História a possibilidade de abordar um movimento, que não se deixa amarrar em tais conceitos, eu queria nada menos do que guardar para a História a parte melhor e deixar o bagaço à Sociologia. Acabei por admitir que os que fazer [sic] boa* *sociologia histórica, e os há numerosos e excelentes, faz [sic] também boa história, e o colega concordou.*

[História-incerteza versus Sociologia-sistematização]

*Quando me referia há pouco a "certa Sociologia", frisando bem o **certa**, estava pensando em particular em certos representantes da escola francesa de Durkheim, que às vezes tinham em escassa conta a História, só por isso que, em contraste com as demais ciências, ela parece inacessível ao império das leis e dos esquemas precisos. Seria fácil responder-lhes que esse afã de querer esquematizar, dividir, contabilizar a qualquer preço todos os aspectos, ainda os mais recalcitrantes, de um mundo naturalmente movediço, não ajuda a dar maior precisão ao discurso histórico. O que dele resultaria, quando muito, seria uma imprecisão mais metódica e mais minuciosa, por isso mais enganadora.*

[A determinação por "causas" versus infinidade de causas:]

[...] quando tive de sujeitar-me num programa de rádio a responder a questões (...) uma das perguntas formuladas dizia mais ou menos assim:

– Quais são as sete causas da Revolução Francesa?

(...)

– (...) As causas da Revolução Francesa não são sete. São setenta e sete. E se eu quisesse ser ainda mais exato, diria que são setecentas e setenta e sete. Infelizmente como tenho um prazo muito limitado para as respostas, vejo-me impedido de enuncia-las todas". (Holanda, 2018, p. 321-322).

[Conduta idiográfica, e [conciliação cordata:]

O dito de que a história humana não deve enfocar apenas acontecimentos ou situações únicos e singulares é discutível. E o certo em todo caso

> é que outro tanto se poderia dizer de muitas ciências teóricas (...) Não é isso um privilégio da História. (...) Através da crescente depuração e do aperfeiçoamento das suas técnicas a historiografia pode aspirar, cada vez mais, ao estatuto científico. Até a possibilidade de certas generalizações, que em outras épocas passava por heresia, começa a ser estudada [...]. Admitir essas generalizações é, por outro lado, como admitir o valor que chegam a assumir para o estudioso certas regularidades observadas no curso da História. De onde a importância que vão ultimamente adquirindo as técnicas de quantificação, que supõem por força a presença dessas regularidades, e ajudam a superar o impressionismo irresponsável e a destruir aquele véu de incertezas que tantas vezes prevalece em obras de historiadores. (...) a oposição entre as "leis" das ciências naturais e as chamadas leis da história positivista ou da sociologia positivista, que a rigor procuram copiar o tradicional modelo mecânico de causa e efeito, se dissipa cada vez mais. (Holanda, 2018, p. 323-324)

Este texto é oriundo de uma palestra, realizada provavelmente entre 1967 e 1969, a convite de estudantes de História. Como não poderia deixar de ser, ele dialoga com os problemas que reiteradamente pontilharam os diálogos apresentados por este livro – porém, estabelecendo, na luta e no diálogo com a sociologia, as vantagens epistemológicas da história.

Síntese

Neste capítulo, apresentamos casos exemplares que ilustram a ideia de que nossa experiência não pode ser subsumida a modelos europeus, e, ao mesmo tempo, que as referências do velho continente fazem parte de nossa vida intelectual. Nesse sentido, de modo próprio, a oposição de Eduardo D'Oliveira França a José Honório Rodrigues recupera a oposição entre a escola dos *Annales* e os métodicos, na

França. Além disso, de modo muito singular, um dos maiores historiadores brasileiros do século XX teve sua trajetória reconstituída, a fim de demonstrar sua metamorfose: de sociólogo na juventude a historiador na maturidade. Observamos o quanto o envolvimento com a documentação e com os conceitos mudaram ao longo da trajetória de Sérgio Buarque de Holanda.

Atividades de autoavaliação

1. Leia atentamente as afirmações a seguir e assinale a resposta correta:
   I) Sérgio Buarque de Holanda, na fase madura de sua carreira, toma posição a favor das especificidades da História e critica a generalização e o determinismo da Sociologia.
   II) Sérgio Buarque de Holanda, na fase inicial de sua carreira, valeu-se de noções da sociologia alemã.
   III) Sérgio Buarque de Holanda, ao longo de toda a sua carreira, não distinguiu Sociologia e História.

   a) Somente a afirmação I é correta.
   b) Somente a afirmação II é correta.
   c) Somente a afirmação III é correta.
   d) As afirmações I e II são corretas.
   e) Todas as afirmações são corretas.

2. Identifique um autor brasileiro cujo percurso disciplinar corresponde ao trânsito de obras mais sociológicas a obras mais historiográficas:
   a) Antonio Candido.
   b) Sergio Buarque de Holanda.
   c) Celso Furttado.

d) Florestan Fernandes.
e) Nenhuma das anteriores.

3. Uma discussão entre historiadores brasileiros que se aparentou à oposição entre a escola dos *Annales* e os metódicos franceses foi personificada por:
   a) Antonio Candido e Florestan Fernandes.
   b) Caio Prado Jr. e Fernando Novais.
   c) Sérgio Buarque de Holanda e Antonio Candido.
   d) Eduardo D'Oliveira França e José Honório Rodrigues
   e) Nenhuma das anteriores.

4. Qual a obra mais importante da fase "mais sociológica" de Sérgio Buarque de Holanda?
   a) Casa-grande & senzala.
   b) Formação da literatura brasileira.
   c) Formação do Brasil contemporâneo.
   d) Raízes do Brasil.
   e) Nenhuma das anteriores.

5. Um tema clássico da oposição entre História e Sociologia que ressurge nas reflexões de Sérgio Buarque de Holanda é:
   a) a origem do mundo.
   b) as causas da história e da ação humana.
   c) como a história terminará.
   d) a existência de Deus.
   e) Nenhuma das anteriores.

Atividades de aprendizagem

Questões para reflexão

1. Releia os excertos da resenha de Eduardo D'Oliveira França sobre o livro de José Honório Rodrigues. Identifique suas similaridades e diferenças em relação aos argumentos dos franceses do periódico *Annales*, na oposição aos metódicos franceses. Redija um texto e compare com o de seus colegas.

2. Escolha um item do texto de Sérgio Buarque de Holanda, apresentado ao fim deste capítulo, e relacione-o com os argumentos de um historiador apresentado em capítulos anteriores.

3. Leia com atenção o trecho a seguir.

   O longo intervalo de quase dez anos entre o aparecimento de Raízes *e a publicação de* Monções *não pode ser exclusivamente explicado em termos da intensa atividade de Sérgio Buarque como crítico literário [...]. Acredito que semelhante hiato possa ser também atribuído à percepção, nascida a partir do contato permanente com as fontes da história brasileira, acerca das carências do discurso sociológico na apreensão da realidade histórica, como ilustrada pelo que se poderia denominar "sociologia da formação brasileira". O interesse do historiador tem pouco a ver com o interesse do sociólogo. Um começa onde o outro acaba, dado o grau diferente de generalidade dos conceitos com que operam. Recorrendo a um episódio ilustre, poder-se-ia dizer que há sociologia das revoluções e que há história da Revolução Francesa, mas que uma sociologia da Revolução Francesa será apenas um inócuo* mélange de genres *[mistura de gêneros].* (Cabral de Mello, 1997, p. 192)

O historiador e diplomata Evaldo Cabral de Mello operacionaliza algumas oposições entre História e Sociologia que remontam ao histórico desse diálogo. Identifique duas, valendo-se dos capítulos anteriores deste livro.

Atividade aplicada: prática

1. Assista ao filme *Raízes do Brasil* (Nelson Pereira dos Santos, 2003) e observe a representação das facetas de Sérgio Buarque de Holanda como historiador e sociólogo. Discuta sua percepção disso com seus colegas: apresente sua visão do filme e considere a deles. Depois, redija um texto.

Indicação cultural

RAÍZES do Brasil: uma cinebiografia de Sérgio Buarque de Holanda. Direção: Nelson Pereira dos Santos. Brasil: Bretz Filmes 2004. 146 min.

Esse filme retrata a vida e a obra de Sergio Buarque de Holanda.

Considerações finais

Neste livro, reconstituímos capítulos do diálogo entre História e Sociologia. A abordagem que adotamos, não sendo a única possível, teve por objetivo propiciar benefícios dos quais outras perspectivas estariam destituídas. Nossa mirada privilegiou a historicidade das disciplinas científicas, a dimensão relacional e dialógica da produção de suas fronteiras, tentando extrair daí, consequentemente, o máximo de desdobramentos possíveis. A título de considerações finais, tentamos sistematizar as dificuldades e as vantagens desse tipo de interpelação do tema.

 Em primeiro lugar, dois recortes temporais principais guiaram a exposição, permitindo localizar a dinâmica das trocas amistosas e conflitivas entre as áreas: uma fase de surgimento da Sociologia e uma fase posterior caracterizada por sua rotinização entre os saberes mais antigos. Se na primeira, como as demais áreas estabelecidas, a História foi obrigada a reagir aos afrontamentos da Sociologia, posteriormente incorporou-a de maneira seletiva e pôde enfrentá-la, subordinando-a a seus domínios e desígnios – como você pôde observar, especialmente, nas Seções 1.4 e 3.4. Situamos as experiências, contudo, assinalando que essa dinâmica foi muito variável, em razão da diferença entre os sistemas de ensino e do papel que eles desempenharam junto a seus Estados nacionais – como abordamos, especialmente, nas Seções 2.1, 5.1 e 6.1.

Em segundo lugar, esperamos que da reconstituição histórica dos saberes resulte uma desnaturalização destes. Como as práticas e as convicções dos cientistas e dos intelectuais são rotinizadas e naturalizadas, tende-se a acreditar que alguns temas são "tipicamente" antropológicos, sociológicos ou históricos. Contudo, um recuo aos intercâmbios entre as áreas do saber revela um percurso conflitivo em torno de fronteiras estabelecidas por meio da monopolização de temas e de métodos e, sobretudo, de seus usos legítimos. Você provavelmente percebeu em quantas circunstâncias o comparativismo foi acionado como recurso, subordinando-se a finalidades científicas diversas, especialmente nas Seções 1.2, 2.4 e 4.3. As rotações nos modos de articulação temático, metodológico e disciplinar, encontrados, por vezes em um só autor, deve-nos prevenir a respeito da delicadeza do assunto; destaca-se, nesse aspecto, a Seção 6.4.

Em terceiro lugar, e como desdobramento de uma mirada sobre a concorrência e a colaboração entre as áreas, assim como sobre seus esforços de diferenciação e de integração, elas tornaram-se destituídas de "essências", para ser apresentadas em sua dinâmica relacional. Em vez de partir de **uma** definição **fixa** de História e de **uma** definição **fixa** de Sociologia, assim como de outras áreas vizinhas, cujo diálogo nem sempre pode ser deixado de lado, optamos por situar os autores e seus respectivos diálogos. Nosso empenho foi apresentar os artífices das disciplinas em sua laboriosa tarefa de diferenciá-las e defini-las. Para que a complexidade envolvida nisso ficasse patente, tentamos alertar você para armadilhas incautas, típicas da tendência à deshistoricização da própria história da ciência. Chamamos constantemente sua atenção para dimensões não lógicas das categorizações simplificadoras como estrutural-funcionalista, positivista etc., bem como para vetores de ressignificação das ideias e das obras de autores clássicos – como discutimos, principalmente, nas Seções 2.2 e 6.3.

Também evidenciamos as dimensões globais e nacionais da vida intelectual. De um lado, os confrontos bélicos e científicos que estabelecem os países centrais uns contra os outros – sobretudo, nas Seções 1.1 e 3.1. De outro lado, as elites de países periféricos, tipicamente orientadas por suas disputas políticas internas para a importação de bens científicos e simbólicos estrangeiros – conforme analisamos, especialmente, nas Seções 5.1 e 6.2.

Ao retornarmos a textos e autores clássicos, especialmente para a preparação deste livro, o prazer de relê-los e de meditar sobre suas tomadas de posição levaram-nos a acreditar que somente socializando com você algumas de suas melhores linhas poderíamos restituir justamente seu dinamismo e sua complexidade. Esperamos que a leitura dos autores, mediada por nossa abordagem relacional e dialógica, tenha contribuído para você adquirir uma visão nuançada das diferenças e similaridades, da concorrência e da colaboração entre as duas disciplinas cujo diálogo nos empenhamos em reconstituir, a História e a Sociologia.

Lidiane Soares Rodrigues

Referências

ADAMS, J.; CLEMENS, E. S.; ORLOFF, A. S. Introduction: Social Theory, Modernity, and the Three Waves of Historical Sociology. In: ADAMS, J.; CLEMENS, E. S.; ORLOFF, A. S. (Org.). **Remaking Modernity**: Politics, History and Sociology. Durham: Duke University Press, 2005. p. 1-72.

ALBUQUERQUE, D. M. de. **O engenho anti-moderno**: a invenção do Nordeste e outras artes. 500 f. Tese (Doutorado em História) – Universidade Estadual de Campinas, Campinas, 1993.

ALDENHOFF-HUBINGER, R. Os cursos de Max Weber: economia política, política agrária e questão dos trabalhadores (1894-1900). **Tempo Social**, v. 24, n. 1, p. 19-36, 2012.

ANHEZINI, K. **Um metódico à brasileira**: a história da historiografia de Afonso de Taunay. São Paulo: Unesp, 2011.

ATTAL, F. Reconstruire l'Europe intellectuelle: les sciences sociales en Italie (1945-1970). In: TOURNÈS, L. (Org.). **L'argent de l'influence**: les fondations américaines et leurs réseaux européens. Paris: Autrement, 2010. p. 143-164(Collection Mémoires Culture).

BELLAH, R. N. Durkheim and History. **American Sociological Review**, v. 24, n. 4, p. 447-461, 1959.

BENTHIEN, R. F. **Interdisciplinaridades**: latinistas, helenistas e sociólogos em revistas (França, 1898-1920). 352 f. Tese (Doutorado em História Social) – Universidade de São Paulo, São Paulo, 2011.

BENTIVOGLIO, J. Cultura política e historiografia alemã no século XIX: a escola prussiana e a Historische Zeitschrift. **Revista de Teoria da História**, ano 1, n. 3, p. 20-58, 2010.

BLOCH, M. **Apologia da história, ou o ofício de historiador.** Rio de Janeiro: J. Zahar, 2001.

BLOCH, M. Histoire, doctrine économique, sociologique. **Annales D'Histoire Économique et Sociale**, v. 6, n. 29, p. 510, 1934.

BLOCH, M. Histoire, économie et statistique. **Annales D'Histoire Économique et Sociale**, v. 2, n. 8, p. 581-590, 1930.

BLOCH, M. **Introdução à história**. Lisboa: Europa-América, 1965.

BLOCH, M. La société féodale: une synthèse critique. **Annales D'Histoire Sociale**, v. 3, p. 125-130, 1941.

BLOCH, M. La sociologie et le passé du droit. **Annales D'Histoire Économique et Sociale**, v. 8, p. 458, 1936.

BLOCH, M. Les Annales sociologiques. **Annales D'Histoire Économique et Sociale**, v. 7, p. 393, 1935.

BLOCH, M. Mr. Maurice Halbwachs, les causes du suicide. **Annales D'Histoire Économique et Sociale**, ano 3, n. 12, p. 590-592, 1931.

BLOCH, M. **Os reis taumaturgos**: o caráter sobrenatural do poder régio – França e Inglaterra. São Paulo: Companhia das Letras, 2018.

BLOCH, M. Pour les historiens, un livre de chevet. **Annales D'Histoire Économique et Sociale**, v. 5, n. 20, p. 161-163, 1933.

BLOCH, M. Pour une histoire comparée des sociétés européennes. **Revue de Synthèse Historique**, Paris, v. 12, n. 6, 1928.

BOTTOMORE, T. **Dicionário do pensamento marxista**. Rio de Janeiro: J. Zahar, 1988.

BOTTOMORE, T. **La sociologia marxista**. Madrid: Alianza, 1976.

BOUGLÉ, C. **Bilan de la sociologie française contemporaine**. Paris: Alcan, 1935.

BOURDIEU, P. **A distinção**: crítica social do julgamento. São Paulo: Edusp; Porto Alegre: Zouk, 2007.

BOURDIEU, P. As condições sociais da circulação internacional das ideias. **Enfoques**, Rio de Janeiro, v. 1, n. 1, p. XV-117, 2002a.

BOURDIEU, P. **As regras da arte**. Lisboa: Presença, 1996.

BOURDIEU, P. Campo intelectual e projeto criador. In: POUILLON. J. et al. (Org.). **Problemas do estruturalismo**. Rio de Janeiro: Zahar, 1968. p. 105-145.

BOURDIEU, P. Les conditions sociales de la circulation internationale des idées. **Actes de la Recherche en Sciences Sociales**, v. 145, p. 3-8, 2002b.

BOURDIEU, P. **Manet**: une révolution symbolique. Paris: Seuil, 2013.

BOURDIEU, P. Postface. In: PANOFSKY, E. **Architecture gothique et pensée scolastique**. Paris: Les Editions de Minuit, 1967. p. 133-167.

BOURDIEU, P. **Sobre o Estado**. São Paulo: Companhia das Letras, 2014.

BOURDIEU, P. Sur les rapports entre la sociologie et l'histoire en Allemagne et en France: entretien avec Lutz Raphael. **Actes de la Recherche en Sciences Sociales**, v. 106/107, p. 108-122, mars 1995.

BOURDIEU, P. Une révolution conservatrice dans l'édition. **Actes de la recherche en sciences sociales**, v. 126/127, p. 3-28, 1999.

BOURDIEU, P.; CHAMBOREDON, J.-C.; PASSERON, J.-C. **Ofício de sociólogo: metodologia da pesquisa na sociologia**. 8a ed. Petrópolis: Vozes, 2015.

BOURDIEU, P.; CHARTIER, R. **O sociólogo e o historiador**. Belo Horizonte : Autêntica, 2011.

BOURDIEU, P.; CHARTIER, R.; DARNTON, R. Dialogue à propos de l'histoire culturelle. **Actes de la Recherche en Sciences Sociales**, v. 59, p. 86-93, sept. 1985.

BRAUDEL, F. Apresentação [do texto de François Simiand. "Méthode historique et science sociale"]. **Annales: Economies, Sociétés, Civilisations**, ano 15, n. 1, p. 83-119, 1960.

BRAUDEL, F. **Civilização material, economia e capitalismo**: séculos XV-XVIII. São Paulo: M. Fontes, 2009 [1979]. v. 1.

BRAUDEL, F. Georges Gurvitch et la discontinuité du social. **Annales: Économies, Sociétés, Civilisations**, ano 8, n. 3, p. 347-361, 1953.

BRAUDEL, F. História e ciências sociais: a longa duração. In: BRAUDEL, F. **Escritos sobre história**. São Paulo: Perspectiva, 1978a [1958]. p. 41-77.

BRAUDEL, F. História e sociologia. In: BRAUDEL, F. **Escritos sobre história**. São Paulo: Perspectiva, 1978b [1958]. p. 78-90.

BRAUDEL, F. Trois clefs pour comprendre la folie à l'époque classique. **Annales: Economies, Sociétés, Civilisations**, n. 4, p. 761-772, 1962.

BRAUDEL, F. Unidade e diversidade das ciências do homem. In: BRAUDEL, F. **Escritos sobre história**. São Paulo: Perspectiva, 1978c [1960]. p. 78-91.

BURAWOY, M. **Marxismo sociológico**. São Paulo: Alameda, 2014.

BURGUIÈRE, A. A antropologia histórica. In: NOVAIS, F.; SILVA, R. (Org.). **Nova história em perspectiva**. São Paulo: Cosac Naify, 2011. p. 297-328. v. 1.

BURKE, P. **A revolução francesa da historiografia**: a Escola dos Annales (1929-1989). São Paulo: Ed. da Unesp, 1992.

CABRAL DE MELLO, E. Posfácio. In: BUARQUE DE HOLANDA, S. **Raízes do Brasil**. São Paulo: Companhia das Letras, 1997. p. 189-193.

CALHOUN, C. Afterword: Why Historical Sociology? In: DELANTY, G.; ISIN, G. F. (Org.). **Handbook of Historical Sociology**. London: Sage, 2003. p. 383-394.

CALHOUN, C. For the Social History of the Present: Pierre Bourdieu as Historical Sociologist. In: GORSKI, P. S. (ed.) **Bourdieu and Historical Analysis. Politics, History and Culture**. Durham: Duke University Press, 2013, p. 36-67.

CANDIDO, A. A visão política de Sérgio Buarque de Holanda. In: MONTEIRO, P. M.; EUGÊNIO, J. K. (Org.). **Sérgio Buarque de Holanda**: perspectivas. Campinas: Unicamp; Rio de Janeiro: Eduerj, 2008. p. 29-36.

CANDIDO, A. O significado de Raízes do Brasil. In: BUARQUE DE HOLANDA, S. **Raízes do Brasil**. São Paulo: Companhia das Letras, 1997 [1967]. p. 9-21.

CAPONI, S. **Do trabalhador indisciplinado ao homem prescindível**. 303 f. Tese (Doutorado em Lógica e Filosofia da Ciência) – Universidade de Campinas, Campinas, 1992.

CARDOSO, F. H. **Capitalismo e escravidão no Brasil meridional**. 4. ed. São Paulo: Paz e Terra, 1997.

CARDOSO, I. **A universidade da comunhão paulista**. São Paulo: Cortez, 1982.

CARVALHO, J. M. **A construção da ordem**: a elite política imperial. Rio de Janeiro: Campus, 1980.

CARVALHO, R. G. de. **Sérgio Buarque de Holanda, do mesmo ao outro**: escrita de si e memória (1969-1986). 328 f. Tese (Doutorado em História) – Universidade Federal do Paraná, Curitiba, 2017.

CARVALHO, R. G. de. Em torno da concepção de história de Sérgio Buarque de Holanda. **Revista do Instituto de Estudos Brasileiros**, n. 70, p. 306-340, ago. 2018.

CHARLE, C. Du bon usage des divergences entre histoire et sociologie. **Actes de la Recherche en Sciences Sociales**, v. 201-202, n. 1, p. 106-111, 2014.

CHARLE, C. Le beau mariage d'Émile Durkheim. **Actes de la Recherche en Sciences Sociales**, v. 55, p. 45-49, 1984.

CHARLE, C. **Naissance des "intellectuels" (1880-1900)**. Paris: Minuit, 1990.

CHARTIER, R. **À beira da falésia**: a história entre certezas e inquietude. Porto Alegre: UFRGS, 2002.

CODATO, A.; PERISSINOTO, R. **Marxismo como ciência social**. Curitiba: Ed. da UFPR, 2011.

COHN, G. Apresentação: o sentido da ciência. In: COHN, G.; WEBER, M. **A "objetividade" do conhecimento nas ciências humanas**. São Paulo: Ática, 2006. p. 7-12.

CUIN, C.-H.; GRESLE, F. **História da sociologia**: depois de 1918. Petrópolis: Vozes, 2017.

DIAS, M. O. L. da S. Sérgio Buarque de Holanda, historiador. In: DIAS, M. O. L. da S. (Org.). **Sérgio Buarque de Holanda**. São Paulo: Ática, 1985. p. 7-64.

DOBB, M. **A evolução do capitalismo**. Rio de Janeiro: Zahar, 1980.

DOSSE, F. **A história em migalhas:** dos Annales à Nova História. São Paulo: Ensaio, 1994.

DUMOLIN, O. **Le rôle social de l'historien:** de la chaire au prétoire. Paris: Albin Michel, 2003.

DURKHEIM, E. Analyses: objet et méthode de la sociologie. **L'Année Sociologique**, n. 6, 1903.

DURKHEIM, E. **Da divisão do trabalho social**. São Paulo: M. Fontes, 2010 [1893].

DURKHEIM, E. L'inconnu et l'inconscient en histoire. **Bulletin de la Société Française de Philosophie**, v. 8, p. 229-245, 1908.

DURKHEIM, E. Préface. **L'Année Sociologique**, n. 1, 1897.

DURKHEIM, E. Préface. **L'Année Sociologique**, n. 2, 1898.

ELIAS, N. **A sociedade de corte:** investigação sobre a sociologia da realeza e da aristocracia de corte. Rio de Janeiro: J. Zahar, 2001.

EUGÊNIO, J. K. Um horizonte de autenticidade. In. MONTEIRO, P. M.; EUGÊNIO, J. K. (Org.). **Sérgio Buarque de Holanda**: perspectivas. Campinas: Unicamp; Rio de Janeiro: Eduerj, 2008. p. 425-459.

FABIANI, J.-L. À quoi sert la notion de discipline? In: BOUTIER, J.; PASSERON, J.-C.; REVEL, J. **Qu'est-ce qu'une discipline?** Paris: Éditions de l'École des Hautes Études en Sciences Sociales, 2006. p. 11-34.

FABIANI, J.-L. La sociologie historique face à l'archéologie du savoir. **Le Portique**, n. 13-14, 2007.

FEBVRE, L. Histoire, économie et statistique. **Annales d'Histoire Économique e Sociale**, v. 2, n. 8, p. 581-590, 1930.

FEBVRE, L. La société féodale: une synthèse critique. **Annales d'Histoire Sociale**, ano 3, n. 3-4, p. 125-130, 1941.

FEBVRE, L. **O problema da incredulidade no século XVI**: a religião de Rabelais. São Paulo: Companhia das Letras, 2009 [1947].

FEBVRE, L. Sobre uma forma de história que não é a nossa: a história historicizante. In: FEBVRE, L. **Combates pela história**. Lisboa: Presença, 1977a [1948]. p. 175-181. v. 1.

FEBVRE, L. Viver a história. In: FEBVRE, L. **Combates pela história**. Lisboa: Presença, 1977b [1941], p. 37-58. v. 1.

FEBVRE, L. Caminhando para uma outra história. In: FEBVRE, L. **Combates pela história**, v. 2. Lisboa Editorial Presença, s/d [1949].

FERNANDES, F. **A integração do negro na sociedade de classes**. 5. ed. São Paulo: Globo, 2008.

FERRETTI, F. Annales, géohistoire et socialisme. Lucien Febvre lecteur et critique d'Elysée Reclus. **Terra Brasilis**, v. 7, 2016.

FESTI, R. **O mundo do trabalho e os dilemas da modernização**: percursos cruzados da sociologia francesa e brasileira (1950-1960). 421 f. Tese (Doutorado em Sociologia) – Universidade de Campinas, Campinas, 2018.

FINLEY, M. **A economia antiga**. Lisboa: Afronta, 1973.

FONTANA, J. **História**: análise do passado e projeto social. Bauru: Edusc, 1997.

FOUCAULT, M. **A arqueologia do saber**. Rio de Janeiro: Forense Universitária, 2007.

FOUCAULT, M. **A arqueologia do saber**. 7. ed. Rio de Janeiro: Forense Universitária, 2008.

FOUCAULT, M. (Coord.). **Eu, Pierre Rivière que degolei minha mãe, minha irmã e meu irmão**. Rio de Janeiro: Graal, 2010.

FOUCAULT, M. **História da loucura**. Rio de Janeiro: Perspectiva, 2004.

FOUCAULT, M. **Vigiar e punir**: o nascimento da prisão. Petrópolis: Vozes, 2009.

FOUCAULT, M.; FARGE, A. **Le désordre des familles**: lettres de cachet des Archives de la Bastille au XVIIIe siècle. Paris: Gallimard, 1982.

FRANÇA, E. D'O. A teoria geral da história: considerações a propósito de um livro recente. **Revista de História**, v. 3, n. 7, 1951.

FRANÇA, E. D'O. **Portugal na época da restauração**. São Paulo: Hucitec, 1997.

FRANCO, M. S. C. **Homens livres na ordem escravocrata**. São Paulo: IEB, 1969.

FREIXO, A. L. Dos primeiros relatos a José Honório Rodrigues. In: In: PARADA, M.; RODRIGUES, H. E. (Org.). **Os historiadores**. Rio de Janeiro: PUC-RJ; Petrópolis: Vozes, 2018. p. 359-393. (Clássicos da História do Brasil, v. 4).

GARCIA-PARPET, M.-F. A gênese social do homo-economicus: a Argélia e a sociologia da economia em Pierre Bourdieu. **Mana**, v. 12, n. 2, p. 333-357, 2006.

GEMELLI, G. **Fernand Braudel**. Paris: Odile Jacob, 1990.

GONTIJO, R. Tal história, qual memória? Capistrano de Abreu na história da historiografia brasileira. **Projeto História (PUC-SP)**, n. 41, p. 491-526, 2010.

GOUARNÉ, I. **L'introduction du marxisme en France**: Philosoviétisme et sciences humaines (1920-1939). Rennes: Presses Universitaires de Rennes, 2013.

GUILHOT, N. **The Democracy Makers**: Human Rights and the Politics of Global Order. New York: Columbia University Press, 2005.

GUIMARÃES, L. M. P. **Debaixo da imediata proteção de Sua Majestade Imperial:** o Instituto Histórico e Geográfico Brasileiro (1838-1889). Rio de Janeiro: Instituto Histórico e Geográfico Brasileiro, 1997.

GURVITCH, G. Continuité et discontinuité en histoire et en sociologie. **Annales: Économies, Sociétés, Civilisations**, n. 1, p. 73-84, 1957.

GURVITCH, G. La vocation actuelle de la Sociologie. **Cahiers Internationaux de Sociologie**, v. 1, n. 1, p. 3-22, 1946.

GURVITCH, G. **Vocation actuelle de la sociologie.** Paris: PUF, 1950.

GURVITCH, G. **Traité de Sociologie.** Paris: Presses Universitaires de France, 1958-1960, 2v.

HARTOG, F. **Evidência na história:** como os historiadores veem. Belo Horizonte: Autêntica, 2011.

HARVEY, D. **Para entender o capital.** São Paulo: Boitempo, 2013.

HEILBRON, J. **French Sociology.** New York: Cornell University Press, 2015.

HEILBRON, J. Les métamorphoses du durkheimisme, 1920-1940. **Revue Française de Sociologie**, v. 26, p. 203-237, 1985.

HEILBRON, J. **Naissance de la sociologie.** Paris: Agone, 2006.

HILL, C. Uma revolução burguesa? **Revista Brasileira de História**, n. 7, p. 7-32, mar. 1984.

HIRSCHMAN, A. O. **As paixões e os interesses.** Rio de Janeiro: Record, 2002.

HOBSBAWM, E. J. **A era dos extremos.** São Paulo: Companhia das Letras, 1995.

HOBSBAWM, E. J. **A era dos impérios (1875-1914).** São Paulo: Paz e Terra, 2002.

HOBSBAWM, E. J. **Como mudar o mundo:** Marx e o marxismo. São Paulo: Companhia das Letras, 2011.

HOLANDA, S. B. de. O atual e o inatual na obra de Leopold von Ranke. **Revista de História**, ano 25, v. 50, n. 100, out./dez. 1974.

HOLANDA, S. B. de. Palestra proferida por SBH, discorrendo sobre o tema "História", a convite dos alunos do "Centro de Estudos Históricos Afonso de Taunay". In: CARVALHO, R. G. de. Em torno da concepção de história de Sérgio Buarque de Holanda. **Revista do Instituto de Estudos Brasileiros**, n. 70, p. 315-336, ago. 2018.

HOLANDA, S. B. de. **Raízes do Brasil**. São Paulo: Companhia das Letras, 2014 [1936].

HUBMANN, G. Da política à filologia: a Marx-Engels Gesamtausgabe. **Crítica Marxista**, n. 34, p. 33-49, 2012.

IANNI, O. **As metamorfoses do escravo**. São Paulo: Difel, 1962.

IBER, P. **Neither Peace nor Freedom:** the Cultural Cold War in Latin America. Cambridge: Harvard University Press, 2015.

IGGERS, G. **The German Conception of History:** the National Tradition of Historical Thought from Herder to the Present. Hanover: Weslyan University, 1983.

JANELLO, K. El Congreso por la Libertad de la Cultura: el caso chileno y la disputa por las "ideas fuerza" de la Guerra Fría. **Revista Izquierdas**, n. 14, p. 14-52, dic. 2012.

JOLY, M. **La révolution sociologique:** de la naissance d'un régime de pensée scientifique à la crise de la philosophie (XIXe-XXe siècle). Paris: Éditions la Découverte, 2017.

JONES, S. S. Durkheim, the Question of Violence and the Paris Commune of 1871. **International Social Science Journal**, v. 58, p. 63-81, 2010.

KARADY, V. Durkheim, les sciences sociales et l'Université: bilan d'un semi-échec. **Revue Française de Sociologie**, v. 17, n. 2, p. 267-273, 1976.

KARADY, V. Stratégies de réussite et modes de faire-valoir de la sociologie chez les durkheimiens. **Revue Française de Sociologie**, n. 20-21, p. 49-82, 1979.

KARSENTI, B.; LEMIEUX, C. **Socialisme et sociologie**. Paris: Ehess, 2017.

L'ESTOILE, B. de; SIGAUD, L.; NEIBURG, F. **Antropologia, impérios e estados nacionais**. Rio de Janeiro: Relume Dumará/Faperj, 2002.

LAMY, J.; SAINT-MARTIN, A. La frontière comme enjeu: les Annales et la Sociologie. **Revue de Synthèse**, v. 131, n. 1, p. 99-127, 2010.

LE GOFF, J. Foucault e a "nova história". **Plural**, n. 10, p. 197-210, 2003.

LE GOFF, J.; NORA, P. **História**: novas abordagens. Rio de Janeiro: F. Alves, 1995a.

LE GOFF, J.; NORA, P. **História**: novos objetos. Rio de Janeiro: F. Alves, 1995b.

LE GOFF, J.; NORA, P. **História**: novos problemas. Rio de Janeiro: F. Alves, 1995c.

LEFEBVRE, J.-P. Les professeurs français des missions universitaires au Brésil (1934-44). **Cahiers du Brésil Contemporain**, n. 12, 1990.

LEPENIES, W. **As três culturas**. São Paulo: Edusp, 1996.

LES ANNALES. Histoire et sciences sociales: un tournant critique? **Annales: Economies, Sociétés, Civilisations**, ano 43, n. 2, p. 291-293, 1988.

LES ANNALES. Tentons l'expérience. **Annales: Economies, Sociétés, Civilisations**, ano 44, n. 6, p. 1317-1323, 1989.

LÉVI-STRAUSS, C. História e etnologia. In: LÉVI-STRAUSS, C. **Antropologia estrutural**. São Paulo: Cosac Naify, 2008 [1949; 1958].

LÉVI-STRAUSS, C. Os limites do conceito de estrutura em etnologia. In: BASTIDE, Roger (Coord.). **Usos e sentidos do termo "estrutura" nas ciências humanas e sociais**. São Paulo: Herder/Edusp, 1971 [1959].

LÉVI-STRAUSS, C. **O pensamento selvagem**. Campinas: Papirus, 1997 [1962].

LIMONGI, F. Mentores e clientelas da Universidade de São Paulo. In: MICELI, S. (Org.). **História das ciências sociais no Brasil**. São Paulo: Sumaré, 2001. p. 135-221. v. 1.

LUKÁCS, G. **Histoire et conscience de classe**: essais de dialectique marxiste. Paris: Minuit, 1960.

MACEDO, F. B. **Edward Thompson na historiografia do trabalho brasileira (1976-2012)**. Tese (Doutorado em História Econômica) – Universidade de São Paulo, São Paulo, 2013.

MAILLARD, A. Les temps de l'historien et du sociologue. Retour sur la dispute Braudel-Gurvitch. **Cahiers Internationaux de Sociologie**, v. 119, n. 2, p. 197-222, 2005.

MAIO, Marcos. **A história do Projeto Unesco: Estudos Raciais e Ciências Sociais no Brasil**. Tese de Doutorado, IUPERJ, 1997.

MANDROU, R. Trois clefs pour comprendre la folie à l'époque classique. **Annales: Economies, Sociétés, Civilisations**, n. 4, p. 761-772, 1962.

MARIUTTI, E. **Balanço do debate:** a transição do feudalismo ao capitalismo. São Paulo: Hucitec, 2004.

MARX, K. Prefácio. **Contribuição à crítica da economia política**. São Paulo: Expressão Popular, 2008 [1859].

MARX, K. **Crítica da filosofia do direito de Hegel**. São Paulo: Boitempo, 2005 [1843].

MARX, K. **Manuscritos econômico-filosóficos**. São Paulo: Boitempo, 2004.

MARX, K. **Miséria da filosofia**. São Paulo: Boitempo, 2007 [1847].

MARX, K. **O capital**: crítica da economia política. São Paulo: Nova Cultural, 1988 [1867].

MARX, K.; ENGELS, F. **A ideologia alemã**. São Paulo: Boitempo, 2007 [1846].

MARX, K.; ENGELS, F. **A sagrada família**. São Paulo: Boitempo, 2003 [1845].

MATA, S. da. Ranke Reloaded: entre história da historiografia e história multiversal. **História da Historiografia**, n. 6, p. 248-251, 2011.

MATA, S. Tentativa de desmitologia: a revolução conservadora em Raízes do Brasil. **Revista Brasileira de História**, v. 36, n. 73, p. 63-87, 2016.

MELLO E SOUZA, L. de. Estrela da vida inteira. In: HOLANDA, S. B. **Monções e capítulos de expansão paulista**. São Paulo: Companhia das Letras, 2014. p. 15-40.

MELLO E SOUZA, L. de. Sérgio Buarque de Holanda entre a história e sociologia. **Folha de S. Paulo**, 3 abr. 1995.

MICELI, S. Condicionantes do desenvolvimento das ciências sociais. In: MICELI, S. (Org.). **História das ciências sociais no Brasil**. São Paulo: Sumaré, 2001, p. 91-134.

MONSMA, K.; TEIXEIRA, A.; SALLA, F. A sociologia histórica: rumos e diálogos atuais. **Revista Brasileira de Sociologia**, v. 6, n. 14, 2018.

MONTEIRO, P. M. **A queda do aventureiro**. Campinas: Unicamp, 1999.

MONTEIRO, P. M.; SCHWARCZ, L. M. Introdução. Uma edição crítica de Raízes do Brasil: o historiador lê a si mesmo. In: HOLANDA, S. B. de. **Raízes do Brasil**. São Paulo: Companhia das Letras, 2016. p. 11-26.

MOORE, B. **As origens sociais da ditadura e da democracia**: senhores e camponeses na construção do mundo moderno. Lisboa: Edições 70, 2010.

MORAES, M. I. de. **Duas raízes**: o ensaísmo de Sérgio Buarque de Holanda. 290 f. Dissertação (Mestrado em Sociologia) – Universidade de São Paulo, São Paulo, 2016.

MORIS, A. D. **The Scholar Denied**: W. E. Du Bois and the Birth of Modern Sociology. California: University of California Press, 2017.

MUCCHIELLI, L. Aux origines de la nouvelle histoire en France: l'évolution intellectuelle et la formation du champ des Sciences Sociales (1880-1930). **Revue de Synthèse**, v. 116, n. 1, p. 55-98, 1995.

NICODEMO, T. Os planos de historicidade na interpretação do Brasil de Sérgio Buarque de Holanda. **História da Historiografia**, n. 14, p. 44-61, 2014.

NICODEMO, T. **Urdidura do vivido**. São Paulo: Edusp, 2008.

NIPPEL, W. Max Weber e as ciências especializadas: o exemplo da história econômica da Antiguidade. **Tempo Social**, v. 24, n. 1, p. 147-158, 2012.

NOIRIEL, G. **Sur la crise de l'Histoire**. Paris: Belin, 1996.

NOIRIEL, G. **Naissance du métier d'historien**. Gêneses, Paris, n.1, 1990.

NOVAIS, F. A. **Aproximações**: ensaios de história e historiografia. São Paulo: Cosac Naify, 2005.

NOVAIS, F. A. As dimensões da independência. In: MOTA, C. G. **1822**: dimensões. São Paulo: Perspectiva, 1972. p. 15-26.

NOVAIS, F. A. Introdução. In: NOVAIS, F. A.; MELLO E SOUZA, L. (Org.). **História da vida privada**. São Paulo: Companhia das Letras, 1997. p. v. 1., p. 7-11.

NOVAIS, F. A. **Portugal e Brasil na crise do Antigo Sistema Colonial (1777-1808)**. São Paulo: Hucitec, 1979.

NOVAIS, F. A.; SILVA, R. F. Introdução. In: NOVAIS, F. A.; SILVA, R. F. (Org.). **Nova história em perspectiva**. São Paulo: Cosac Naify, 2011. p. 7-70.

OLIVEIRA, M. da G. Fazer história, escrever a história: sobre as figurações do historiador no Brasil oitocentista. **Revista Brasileira de História**, v. 30, n. 59, p. 15-36, 2010.

ORTIZ, R. As ciências sociais e o inglês. **Revista Brasileira de Ciências Sociais**, v. 19, n. 54, 2004.

OSÉS, M. **Nós, os Annales**: Marc Bloch, Lucien Febvre e a produção social da revista dos Annales (1929-1944). 186 f. Dissertação (Mestrado em História) – Universidade de São Paulo, São Paulo, 2018.

PALMEIRA, M. **Moses Finley e a economia antiga**: a produção social de uma inovação historiográfica. São Paulo: Intermeios, 2018.

PETITJEAN, P. As missões universitárias francesas na criação da Universidade de São Paulo (1934-1940). In: HAMBURGUER, A. I. (Org.). **As ciências nas relações Brasil-França (1850-1950)**. São Paulo: Edusp/Fapesp, 1996. p. 259-330.

PIERUCCI, A. F. Apresentação. In: WEBER, M. **A ética protestante e o espírito do capitalismo**. São Paulo: Companhia das Letras, 2004. p. 7-16.

PIVA, L. G. **Ladrilhadores e semeadores**: a modernização brasileira no pensamento político de Oliveira Vianna, Sérgio Buarque de Holanda, Azevedo Amaral e Nestor Duarte (1920-1940). São Paulo: Ed. 34, 2000.

PROST, A. Charles Seignobos Revisité. **Vingtième Siècle, Revue d'Histoire**, n. 43, p. 100-118, 1994.

PROST, A. **Doze lições sobre história**. São Paulo: Autêntica, 2009.

RAGO, M. O efeito-Foucault na historiografia brasileira. **Tempo Social**, v. 7, n. 1-2, p. 67-82, 1995.

RAGO, M. **Os prazeres da noite**: prostituição e códigos da sexualidade feminina em São Paulo. São Paulo: Paz e Terra, 1991.

REVEL, J. Histoire et sciences sociales: les paradigmes des Annales. **Annales: Economies, Sociétés, Civilisations**, n. 6, p. 1.360-1.376, 1979.

REVEL, J. História e ciências sociais: uma comparação instável. In. JULIA, D.; BOURIER, J. **Passados recompostos**: campos e canteiros da história. Rio de Janeiro: Ed. da UFRJ/Ed. da FGV, 1998. p. 43-91.

RIDENTI, M. Artistas e intelectuais no Brasil pós-1960. **Tempo Social**, v. 17, n. 1, p. 81-110, 2005.

RINGER, F. K. **A metodologia de Max Weber:** unificação das ciências culturais e sociais. São Paulo: Edusp, 2004.

RINGER, F. K. **O declínio dos mandarins alemães:** a comunidade acadêmica alemã. São Paulo: Edusp, 2000.

RODRIGUES, J. H. **Teoria da história do Brasil**: introdução metodológica. São Paulo: Instituto Progresso Editorial, 1949.

RODRIGUES, L. S. **A produção social do marxismo universitário em São Paulo**: mestres, discípulos e "um seminário" (1958-1978). 565 f. Tese (Doutorado em História) – Universidade de São Paulo, São Paulo, 2011.

RODRIGUES, L. S. Armadilha à francesa: homens sem profissão. **História da Historiografia**, v. 1, p. 85-103, 2013.

RODRIGUES, L. S. Caio Prado Jr.: historiador sem história. In: PARADA, M.; RODRIGUES, H. E. (Org.). **Os historiadores**. Rio de Janeiro: PUC-RJ; Petrópolis: Vozes, 2018a. p. 318-344. (Clássicos da História do Brasil, v. 4).

RODRIGUES, L. S. Centralidade de um cosmopolitismo periférico: a "Coleção Grandes Cientistas Sociais" no espaço das ciências sociais brasileiras (1978-1990). **Sociedade e Estado**, v. 33, n. 3, p. 675-708, 2018b.

RODRIGUES, L. S. Leitores e leituras acadêmicas de Karl Marx (São Paulo, 1958-1964). **Intelligere**, v. 1, n. 2, p. 1-19, 2016.

RODRIGUES, L. S. Los marxistas brasileños: oposición e interdependencia de un espacio (1958-2014). **Políticas de la Memoria**, v. 1, p. 169-185, 2018c.

RODRIGUES, L. S. Os sonhos centrais da periferia. **Sociologia & Antropologia**, Rio de Janeiro, v. 8, n. 3 p. 1067-1071, 2018d.

RODRIGUES, L. S. Paradigma indiciário a serviço da história da historiografia. In: MEDEIROS, B F; SOUZA, F. G.; RANGEL, M. M.; PEREIRA, M. H. F.; BELCHIOR, L. H. (Org). **Teoria e historiografia**: debates contemporâneos. São Paulo: Paco, 2015. p. 277-296.

RODRIGUES, L. S. Um departamento municipal no ultramar francês: o cosmopolitismo de José Arthur Giannotti. Campos. **Revista de Antropologia**, v. 18, p. 61-88, 2017.

RODRIGUES, L. S. Um livro escondido? **Estudos Avançados**, v. 28, n. 80, p. 275-288, abr. 2014.

RODRIGUES, L. S. Uma revolução conservadora dos intelectuais (Brasil/2002-2016). **Política e Sociedade**, v. 17, n. 39, p. 277-312, 2018e.

ROSTOW, W. W. **Etapas do desenvolvimento econômico:** um manifesto não comunista. Rio de Janeiro: Zahar, 1979.

ROTH, G. History and Sociology in the Work of Max Weber. **The British Journal of Sociology**, v. 27, n. 3, p. 306-318, 1976.

SAPIRO, G. Le champ est-il national? **Actes de la Recherche en Sciences Sociales**, v. 200, n. 5, p. 70-85, 2013.

SAPIRO, G.; HEILBRON, J. Por uma sociologia da tradução: balanço e perspectivas. **Graphos**, João Pessoa, v. 11, n. 2, p. 13-28, 2009.

SARTRE, J.-P. **Questão de método**. 2. ed. São Paulo: Difel, 1967.

SCHÖTTLER, P.; GRANDJONC, J. Une troisième MEGA? Entretien avec Jacques Grandjonc. **Genèses**, v. 11, n. 1, p. 137-147, 1993.

SCHWARCZ, L. K. **Os guardiões da nossa história oficial:** os institutos históricos e geográficos brasileiros. São Paulo: Idesp, 1989.

SEIGNOBOS, C. L'inconnu et l'inconscient en histoire. **Bulletin de la Société Française de Philosophie**, v. 8, p. 229-245, 1908.

SIMIAND, F. Méthode historique et science sociale. **Annales: Economies, sociétés, civilisations**, n. 1, p. 83-119, 1960.

SIMIAND, F. **Método histórico e ciência social**. Bauru: Edusc, 2003.

SKOCPOL, T. A imaginação histórica da sociologia. **Revista Estudos de Sociologia**, Araraquara, v. 9, n. 16, p. 7-29, 2004.

SKOCPOL, T. **Estados e revoluções sociais:** análise comparativa da França, Rússia e China. Lisboa: Presença, 1985.

SMITH, A. **A riqueza das nações**. São Paulo: Nova Cultural, 1985.

STEINMETZ, G. Bourdieusian Field Theory and the Reorientation of Historical Sociology. In: MEDVETZ, T.; SALLAZ, J. J. **The Oxford Handbook of Pierre Bourdieu**. Oxford: Oxford University Press, 2018. p. 1-33.

SWEEZY, P. et al. **A transição do feudalismo para o capitalismo**: um debate. Rio de Janeiro: Paz e Terra, 1977.

TARCUS, H. Vicisitudes de las ediciones de El Capital en el mundo hispano-americano. **Política e Sociedade**, v. 17, n. 39, p. 121-140, 2018.

THOMPSON, E. P. **A formação da classe operária inglesa**. Rio de Janeiro: Paz e Terra, 1987.

TILLY, C. **Coerção, capital e estados europeus**. São Paulo: Edusp, 1996.

TILLY, C. **The Vendée**: a Sociological Analysis of the Counterrevolution of 1793. Cambridge: Harvard University Press, 1964.

TOURNÈS, L. La fondation Rockefeller et la construction d'une politique des sciences sociales en France (1918-1940). **Annales: Histoire, Sciences Sociales**, v. 63, n. 6, p. 1371-1402, 2008.

UNESCO – United Nation Educational, Scientific and Cultural Organization. International Social Science Council. **World Social Science Report**, 2010. Disponível em: <https://unesdoc.unesco.org/ark:/48223/pf0000188333>. Acesso em: 18 fev. 2020.

VAINFAS, R. História cultural e historiografia brasileira. **História: Questões e Debates**, Curitiba, n. 50, p. 217-235, 2009.

VAINFAS, R. Posfácio. In. HOLANDA, S. B. de. **Visão do paraíso**: os motivos edênicos no descobrimento e colonização do Brasil. São Paulo: Companhia das Letras, 2010. p. 551-660.

VENANCIO, G.; WEGNER, R. Uma vez mais, Sérgio e Gilberto Debates sobre o ensaísmo no suplemento literário do Diário de Notícias (1948-1953). **Varia Historia**, v. 34, n. 66, p. 729-762, 2018.

VEYNE, P. **Como se escreve a história**. Lisboa: Edições 70, 1987.

WAIZBORT, L. Apresentação: Max Weber hoje. **Tempo Social**, v. 24, n. 1, p. 9-18, 2012.

WAIZBORT, L. O mal-entendido da democracia: Sérgio Buarque de Holanda, Raízes do Brasil, 1936. **Revista Brasileira de Ciências Sociais**, v. 26, n. 76, p. 39-62, 2011.

WEBER, M. **A "objetividade" do conhecimento nas ciências sociais**. São Paulo: Ática, 2006.

WEBER, M. **A ética protestante e o espírito do capitalismo**. São Paulo: Companhia das Letras, 2004.

WEBER, M. **Ciência e política**: duas vocações. São Paulo: Cultrix, 1970.

WEBER, M. **Economia y sociedade**: esbozo de sociología comprensiva. México: FCE, 1964.

WEISS, R.; OLIVEIRA, M. (Org.). **David Émile Durkheim**: a atualidade de um clássico. Curitiba: Ed. da UFPR, 2012.

WEISZ, G. L'idéologie républicaine et les sciences sociales: les durkheimiens et la chaire d'histoire d'économie sociale à la Sorbonne. **Revue Française de Sociologie**, n. 20, p. 83-112, 1979.

WHIMSTER, S. The Profession History in the Work of Max Weber: its Origins and Limitations. **The British Journal of Sociology**, v. 31, n. 3, p. 352-376, 1980.

Bibliografia comentada

O conjunto da bibliografia citada neste livro pode ser dividido em três tipos: (1) obras clássicas da historiografia e da sociologia; (2) obras de discussão teórica, estabelecida entre os autores de obras clássicas; (3) obras que reconstituem o processo de diferenciação disciplinar e analisam os debates dos autores de referência. Os materiais do tipo (1) e do tipo (2), justamente por terem o caráter de registro histórico das discussões, encontram-se assinaladas no texto tanto com a data de sua primeira publicação, entre colchetes, quanto com a data da edição que foi utilizada para redação deste livro. Agora, destacamos alguns dos títulos mais decisivos de cada um desses tipos.

Clássicos da historiografia e da sociologia (1):

FEBVRE, L. **O problema da incredulidade no século XVI**: a religião de Rabelais. São Paulo: Companhia das Letras, 2009 [1947].

> Até que Lucien Febvre publicasse esse livro, a visão predominante a respeito de François Rabelais definia-o como um "ateu militante". Porém, Febvre indaga-se: Era possível não crer no século XVI? Destrinchando os pressupostos e as camadas de leituras recebidas pela obra de Rabelais, o historiador faz um

duplo movimento. De um lado, demonstra como essas leituras imputavam a ele referências que lhe eram alheias – como se ele tivesse lido Sigmund Freud, por exemplo. De outro, reconstitui a sensibilidade do século XVI e a visão que o autor tinha do cristianismo, demonstrando que ele não poderia ser ateu, uma vez que o conceito de descrença inexistia àquela época.

WEBER, M. **A ética protestante e o espírito do capitalismo.** São Paulo: Companhia das Letras, 2004 [1904].

Nessa obra seminal, Max Weber estabelece os nexos entre as origens da cultura capitalista moderna e o puritanismo dos séculos XVI e XVII. A partir da constatação de que os protestantes eram mais bem-sucedidos do que os católicos nos negócios, ele caracteriza os modos como a doutrina religiosa conforma condutas na esfera econômica e molda um estilo de vida em afinidade com os princípios do capitalismo na condição de cultura. Trata-se de uma sofisticada discussão prática de um problema clássico na investigação histórica e sociológica: A vida material condiciona ou é condicionada pela vida do espírito?

Obras de discussão teórica estabelecida entre os autores de obras clássicas (2):

BRAUDEL, F. **Escritos sobre história.** São Paulo: Perspectiva, 1978.

Esse livro consiste em uma coletânea de diversos artigos produzidos ao longo da carreira de Fernand Braudel. O fio que os une corresponde à reflexão a respeito da relação entre o *métier* de historiador e as disciplinas vizinhas – tais como Economia,

Sociologia, Geografia, Demografia. Em conjunto, os artigos documentam o esforço do historiador em dar seguimento às lições de Marc Bloch e Lucien Febvre.

NOVAIS, F. A.; SILVA, R. F. Introdução. In: NOVAIS, F. A.; SILVA, R. F. (Org.). **Nova história em perspectiva**. São Paulo: Cosac Naify, 2011. p. 7-70.

> Essa obra figura como um dos raros esforços de autores brasileiros em sistematizar o modo como entendem a relação entre o *métier* de historiador e as ciências sociais. A "Introdução" da coletânea consiste numa formulação peculiar a respeito daquela relação e numa nítida tomada de posição a respeito do que seja e do que deva ser o trabalho historiográfico. Por ser concebida em fase madura da carreira dos historiadores, esse texto pode ser lido também como um "exame de consciência": exercício reflexivo realizado após a prática historiográfica propriamente dita. É como se teorizassem a respeito do que fizeram anteriormente.

Obras que reconstituem o processo de diferenciação disciplinar e analisam os debates dos autores de referência (3):

LEPENIES, W. **As três culturas**. São Paulo: Edusp, 1996.

> Esse livro trata da emergência da Sociologia na França, na Inglaterra e na Alemanha. Ele reconstitui a posição de "terceira cultura", a ela reservada nessa fase inicial, prensada entre as ciências naturais e as ciências humanas – e, particularmente, o saber literário. Para isso, reconstitui a oposição entre escritores e críticos, de um lado, e sociólogos, de outro. Destacam-se os

debates e as disputas em torno do modo mais legítimo de escrita e da área mais capacitada para conferir sentido ao mundo e à vida.

RODRIGUES, L. S. **A produção social do marxismo universitário em São Paulo**: mestres, discípulos e "um seminário" (1958-1978). 565 f. Tese (Doutorado em História) – Universidade de São Paulo, São Paulo, 2011.

Nessa obra, um dos assuntos mais discutidos na atualidade – a presença da politização e do marxismo nas universidades brasileiras – é enfrentado por meio de minuciosa reconstituição histórica e análise sociológica. Trata-se de recuperar, passo a passo, os agentes da reviravolta processada na obra de Karl Marx ao transportarem-na da esfera política à esfera universitária. O estudo concentra-se na experiência de São Paulo, mas apresenta *insights* que podem ser generalizados para outros contextos.

Respostas

Capítulo 1

Atividades de autoavaliação
1. d
2. a
3. c
4. d
5. a

Questões para reflexão
Ao propor que você desenvolva a ideia de que há aproximações e distanciamentos entre os excertos dos autores selecionados, assim como que perceba as ambiguidades do que é chamado de *politização*, nosso objetivo consiste em construir com você uma visão complexa e matizada dos debates. Trata-se de recusar princípios absolutos e irredutíveis na leitura dos textos e na consideração dos vínculos políticos das correntes teóricas.

Capítulo 2

Atividades de autoavaliação
1. b
2. a
3. b
4. a
5. b

Questões para reflexão
Tanto a proposta da enquete quanto a proposta de refletir a respeito de possíveis similaridades entre a visão de Weber e Marx a respeito do capitalismo têm como objetivo principal sensibilizar você para os modos diversos de as pessoas viverem sua relação com o mundo do trabalho.

Capítulo 3

Atividades de autoavaliação
1. c
2. d
3. a
4. b
5. c

Questões para reflexão
O objetivo da questão sobre Fernand Braudel consiste em construir com você uma visão complexa e matizada dos autores: ela é mais adequada do que sua simples categorização absoluta. Já a questão a respeito do tempo tem por objetivo aproximar as discussões abstratas do capítulo de sua vivência cotidiana.

Capítulo 4

Atividades de autoavaliação
1. d
2. d
3. c
4. d
5. a

Questões para reflexão
As duas questões têm por objetivo construir com você conexões entre os capítulos deste livro, considerando que a História e a Sociologia, francesa e alemã, mantêm numerosas conexões. Por isso, importa voltar ao Capítulo 2 e estabelecer o nexo com o projeto da Sociologia Histórica, assim como observar a retomada do contraponto a Marx na obra de Pierre Boudieu.

Capítulo 5

Atividades de autoavaliação
1. c
2. a
3. c
4. b
5. d

Questões para reflexão
As questões propostas têm por objetivo reforçar a ideia das particularidades brasileiras, porém à luz de um princípio geral, assumido pela história das disciplinas. Isto é: as possibilidades e a direção do desenvolvimento delas depende da configuração institucional, que

é diversa em cada experiência nacional, ligando-se aos respectivos sistemas de ensino, pesquisa e ciência. Além disso, elas encorajam você, pois, a esta altura do livro, já é possível ter uma conduta ativa diante da formulação teórica dos autores, recorrendo ao conteúdo acumulado dos capítulos antecedentes.

Capítulo 6

Atividades de autoavaliação
1. d
2. b
3. d
4. d
5. b

Questões para reflexão
As três questões têm por objetivo construir com você ligações entre os capítulos deste livro, considerando as conexões de sentido possíveis de ser estabelecidas entre a Sociologia e historiografia francesa, alemã e brasileira. Desse modo, vale a pena voltar aos capítulos anteriores, fixar os episódios destacados e refletir sobre o modo como eles se apresentam entre os brasileiros.

Sobre a autora

Lidiane Soares Rodrigues é Doutora em História Social pela Universidade de São Paulo, instituição na qual fez seus estudos, da graduação ao pós-doutorado, entre 1999 e 2015. Realizou seu estágio pós-doutoral na área de sociologia, com estágio na École des Hautes Études en Sciences Sociales (EHESS). Atualmente, é professora adjunta do curso de Ciências Sociais na Universidade Federal de São Carlos (UFSCar), instituição na qual coordena o Núcleo de Pesquisa "Metamorfoses do Simbólico no Brasil e no Mundo contemporâneo". Desenvolve pesquisas na área de sociologia da cultura e dos intelectuais, com ênfase na temática da circulação global dos bens simbólicos e na abordagem da sociologia histórica das ciências sociais. Faz parte do grupo de trabalho de história da sociologia da ISA (Research Committe on the History of Sociology / International Sociological Association) e coordena o grupo de trabalho "Sociologia da Sociologia nos contextos global e nacional" na SBS (Sociedade Brasileira de Sociologia). Os resultados de suas pesquisas têm sido publicados em periódicos acadêmicos qualificados, e essa listagem pode ser encontrada em seu *currículo lattes* e em sua página pessoal no academia.edu.

Os papéis utilizados neste livro, certificados por instituições ambientais competentes, são recicláveis, provenientes de fontes renováveis e, portanto, um meio sustentável e natural de informação e conhecimento.

FSC
www.fsc.org
MISTO
Papel produzido
a partir de
fontes responsáveis
FSC® C057341

Impressão: Log&Print Gráfica & Logística S.A.
Abril/2021